디지털 양심을 향한 탐구

윤리적인 인공지능

안성진 · 권정인 · 오경선 · 서 웅 · 유경선 지음

자유아카데미

머리말

윤리적인 인공지능을 위해

인공지능의 발전은 단순한 기술적 진보를 넘어 인간 사회의 구조와 문화 그리고 사고방식을 변화시키고 있다. 최근 생성형 AI의 등장 이후 우리는 더 이상 인공지능을 도구로만 인식할 수 없게 되었다. 이제 인공지능은 인간의 언어를 이해하고 이미지를 창조하며 의사결정의 과정에 참여하는 협력적 존재로 자리 잡고 있다. 컴퓨팅 과학은 끊임없이 인간의 영역을 확장시키지만 동시에 인간다움의 본질을 되묻게 만들기도 한다.

인공지능이 인간과 함께 사고하고 판단하는 존재로 발전하면서 그 활용의 방향과 한계를 스스로 성찰해야 할 윤리의 필요성이 더욱 커지고 있다. 인공지능 윤리는 단순한 과학적 부작용을 제어하기 위해 규범을 세우는 일에 머물지 않고 첨단 기계 속 인간의 가치를 성찰하는 철학적 탐구와 인간 중심 사회의 지속 가능성을 만들기 위한 공동체의 약속이다. 인공지능이 우리의 사고와 판단, 나아가 가치 결정까지 영향을 미치는 시대에 맹목적 사용에 따른 위험성을 올바르게 이해하고 대응할 수 있는 윤리적 사고 능력과 AI 리터러시를 함께 함양해야 한다.

이 책은 이러한 문제의식에서 출발하였다. 인공지능이 사회, 예술, 의사결정, 산업 전반에 걸쳐 어떤 변화를 만들어내고 있는지 살펴보는 동시에 그 속에서 인간의 책임과 역할을 다시 생각해보고자 한다.

1장은 인공지능이 사회의 패러다임을 어떻게 바꾸고 있는가를 다룬다. 인공지능이 인간의 창작, 의사결정, 생산성 등 모든 영역에서 인간과 협력하며 사회 전반의 변화를 이끌고 있음을 설명한다.

2장은 인공지능 시대에 필요한 역량과 지능정보사회를 주제로 기술이 발전할수록 인간에게 요구되는 창의성·비판적 사고·감성지능 등의 중요성이 커지는 과정을 다룬다. 인간과 인공지능의 관계가 대체가 아닌 상호보완의 방향으로 진화하고 있음을 강조한다.

3장은 인공지능 윤리의 필요성을 다룬다. 컴퓨팅 과학의 발전이 인간의 가치 판단과 결합되면서 등장한 새로운 윤리적 과제를 분석하고, 전통적 공학윤리와 달리 인간의 자율성과 도덕적 책임이 핵심임을 밝힌다.

4장은 인공지능 윤리 이슈를 중심으로, 프라이버시 침해, 알고리즘 편향, 딥페이크, 저작권, 데이터 남용, 책임 귀속 등 오늘날 우리가 직면한 주요 윤리적 논점을 체계적으로 검토한다.

5장은 사생활 보호와 인공지능 윤리의 문제를 다룬다. 데이터를 지속적으로 학습하고 개인을 식별·기억하는 인공지능의 특성이 인간의 정체성과 자유를 어떻게 재정의 하는지를 탐구한다.

6장은 알고리즘이 사회적 판단에 미치는 영향을 논한다. 신용평가, 채용, 추천 등 인공지능이 일상적 의사결정에 개입하면서 생기는 차별과 불공정의 문제를 다루며, 공정한 데이터 설계의 필요성을 강조한다.

7장은 공공 영역에서의 인공지능 윤리를 다룬다. 사법, 복지, 행정, 재난 관리 등 공공 분야에서 인공지능이 인간의 판단을 대신할 때 생기는 신뢰, 투명성, 민주적 책임의 문제를 제시한다.

8장은 국내외 인공지능 윤리 정책과 제도적 대응을 다룬다. EU와 미국 등 국제 규제의 흐름을 비교하며, 정보 혁신과 규제의 균형이 중요함을 제시한다.

9장은 인공지능의 공정성과 투명성 확보 방안을 탐구한다. 데이터 편향의 수정, 설명 가능한 인공지능의 필요성, 그리고 사회적 책임을 강화하는 시스템 설계의 방향을 논의한다.

10장은 인공지능의 안전성, 통제성, 책임성을 다룬다. 자율주행, 의료, 금융 등 고위험 영역에서 인공지능이 예측 불가능한 결과를 초래할 때 발생하는 위험을 최소화하기 위한 설계 원칙을 제시한다.

11장은 로봇 윤리의 개념과 필요성을 다룬다. 인간과 상호작용하는 로봇에게 도덕적 책임을 부여할 수 있는지, 그리고 아시모프의 로봇 3원칙이 오늘날 인공지능에 어떻게 적용될 수 있는지를 탐구한다.

12장은 인공지능의 통제와 인간의 역할을 다룬다. 인간이 알고리즘을 감시하고 개입할 수 있는 인간 중심의 통제 개념과 학습 데이터의 한계, 법적 책임 문제를 함께 검토한다.

13장은 인공지능의 평가와 미래 윤리의 방향을 제시한다. 정확도, 재현율, 공정성 등의 성능 지표를 통해 인공지능을 객관적으로 평가하는 프레임을 설명하고, 컴퓨팅 과학의 발전을 인간 중심의 가치와 결합하는 윤리적 방향성을 제안한다.

좋은 책을 위해 최선을 다했지만 부족한 부분이 있을 수 있다. 이 점은 양해를 바라며, 출간 후 필요한 수정 사항 등은 자유아카데미 홈페이지(www.freeaca.com) 자료실에 제공할 예정이니 참고하기를 바란다.

끝으로, 이 책은 단순한 지식의 전달 매체가 아니다. 인공지능 시대를 살아가는 모든 시민이 갖추어야 할 AI 리터러시를 기르는 학습의 장이자, 인간 중심의 인공지능 활용을 모색하는 사유의 출발점이다. 이번 작업이 대학의 교육이나 연구에서 학생들에게 단순한 지식 전달을 넘어, 생각하는 힘을 길러주는 살아 있는 지혜의 출발점으로 활용되길 기대한다.

인공지능은 우리를 닮아가고 있다.
그렇다면 우리는 어떤 인간이어야 하는가….
이 책은 그 질문에서 출발하고자 한다.

저자 일동

차례

1장

인공지능과 사회변화

1. 나를 닮아가는 인공지능
2. 인공지능 창작활동
3. 인공지능과 의사결정
4. 인공지능과 생산성

인공지능 기술의 급속한 발전은 우리 사회의 모든 영역에서 패러다임의 변화를 일으키고 있다. 특정 분야에 특화된 약인공지능에서 시작하여 인간과 유사한 수준의 강인공지능을 향해 발전하는 과정에서, 인공지능은 단순한 도구를 넘어 인간과 상호작용하고 창작하며 의사결정에 참여하는 새로운 존재로 자리매김하고 있다. 생성형 AI의 등장으로 텍스트, 이미지, 음악, 코드 등 다양한 창작물이 인공지능에 의해 생성되면서 창작의 정의와 가치에 대한 근본적 질문이 제기되고 있으며, 자율주행차, 인공지능 면접, 의료 진단 등 중요한 의사결정 영역에서 인공지능의 역할이 확대되면서 인간의 자율성과 인공지능의 객관성 사이의 균형점을 찾는 것이 중요한 과제로 대두되고 있다. 또한 인공지능 기술이 제조업, 서비스업, 사무업무 등 전 산업에 걸쳐 생산성 혁신을 가져오면서 일자리의 성격과 인간의 역할이 재정의되고 있다. 이 장에서는 나를 닮아가는 인공지능의 발전 과정과 사회적 영향, 인공지능 창작활동이 가져오는 예술과 지적재산권의 변화, 인공지능 의사결정 시스템의 윤리적 쟁점과 인간-AI 협력 모델, 그리고 인공지능이 가져오는 생산성 향상과 그에 따른 사회경제적 변화를 종합적으로 살펴보며, 인간과 인공지능이 공존하는 미래 사회의 모습을 전망하고자 한다.

1. 나를 닮아가는 인공지능

1) 인공지능의 개념과 발전

인공지능(Artificial Intelligence, AI)은 인간의 지능을 모방하여 학습, 추론, 인식, 판단 등의 기능을 수행하는 컴퓨터 시스템을 의미한다. 인공지능 기술은 빅데이터와 알고리즘을 통해 학습하고 진화하며, 인간의 판단과 유사한 결정을 내릴 수 있는 능력을 갖추고 있다. 최근에는 생성형 AI의 발전으로 인해 인간과 유사한 텍스트를 작성하거나 이미지를 생성하는 등 창의적인 영역까지 확장되고 있다.

인공지능의 발전 단계는 크게 세 가지로 구분할 수 있다.

- 약인공지능(Weak AI 또는 Narrow AI): 특정 분야나 목적에 특화되어 인간의 능력과 동등하거나 압도하는 인공지능이다. 인간이 정한 틀 내에서만 능력을 발휘하며, 현재 우리가 접하는 대부분의 AI가 이 단계에 해당한다. 예를 들어, 음성비서, 자율주행 시스템, 번역 프로그램 등이다.
- 강인공지능(Strong AI 또는 Artificial General Intelligence, AGI): 인간과 같은 수준의 지능을 보유하여 자아의식을 가지고 문제를 해결하며 학습하고 미래에 대한 계획을 세우는 능력을 보유한 인공지능이다. 특정 분야에 국한하지 않고 일반적인 상황에서 인간과 교감할 수 있다. 아직 실현되지 않은 미래의 인공지능 형태라고 볼 수 있다.
- 초인공지능(Super AI 또는 Artificial Super Intelligence, ASI): 인간의 지능을 압도하는 가설적인 인공지능으로, 인간이 이해하기 어려운 수준의 지능과 능력을 갖추게 될 것으로 예상된다. 현재로서는 이론적 개념에 불과하다.

현재 우리 사회에서 활용되는 인공지능은 대부분 약인공지능 단계에 있지만, 기술의 발전 속도를 고려하면 강인공지능 단계로의 진입도 멀지 않았다는 전망이 제기되고 있다.

2) 생성형 AI의 부상

생성형 AI(Generative AI)란 대규모 데이터를 학습하여 명령어(prompt)에 따라 새로운 텍스트, 이미지, 영상, 음악, 프로그램 등의 콘텐츠를 생성하는 인공지능 기술이다. 생성형 AI는 기존의 패턴 인식과 분류에 중점을 둔 인공지능과 달리, 창의적인 콘텐츠를 만들어낼 수 있다는 점에서 큰 주목을 받고 있다.

생성형 AI는 크게 텍스트, 이미지, 오디오, 비디오 생성 등 다양한 형태로 발전하고 있다. 대표적인 생성형 AI로는 텍스트 생성 모델인 OpenAI의 GPT(Generative Pre-trained Transformer) 시리즈, Google의 Gemini, Anthropic의 Claude 등이 있으며, 이미지 생성 모델로는 OpenAI의 DALL-E, Midjourney, Stability AI의 Stable Diffusion 등이 있다. 이러한 생성형 인공지능 모델들은 각각의 영역에서 놀라운 성능을 보여주며 산업 전반에 혁신을 불러일으키고 있다.

2024년 주요 생성형 인공지능 기술로는 ChatGPT, Claude, Gemini, GPT−4, Duet AI, AlphaCode, Scribe, GitHub Copilot, Cohere Generate, Synthesia, DALL-E 3 등이 있다. 이러한 생성형 인공지능 기술들은 이미 우리의 일상생활과 업무 환경에 깊이 침투하고 있으며, 그 영향력은 더욱 확대될 것으로 전망된다.

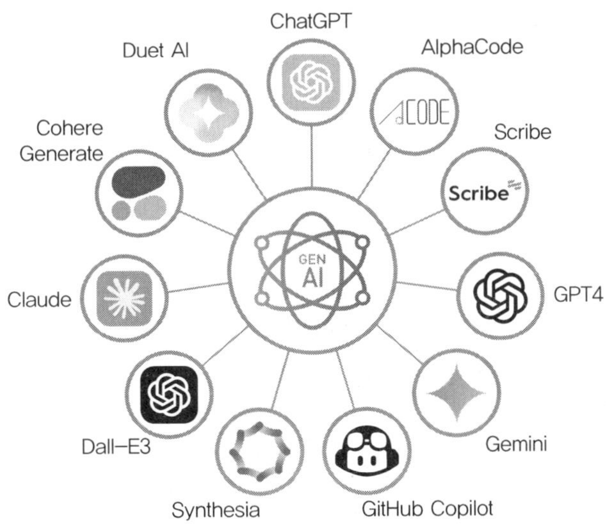

[그림 1−1] 생성형 인공지능 현황(2024)

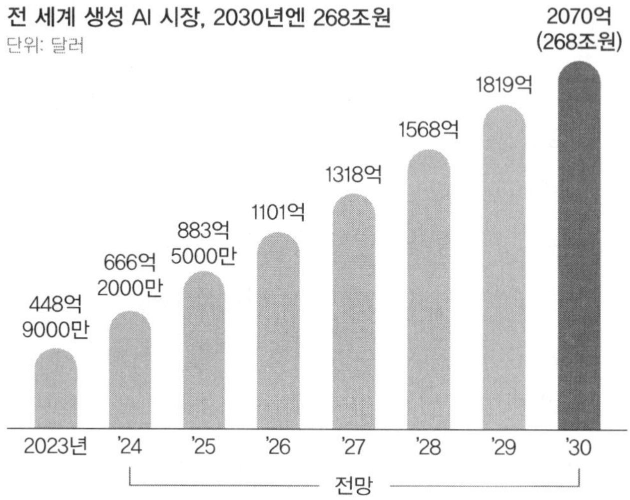

[그림 1-2] 전 세계 생성형 인공지능 시장 규모 예상

출처: 스태티스타

특히 2023년 3월 발표된 GPT-4는 이전 버전인 GPT-3.5보다 훨씬 뛰어난 성능을 보여주며, 복잡한 문제 해결, 다양한 언어 간 번역, 창의적인 콘텐츠 생성 등에서 혁신적인 결과를 도출하고 있다. 2024년 5월에는 OpenAI가 GPT-4o를 발표하며 오디오, 비전, 텍스트를 함께 처리할 수 있는 멀티모달 기능을 강화했고, 입력에 대한 응답 시간을 크게 단축시켰다.

생성형 인공지능 시장은 놀라운 속도로 성장하고 있다. 글로벌 생성형 인공지능 시장 규모는 2030년 2070억 달러(268조 원)가 될 것으로 예상된다. 이러한 성장세는 생성형 AI가 단순한 기술적 트렌드를 넘어 사회 전반의 패러다임을 바꾸는 핵심 동력이 될 것임을 시사한다.

3) 인공지능의 사용 현황과 사회적 영향

인공지능 기술은 이미 우리 사회 곳곳에 깊숙이 침투해 있다. 스마트폰의 음성 비서, 온라인 쇼핑몰의 추천 시스템, 뉴스 기사 작성, 금융 서비스, 의료 진단 등 다양한 분야에서 인공지능이 활용되고 있다.

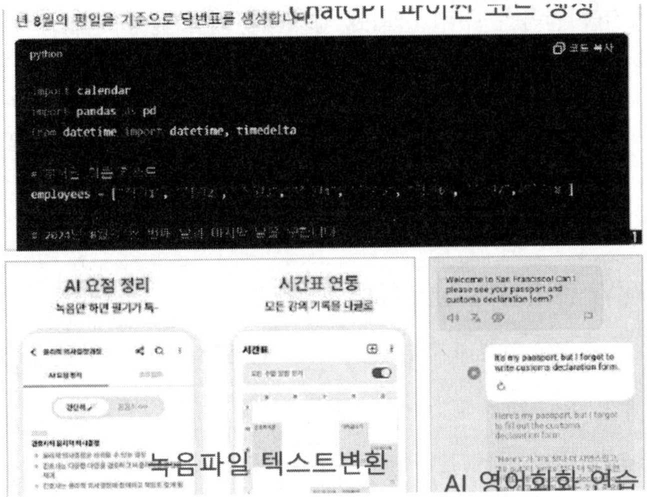

[그림 1-3] 생성형 인공지능 활용 사례

설문조사 결과에 따르면, 인공지능을 사용하는 20대는 4명 중 1명 꼴로 주 2~3회 이상 인공지능을 활용하고 있는 것으로 나타났다. 연령대별로는 10대와 20대의 인공지능 사용률이 가장 높고, 연령이 높아질수록 사용률이 낮아지는 경향을 보인다. 이는 디지털 네이티브 세대가 새로운 기술에 더 빠르게 적응하고 수용하는 경향이 있기 때문으로 분석된다.

인공지능의 활용 범위는 일상생활의 편의성 향상부터 업무 효율성 증대, 창의적 활동 지원까지 다양하다. 구체적인 활용 사례로는 다음과 같은 것들이 있다.

- 인공지능 영어회화 연습: 인공지능 언어 모델을 활용하여 실제 원어민과 대화하는 것처럼 영어 회화 연습을 할 수 있다. 이를 통해 언어 학습의 장벽을 낮추고, 언제 어디서나 학습할 수 있는 환경을 제공한다.
- 코드 생성: ChatGPT와 같은 대화형 인공지능을 통해 프로그래밍 코드를 생성하거나 디버깅할 수 있다. 이는 개발자들의 작업 효율성을 높이고, 프로그래밍 입문자들에게 학습 도구로 활용되고 있다.
- 녹음파일 텍스트 변환: 인공지능 음성 인식 기술을 활용하여 녹음된 음성을 텍스트로 변환함으로써 회의록 작성, 강의 내용 정리 등의 작업을 자동화할 수 있다.

이러한 인공지능 활용은 우리 사회에 긍정적인 변화를 가져오고 있지만, 한편으로는 개인정보 보호, 알고리즘 편향성, 일자리 대체 등의 문제를 야기할 수 있다. 따라서 인공지능 기술의 발전과 함께 윤리적, 사회적 영향에 대한 고려도 함께 이루어져야 한다.

4) AI Agent와 인간과의 상호작용

AI Agent는 사용자가 의식하지 않아도 주변 컴퓨팅 환경(센서 등)을 통해 사용자와 기기가 상호작용하여 스스로 알아서 동작하는 컴퓨팅 시스템을 말한다. 이는 Ambient computing(주변 컴퓨팅)이라는 개념과 연결된다.

AI Agent의 특징은 자율성과 사용자와의 상호작용을 통한 의사결정 능력이다. 단순한 콘텐츠 생성을 넘어 판단과 자율 실행까지 가능하다는 점에서 기존의 인공지능 시스템과 차별화된다. 예를 들어, "내일 오후 6시 부산행 KTX표를 예매해 줘"라는 명령에 따라 티켓 예약, 결제까지 자동으로 처리할 수 있다.

Auto GPT는 최종 목표를 설정하면 사람의 개입 없이 스스로 목표 달성을 위한 작업을 수행하는 AI Agent의 한 형태이다. "신발 팔고 싶은데 시장 분석해줘", "시장 보고서를 1000자 미만으로 써줘", "오늘 받은 이메일을 요약하고 중요 내용을 알려줘" 등의 복잡한 작업을 수행할 수 있다.

계획(Planning)

명령을 수행하기 위해 스스로 계획을 세울 수 있는 능력

도구 사용(Tool Use)

명령을 수행하기 위해 외부의 프로그램, 앱, 서비스 등을 적합한 도구를 사용할 수 있는 능력

기억(Memory)

계획을 세운 단계마다 입력된 정보를 정확히 기억해내는 능력

[그림 1-4] AI Agent의 구성요소

출처: 뤼튼테크놀로지스, 스캘더랩스 블로그

영화 '아이언맨'에서 주인공 토니 스타크의 능력을 최대로 끌어올리는 AI 에이전트 '자비스'는 이러한 AI Agent의 미래 모습을 보여주는 예시라고 할 수 있다. 실제로 AI Agent 시장은 2023년 48억 달러에서 2028년 285억 달러로 성장할 것으로 예상되며, 그 구성 요소로는 계획(Planning), 도구 사용(Tool Use), 기억(Memory) 등이 포함된다.

각종 하드웨어 센서와 분석 기술이 발전하고 On-device AI가 수집하는 데이터가 정교해질 경우, AI Agent가 인간 환경을 이해하는 새로운 인지 능력이 발생할 것으로 예상된다. 이는 단순한 기술적 진보를 넘어 인간과 인공지능의 관계를 재정의하는 계기가 될 수 있다.

5) 가상 인간(Virtual Human)의 등장

가상 인간(Virtual Human)은 인공지능 기술을 바탕으로 만들어진 디지털 휴먼으로, 실제 인간과 유사한 외모와 행동을 보이며 다양한 분야에서 활용되고 있다. 대표적인 가상 인간으로는 일본의 이마(Imma), 한국의 로지(Rozy), GU의 '유', 삼성전자의 네온(NEON) 등이 있다.

특히 주목할 만한 사례는 한국투자증권의 인공지능 애널리스트 '한지아'이다. 한지아는 '쇼미더 리포트'라는 서비스를 통해 시장 전망과 투자 의견을 전달하고 있다. 이스트소프트와 협업하여 탄생한 이 캐릭터는 한국투자증권의 신입사원 얼굴을 학습하여 생성되었다. 또한 YTN에서는 뉴스 전달을 위한 가상 인간을 제작하여 활용하고 있다.

가상 인간 기술의 발전은 Deep fake 기술과도 연결된다. Deep fake는 Deep learning과 fake의 합성어로, 인공지능을 이용하여 제작된 가짜 영상, 사진, 음성 등이나 제작 프로세스를 의미한다. 적대관계생성신경망(GAN, Generative Adversarial Network)을 이용하여 기존 사진이나 영상을 원본에 겹쳐 제작한다.

가상 인간과 Deep fake 기술의 발전은 디지털 휴먼과 실제 인간 사이의 경계를 점차 희미하게 만들고 있다. 이는 엔터테인먼트, 마케팅, 교육 등 다양한 분야에 혁신적인 변화를 가져올 것으로 예상되지만, 동시에 개인정보 보호, 저작권, 윤리적 문제 등 새로운 과제도 제기하고 있다.

6) 튜링 테스트와 인공지능의 사고 가능성

앨런 튜링(Alan Turing)이 제안한 흉내내기 게임(imitation game), 즉 튜링 테스트는 기계의 사고 가능성을 판단하는 방법이다. 기계가 생각하는지 직접 확인하는 것은 불가능하지만, 생각하는 것처럼 보인다면 '기계가 생각한다'는 명제를 참으로 간주할 수 있다는 것이 튜링의 주장이다.

최근의 인공지능 기술 발전은 튜링 테스트의 의미를 다시 한번 생각해보게 한다. 특히 구글 비서와 같은 인공지능 시스템이 레스토랑에 전화를 걸어 자연스럽게 대화하고 예약을 하는 수준에 이르렀다는 점은 주목할 만하다. 이러한 시스템이 실제로 '지능'을 가지고 있는지, 단순히 패턴을 학습하고 모방하는 것인지에 대한 철학적 질문이 제기되고 있다.

현재의 인공지능 기술은 약인공지능 단계에 머물러 있지만, 계속해서 발전하고 있으며, 인간과의 상호작용 방식도 점점 더 자연스러워지고 있다. 이러한 발전이 계속됨에 따라, 우리는 인공지능과 인간 지능의 경계, 그리고 의식과 사고의 본질에 대한 더 깊은 질문을 던지게 될 것이다.

2. 인공지능 창작활동

1) 인공지능 창작의 등장과 의미

인공지능이 처음 등장했을 때만 해도 기계가 인간의 창의적 영역인 예술과 창작활동에 발을 들이기까지는 상당한 시간이 걸릴 것으로 예상되었다. 그러나 최근 몇 년간 생성형 AI의 발전으로 인공지능의 창작 능력은 놀라운 속도로 향상되었다. 이

제 인공지능은 텍스트, 이미지, 음악, 영상 등 다양한 형태의 창작물을 생성할 수 있으며, 그 결과물은 종종 인간의 창작물과 구분하기 어려울 정도로 정교하다.

인공지능 창작은 단순히 기존 작품을 모방하는 수준을 넘어, 새로운 스타일과 표현 방식을 만들어내는 단계로 발전하고 있다. 이는 인간의 창의성에 대한 근본적인 질문을 제기하며, 예술과 창작의 본질에 대한 새로운 시각을 제공한다. 인공지능이 창작 과정에 참여함으로써, 창작자와 소비자, 원작과 모방, 저작권과 공정 사용 등에 관한 기존의 개념들이 재정의되고 있다.

인공지능 창작 활동의 발전은 기술적 혁신뿐만 아니라 사회적, 문화적, 법적, 윤리적 측면에서도 중요한 의미를 갖는다. 이는 인간만이 가능하다고 여겨졌던 창작 영역에 기계가 진입함으로써 발생하는 새로운 가능성과 도전을 동시에 내포하고 있다.

2) 인공지능 이미지 생성 기술의 발전

인공지능 이미지 생성 기술은 최근 몇 년간 급속도로 발전했다. 특히 2022년 이후 DALL-E, Midjourney, Stable Diffusion 등의 출현으로 텍스트 프롬프트(prompt)를 통

[그림 1-5] 스페이스 오페라 극장'(Theatre D'opera Spatial)

제이슨 앨런, 〈Théâtre D'opéra Spatial〉, 2022. MidJourney 생성 이미지.

해 고품질의 이미지를 생성하는 기술이 대중화되었다.

Midjourney가 생성한 '스페이스 오페라 극장'(Theatre D'opera Spatial)이 미국 콜로라도주 주립박람회 미술대회 디지털 아트 부문에서 1위를 차지한 사례는 인공지능 이미지 생성 기술의 수준이 어느 정도에 도달했는지를 보여주는 상징적인 사건이었다. 제이슨 앨런은 '미드저니'(Midjourney)를 통해 생성한 작품을 '미드저니를 통한 제이슨 앨런'이라는 출품자 명의로 제출했는데, 심사위원들은 이것이 인공지능 프로그램을 통해 생성된 이미지인지 몰랐다고 한다. 이 사건은 "인공지능이 그린 그림이라고 속이고 제출하면 어떻게 되는가?"라는 질문과 함께 "인공지능을 활용한 창작물이 기계의 도움을 받은 예술이 아닌가?"라는 새로운 논의를 불러일으켰다.

인공지능 이미지 처리 기술은 단순히 새로운 이미지를 생성하는 것뿐만 아니라, 기존 이미지를 확장하고 편집하는 기능도 포함한다. 창작자들이 'out painting' 기능을 활용하여 이미지 프레임의 바깥 부분을 인공지능이 상상해서 그려주는 이미지 확장 기능을 활용할 수 있게 되었다. 예를 들어, DALL-E 2는 17세기 화가 요하네스 프르메이르의 '진주 귀걸이를 한 소녀'를 확장하여 원작에 없는 소녀의 주변 배경을 부엌으로 만드는 작업을 선보였다. 또한 포토샵에서는 'Generative fill' 기능을 통해 이미지의 일부를 선택하면 인공지능이 자동으로 해당 부분을 채워 넣는 기능을 제공하고 있다.

이러한 인공지능 이미지 생성 기술의 발전은 디자인, 광고, 영화, 게임 등 다양한 창작 산업에 혁신을 가져오고 있으며, 전문 창작자뿐만 아니라 일반인들도 손쉽게 고품질의 이미지를 생성할 수 있게 함으로써 창작의 민주화를 이끌고 있다.

3) 인공지능 예술과 미디어 아트

인공지능이 예술 영역에 본격적으로 진입하면서, 새로운 형태의 예술 장르가 탄생하고 있다. 미디어 아티스트 Refik Anadol은 Open Source 생성형 인공지능 모델인 '거대 자연 모델(LNM, Large Nature Model)'을 사용하여 독특한 작품 활동을 전개하고 있다. LNM은 자연의 이미지를 학습해 새로운 이미지를 만들어내는 인공지능 모델로, Anadol은 이를 활용하여 다양한 몰입형 미디어 아트 작품을 제작하고 있다.

특히 주목할 만한 사례로, 한국 서울 63빌딩 로비에 전시된 Anadol의 작품은 전 세계 불꽃 축제 데이터, 한국 음악 데이터 등 189만 건을 인공지능이 분석하고 재해석한 '희로애락'을 표현했다. 이 작품은 단순한 시각적 표현을 넘어, 빅데이터와 인공지능 알고리즘을 통해 집단적 기억과 감정을 디지털 공간에 투영하는 새로운 예술 형식을 보여주었다.

인공지능을 활용한 음악 창작도 활발히 이루어지고 있다. 2023년 11월 4일 스페인 갈리시아 지방 A 코루냐에서는 'AI Song Contest'가 개최되었다. 이 대회는 인간–AI 공동 창작의 창의적 잠재력을 보여주는 국제 대회로, 음악가, 연구자, 음악 프로듀서, 데이터 과학자, 개발자 등 다양한 분야의 전문가들이 인공지능을 창작 파트너로 활용하여 노래를 만들었다.

이러한 인공지능 예술은 기존의 예술과는 다른 방식으로 창작되고 소비된다. 전통적인 예술이 작가의 의도와 기술에 중점을 둔다면, 인공지능 예술은 알고리즘과 데이터, 그리고 인간 창작자와 인공지능의 협업을 통해 만들어진다. 이는 예술 창작의 과정과 결과물, 그리고 예술의 가치와 진정성에 대한 우리의 인식을 변화시키고 있다.

[그림 1–6] AI Song Contest

출처: https://www.aisongcontest.com

4) 인공지능과 문학 창작

인공지능은 소설, 시, 각본 등 다양한 문학 창작 분야에서도 활용되고 있다. 한국에서는 '지금부터의 세계'라는 국내 첫 인공지능 장편소설이 출간되었다. 이 소설은 인공지능 소설 제작자인 비룡봇과 소설가인 김태연이 공동으로 작업했다. 김태연은 주제와 소재, 배경을 설정하고, 인물의 성별, 나이, 성격 등 캐릭터를 설정했으며, 소설의 제1장(5쪽)과 작가 후기를 집필했다. 그 이후의 과정은 편집, 교정, 교열 작업이 이루어졌다.

일본에서는 소설가 구단 리에(34)가 2024년 1월 장편소설 '도쿄도 동정탑'으로 아쿠타가와상을 수상했다. 일본 순수문학계 최고 권위의 상인 아쿠타가와상은 1935년에 제정되었다. 구단 리에는 수상 이후 기자회견에서 "ChatGPT같은 생성형 AI가 만든 문장을 그대로 사용했다"며 약 5%정도의 문장을 인공지능이 생성한 내용을 활용했다고 밝혔다.

아마존 e북 매장인 킨들 스토어에는 이미 ChatGPT가 저자라고 밝힌 책이 200여 권이 넘게 출판되어 있다. 인간 저자 중에 인공지능이 참여한 책이 몇 권인지는 파악조차 어려운 상황이다. 많은 작가가 ChatGPT를 이용하여 단편 소설을 쓰거나, 이미지 생성 인공지능을 활용해 어린이용 그림책을 집필하고 있다.

현재 인공지능 저자가 참여한 책들은 주로 여행 가이드, 요리책, 프로그래밍, 정원 가꾸기 등 실용서적이 많은데, 이는 독창성보다는 정보 전달에 초점을 맞춘 장르

사람(김태연 소설감독)의 역할

- 주제와 소재, 배경을 설정
- 인물의 성별, 나이, 성격 등 캐릭터 설정
- 소설 제1장(5쪽)과 작가 후기 집필
- 편집, 교정, 교열

인공지능의 역할

- 문학 작품, 신문 기사 등 기존 자료 학습
- 주어진 조건에 따라 세부적인 이야기 창작
- 필요한 자료를 스스로 검색해 소설화

[그림 1-7] 인공지능 장편 소설

이기 때문이다. 하지만 점차 인공지능의 역할은 이야기를 만들어내거나 그림을 그리는 재능을 넘어, 아이디어와 프롬프트를 다듬는 능력으로 확장되고 있다.

인공지능과 인간의 협업을 통한 문학 창작은 창작의 본질과 저자의 정의에 대한 새로운 질문을 제기한다. 또한 저작권, 창작의 진정성, 문학적 가치 평가 등에 관한 기존의 규범과 관행에도 도전하고 있다. 이러한 변화는 문학 생태계 전반에 영향을 미치고 있으며, 작가, 출판사, 독자 모두에게 새로운 가능성과 과제를 제시하고 있다.

5) 인공지능 광고와 마케팅 창작

인공지능은 광고와 마케팅 분야에서도 창의적인 콘텐츠를 생성하며 새로운 가능성을 보여주고 있다. 신한금융그룹은 2030 부산세계박람회 유치를 위한 광고 캠페인에서 Midjourney와 같은 인공지능 이미지 생성 도구를 활용했다. "모두가 꿈꾸는 내일의 금융 세상, 인공지능으로 그려보았습니다"와 "신한 동행 프로젝트로 모두가 함께 웃는 내일, 인공지능으로 그려보았습니다"라는 카피와 함께, 인공지능으로 생성된 미래 금융 세계와 사람들의 모습을 담은 광고를 선보였다.

또한 Deep fake 기술을 활용한 광고 콘텐츠도 등장하고 있다. 서울우유는 광고 모델의 현재와 과거가 실제 가족처럼 보이도록 Deep fake 기술을 적용하여 광고를 제작했다. 이 광고에서는 한 어머니와 세 딸이 등장하는데, 실제로는 같은 인물을 Deep fake 기술로 가족처럼 보이게 만든 것이다.

또한 교육, 엔터테인먼트, 역사적 시뮬레이션 등의 긍정적인 용도로도 활용될 수 있다. 예를 들어, 2024년 3월 1일 서울 종로구 탑골공원에서 열린 제105주년 3·1절 기념식에서는 인공지능 기술로 구현된 105년 전 33살의 청년 독립운동가 정재용 선생의 모습이 증손자와 함께 독립선언서를 낭독하는 감동적인 장면이 연출되었다.

그러나 인공지능을 활용한 광고 창작이 증가하면서, 가짜 정보나 불법적인 콘텐츠 생성에 대한 우려도 커지고 있다. 구글은 '2023 광고 안전 보고서'에서 55억 개의 광고 정책 위반 광고를 차단했다고 밝혔다. 이 중에는 악성코드 확산 등 네트워크 남용 방지 정책 위반 광고 10억 개, 금융 서비스 정책 위반 광고 2억 7340만 개, 각종

사기 수법 포함 허위 진술 정책 위반 광고 2억 650만 개 등이 포함되었으며, 이러한 위반 광고의 약 2/3는 인공지능 기술을 활용해 탐지되었다.

인공지능을 활용한 광고 창작은 비용 효율성과 개인화된 메시지 전달이라는 장점을 제공하지만, 동시에 윤리적, 법적 문제를 야기할 수 있다. 따라서 인공지능 생성 광고에 대한 규제와 가이드라인의 필요성이 점점 더 중요해지고 있다.

6) 인공지능 창작의 윤리적, 법적 쟁점

인공지능 창작 활동이 증가하면서, 이와 관련된 다양한 윤리적, 법적 쟁점들이 제기되고 있다.

저작권은 인공지능 창작물과 관련된 가장 뜨거운 쟁점 중 하나이다. 인공지능이 생성한 콘텐츠의 저작권은 누구에게 있는가? 인공지능 개발자, 인공지능을 사용한 사람, 아니면 인공지능 자체에 권리가 있는가? 각국의 법률은 이에 대해 다른 접근 방식을 취하고 있으며, 아직 명확한 국제적 합의는 이루어지지 않았다.

또 다른 중요한 문제는 인공지능 학습 데이터와 관련된 저작권 침해 가능성이다. 많은 인공지능 모델은 인터넷에서 수집된 대량의 텍스트, 이미지, 코드 등을 학습 데이터로 활용하는데, 이 과정에서 저작권이 보호된 작품들이 포함될 수 있다. 이는 원작자의 권리를 침해할 가능성이 있으며, 여러 법적 소송의 원인이 되고 있다.

가짜 정보와 Deep fake의 확산도 심각한 문제이다. 인공지능이 생성한 가짜 뉴스, 영상, 이미지 등은 점점 더 진짜와 구분하기 어려워지고 있으며, 이는 개인의 명예 훼손, 사회적 혼란, 정치적 조작 등의 위험을 내포하고 있다. 미국 연방거래위원회(FTC)는 '온라인 가짜 리뷰 금지법'을 입법 예고하는 등 대응책을 마련하고 있으며, 허위 리뷰 1건당 최대 5만 달러의 벌금을 부과하는 방안을 검토 중이다.

또한 인공지능 창작물의 투명성 문제도 있다. 소비자들은 자신이 보고 있는 콘텐츠가 인공지능에 의해 생성되었는지 알 권리가 있다는 주장이 제기되고 있다. 일부 국가와 기관에서는 인공지능 생성 콘텐츠에 라벨을 붙이는 등의 방식으로 이를 명시하도록 요구하고 있다.

인공지능 창작의 윤리적, 법적 쟁점들은 기술의 발전 속도가 법과 제도의 변화 속도보다 빠르기 때문에 더욱 복잡해지고 있다. 이러한 문제들을 해결하기 위해서는 기술 개발자, 법률 전문가, 정책 입안자, 창작자, 소비자 등 다양한 이해관계자들의 참여와 논의가 필요하다.

3. 인공지능과 의사결정

1) 인공지능 의사결정 시스템의 등장

현대 사회에서 인공지능은 단순한 데이터 분석과 정보 제공을 넘어 다양한 영역에서 의사결정에 직접적으로 관여하고 있다. 인공지능이 의사결정 과정에 참여하는 영역은 자율주행 자동차, 금융, 의료, 법률, 채용, 공공 서비스 등 광범위하게 확대되고 있으며, 그 중요성과 영향력은 점점 커지고 있다.

인공지능 의사결정 시스템은 대량의 데이터를 기반으로 패턴을 인식하고, 이를 통해 특정 상황에서 최적의 행동이나 판단을 제시한다. 이러한 시스템은 인간의 직관이나 경험에만 의존했던 기존의 의사결정 방식과는 달리, 객관적인 데이터와 알고리즘을 바탕으로 한 결정을 내린다는 점에서 차별화된다.

인공지능 의사결정 시스템의 특징은 크게 세 가지로 요약할 수 있다. 첫째, 대량의 데이터를 빠르게 처리하여 인간이 인식하기 어려운 패턴을 발견할 수 있다. 둘째, 편향이나 감정에 영향을 받지 않고 일관된 결정을 내릴 수 있다. 셋째, 자동화된 의사결정을 통해 효율성과 비용 절감 효과를 가져올 수 있다.

그러나 인공지능 의사결정 시스템이 갖는 한계와 위험성도 존재한다. 학습 데이터의 편향성이나 알고리즘의 불투명성으로 인한 문제, 책임 소재의 불명확성, 인간의 자율성과 존엄성 침해 가능성 등이 주요 쟁점으로 논의되고 있다. 이에 따라 인공지능 의사결정 시스템의 설계와 운용에 있어 윤리적, 법적, 사회적 측면을 고려한 접근이 요구되고 있다.

2) 자율주행 기술과 인공지능 의사결정

자율주행 기술은 인공지능 의사결정 시스템이 가장 가시적으로 구현된 사례 중 하나이다. 자율주행 차량은 카메라, 라이다(LiDAR), 레이더, GPS 등 다양한 센서를 통해 주변 환경 정보를 수집하고, 인공지능 알고리즘을 통해 이를 분석하여 실시간으로 주행 결정을 내린다.

테슬라, 웨이모(구글), Uber, 애플 등 다양한 기업들이 자율주행 기술 개발에 대규모 투자를 하고 있으며, 상용화를 위한 실험과 시범 서비스가 전 세계적으로 진행되고 있다. 특히 자율주행 택시 서비스는 이미 미국 일부 지역에서 정식 운영되고 있으며, 기술의 안정성과 신뢰성이 향상되면서 점차 서비스 지역이 확대되고 있다.

자율주행 차량의 의사결정 과정은 크게 인식(Perception), 예측(Prediction), 계획(Planning), 제어(Control)의 단계로 나눌 수 있다. 인식 단계에서는 주변 환경과 다른 차량, 보행자 등을 감지하고 식별한다. 예측 단계에서는 다른 도로 이용자의 행동을 예측한다. 계획 단계에서는 목적지까지의 경로와 즉각적인 주행 계획을 수립한다.

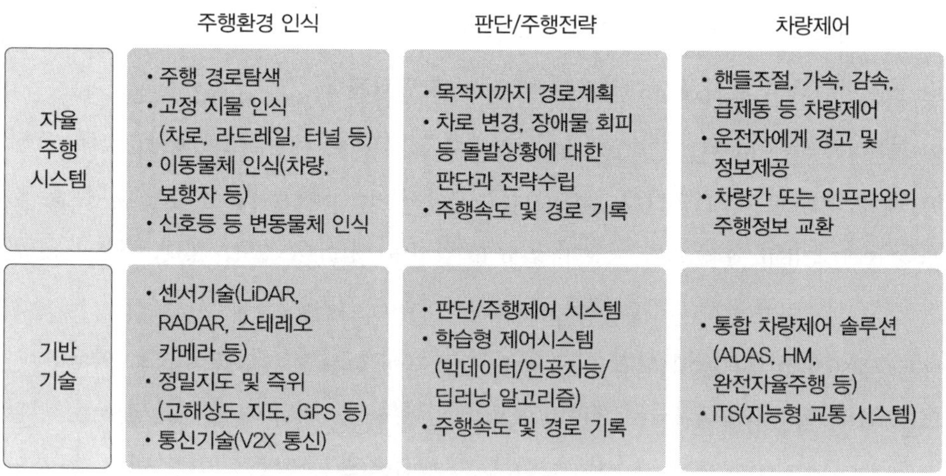

[그림 1-8] 자율주행 자동차의 시스템과 기반 기술

출처: 소프트웨어 정책 연구소(https://spri.kr/posts/view/21781?code=data_all&study_type=column)

마지막으로 제어 단계에서는 계획에 따라 차량의 가속, 제동, 조향 등을 실행한다.

자율주행 기술에서 인공지능 의사결정의 핵심 과제 중 하나는 윤리적 딜레마 상황에서의 판단이다. 이른바 '트롤리 문제'로 알려진 윤리적 딜레마는 사고가 불가피한 상황에서 자율주행 차량이 어떤 결정을 내려야 하는가에 관한 문제이다. 예를 들어, 브레이크가 고장난 상황에서 보행자를 치거나 차량을 벽에 충돌시켜 탑승자를 위험에 처하게 하는 등의 선택 상황에서 인공지능이 어떤 결정을 내려야 하는지는 기술적 문제를 넘어 사회적, 윤리적 합의가 필요한 영역이다.

또한, 자율주행 차량이 관련된 사고 발생 시 책임 소재의 문제도 중요한 쟁점이다. 운전자, 차량 제조사, 소프트웨어 개발자, 혹은 AI 자체에 책임이 있는지에 대한 법적 프레임워크가 아직 명확하게 정립되지 않은 상황이다. 이러한 법적, 윤리적 문제들의 해결은 자율주행 기술의 사회적 수용과 확산에 중요한 영향을 미칠 것으로 예상된다.

3) 인공지능 판사와 법률 의사결정

법률 분야에서 인공지능은 판례 검색, 문서 분석, 계약서 검토 등 다양한 업무를 지원하고 있으며, 최근에는 판결 예측과 양형 결정 등 법적 의사결정 영역으로까지 그 활용 범위가 확대되고 있다. 특히 '리걸 테크(Legal Tech)'라 불리는 법률과 기술의 결합은 법조인의 업무 부담을 줄이고 일반인의 법률 서비스 접근성을 향상시키는 역할을 하고 있다.

인공지능 판사 시스템은 인공지능이 판사의 양형 보조 역할을 수행하는 시스템으로, 유사 사건을 검색하여 사건별 양형 분포를 파악하고 이를 바탕으로 적절한 형량을 제안한다. 예를 들어, 음주운전 사건의 경우 혈중알코올농도, 운행거리, 적발시간, 전과 여부, 집행유예 상태 등의 데이터를 종합적으로 분석하여 벌금이나 징역형을 판단하는 데 참고 자료로 활용된다.

한국에서도 민사 사건의 평균 처리 기간이 12.1개월(2021년)로 매년 증가하는 추세를 보이고 있어, AI 도입을 통한 사법 절차의 효율화 필요성이 제기되고 있다. 강

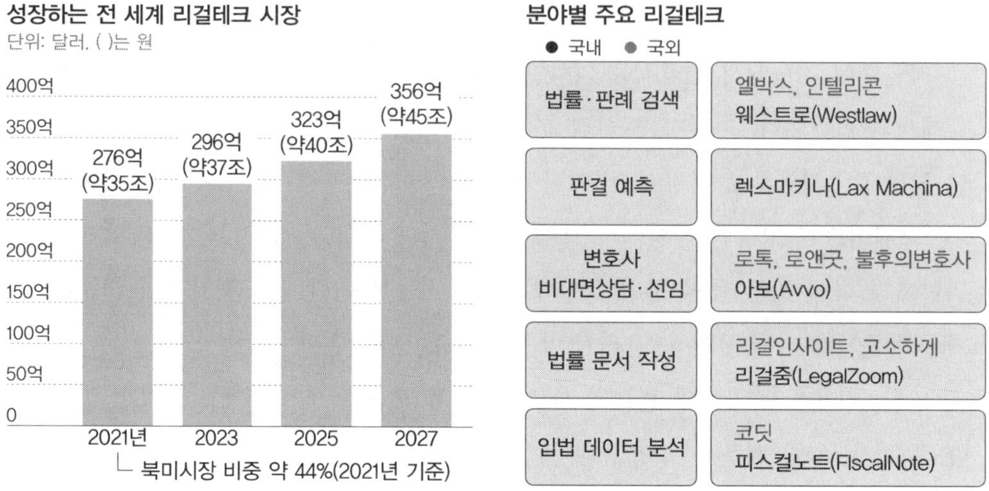

[그림 1–9] 리컬테크 시장 현황

민구 서울고법 부장판사는 AI 도입 시 3,000명의 법관이 1만 명의 성과를 낼 수 있을 것이라고 전망하며, 신속한 판결의 가능성을 제시했다.

글로벌 리걸테크 기업인 LexisNexis와 Thomson Reuters는 한국 시장 진출을 준비하고 있다. LexisNexis는 2023년 10월 미국 판례와 연방 법조문 등 미국 법 데이터 기반 생성형 AI 'Lexis+ AI'를 출시했으며, Thomson Reuters는 자사의 법률 소프트웨어인 Westlaw에 생성형 인공지능 비서 기능을 결합한 Westlaw Precision을 발표했다. 이들 기업은 특히 M&A 등 미국법 수요가 큰 한국 대기업 법무 시장을 목표로 하고 있다.

국내에서도 법률 인공지능 기술 개발이 활발히 이루어지고 있다. 국내 스타트업 로앤굿은 선거법 인공지능 검색 챗봇을 출시하여 '선거 현수막은 언제부터 달 수 있어?' 등의 질문에 답변을 제공하고 있으며, 선거법 판례 3,000여 건을 학습시켜 정확한 정보를 제공한다. 또한 국내 스타트업 인텔리콘은 학교폭력 법률 상담 시스템을 개발하여 교사에게 적법한 처리 과정을, 피해·가해 학생·학부모에게는 법률 정보와 상담을 제공하는 대화형 인공지능 서비스를 구축했다.

그러나 인공지능 판사와 법률 의사결정 시스템에는 여러 한계와 쟁점이 존재한다. 알고리즘의 투명성과 설명 가능성, 법적 판단의 공정성, 윤리적 가치 반영의 어려움, 법관의 재량권과의 충돌 등이 주요 문제로 지적된다. 따라서 인공지능 법률 시스템은 완전한 대체재가 아닌, 법조인의 의사결정을 보조하는 도구로서의 역할에 중점을 두는 방향으로 발전할 가능성이 높다.

4) 인공지능 면접과 채용 의사결정

기업의 채용 과정에서 인공지능 면접 시스템의 활용이 증가하고 있다. 인공지능 면접은 지원자의 소프트 스킬과 하드 스킬을 포괄적으로 평가하며, 특히 녹화된 면접자의 표정, 단어, 행동을 분석하여 커뮤니케이션 능력, 성취 지향성, 변화대응력, 문제해결력 등을 평가한다.

인공지능 화상면접은 지원자의 발언 내용뿐만 아니라 표정, 말투, 어조 등 모든 비언어적 행위를 맥락 속에서 분석하여 관계 스킬을 평가한다. 또한 직무 관련 지식과 기술을 평가하는 하드스킬 문항을 통해 정량적인 평가가 가능하며, 회사의 문화와 지원자의 적합성(Culture Fit)을 파악하기 위해 기업 대표의 메시지, 전·현직자 인터뷰, 회사 평가, 관련 기사 등을 분석하여 맞춤형 인재를 선별한다.

LG, 현대백화점, 한화 등 국내 대기업과 140여 개의 공공기관이 이미 인공지능 면접 시스템을 도입하여 활용하고 있다. 이들 기관은 인공지능 면접 결과를 면접관에게 제공하는 참고자료로 활용하거나, 일부는 채용 과정 중 당락을 결정하는 요소로 직접 활용하고 있다.

인공지능 면접 시스템은 기업의 채용 업무 효율성을 크게 향상시킬 수 있다. 적은 인원으로도 짧은 시간에 많은 지원자를 깊이 있게 검증할 수 있으며, 인간 면접관의 주관적 편향이나 피로도로 인한 불일치를 줄일 수 있다는 장점이 있다.

그러나 인공지능 면접 시스템에도 한계가 존재한다. 학습 데이터의 편향성이 인공지능의 판단에 영향을 미칠 수 있으며, 문화적 맥락이나 개인적 상황을 충분히 고려하지 못할 가능성이 있다. 또한 인공지능 시스템이 평가하는 요소가 실제 직무 성과와 얼마나 연관성이 있는지에 대한 검증도 필요하다.

더불어 인공지능 면접과 관련된 법적, 윤리적 문제도 제기되고 있다. 개인정보 보호, 차별 금지, 설명 가능성, 지원자의 동의와 이의제기 권리 등 다양한 측면에서의 규제와 가이드라인이 필요하다. 특히 2025년경에는 사람을 대체하는 인공지능 면접관이 일부 그룹에서는 100% 진행하는 것이 목표로 설정되어 있어, 이에 대한 사회적 논의가 더욱 필요한 상황이다.

5) 인공지능 의료 진단과 의사결정

의료 분야에서 인공지능은 질병 진단, 치료 계획 수립, 약물 개발, 환자 모니터링 등 다양한 영역에서 의사결정을 지원하고 있다. 미국 의료산업의 72%가 이미 인공지능을 도입했거나 추진 중(2024년 기준)이며, 글로벌 의료 인공지능 시장은 2021년 110억 6000만 달러에서 2030년 1879억 5000만 달러로 연평균 43% 성장할 것으로 예상된다.

인공지능 의료 진단 시스템은 의료 영상(X-ray, MRI, CT 등), 임상 데이터, 유전체 정보 등을 분석하여 질병의 징후를 발견하고 진단을 제안한다. 예를 들어, 인공지능은 방사선 영상에서 종양이나 골절 등을 높은 정확도로 감지할 수 있으며, 피부 병변 이미지를 분석하여 피부암 진단을 지원할 수 있다.

중국 칭화대에서는 '에이전트 병원' 모델을 실험 중인데, 이는 모든 의사와 간호사

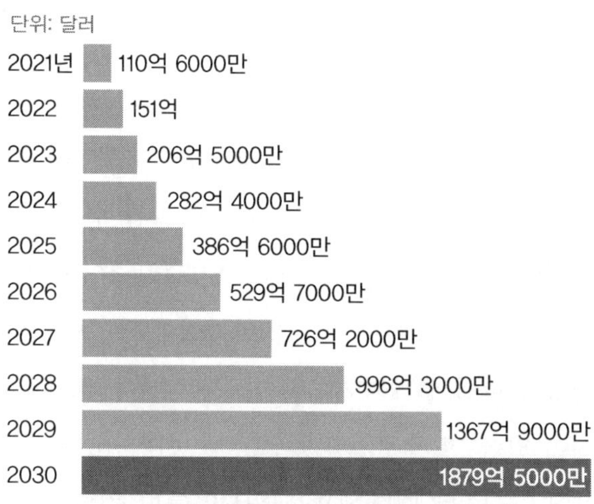

[그림 1-10] 글로벌 의료 인공지능 시장 규모

출처: 스태티스타, 한국보건산업진흥원

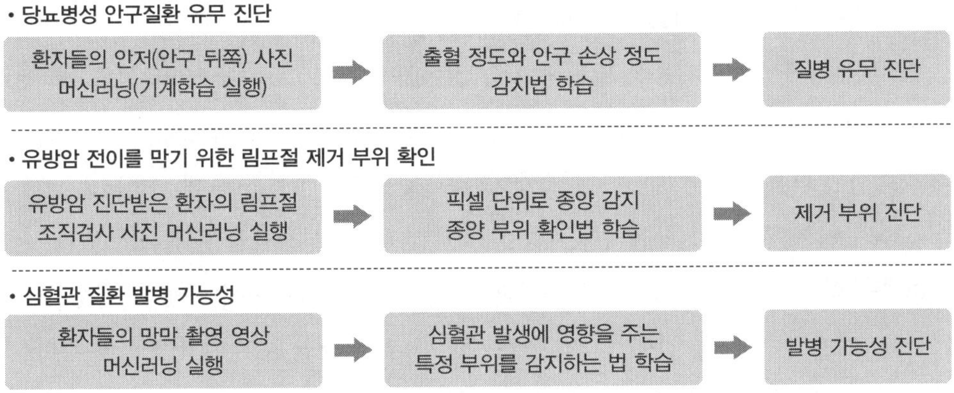

[그림 1–11] 인공지능 기술을 통한 의학적 학습 과정 개념도

출처: 스태티스타, 한국보건산업진흥원

가 대규모 언어 모델(LLM)을 통해 환자와 소통하는 시스템이다. 이 시스템은 진단 외에도 상담, 검사, 진료, 후속 조치 등 전반적인 의료 서비스를 제공하며, 2년이 걸리는 1만 명의 환자를 며칠 만에 진료하면서도 93% 이상의 정확도를 보여주었다고 한다.

미국 의학협회지(JAMA, The Journal of the American Medical Association)에 발표된 연구에 따르면, 인공지능을 활용한 의학적 학습 과정 개발이 활발히 이루어지고 있다. 특히 당뇨병성 안구질환 유무 진단, 유방암 전이를 막기 위한 림프절 제거 부위 확인, 심혈관 질환 발병 가능성 예측 등의 영역에서 인공지능의 성능이 인간 의사의 수준에 근접하거나 때로는 이를 넘어서는 결과를 보여주고 있다.

그러나 인공지능 의료 의사결정 시스템에도 여러 한계와 과제가 존재한다. 우선, 의료 데이터의 품질과 대표성 문제가 있다. 편향된 데이터로 학습된 인공지능은 특정 인구 집단에 대해 부정확한 진단을 내릴 수 있다. 또한, 의료 인공지능 시스템의 '블랙박스' 특성으로 인해 결정 과정을 이해하고 설명하기 어려운 경우가 많다.

의료 인공지능의 책임 소재와 법적 규제 문제도 중요한 쟁점이다. 인공지능의 오진으로 인한 피해가 발생했을 때 책임은 누구에게 있는지, 인공지능 의료 기기의 승인과 규제는 어떻게 이루어져야 하는지 등에 대한 논의가 필요하다. 또한, 환자 데이터의 프라이버시와 보안 문제도 인공지능 의료 시스템의 도입에 있어 중요한 고려사항이다.

6) 인공지능 기반 학습의 초개인화

교육 분야에서 인공지능은 맞춤형 학습 경험을 제공하고 교육의 효율성을 높이는 데 혁신적인 역할을 하고 있다. 특히 학습자의 개별 능력, 학습 스타일, 선호도에 따라 최적화된 학습 경로를 제시하는 '초개인화' 교육이 인공지능을 통해 실현되고 있다.

교육부에서는 EBS와 함께 인공지능 활용 학습 진단 시스템을 추진하고 있다. 이 시스템은 학생들의 학습 데이터를 수집하고 분석하여 개인별 학습 수준과 특성을 진단하고, 이에 맞는 학습 컨텐츠와 방법을 추천한다. 학생들은 자신의 약점을 정확히 파악하고, 효율적인 학습 전략을 수립할 수 있게 된다.

다양한 교육 관련 기업들도 수학 등 주요 과목에서 인공지능을 활용한 학습 진단과 교육을 연계한 맞춤형 학습 서비스를 제공하고 있다. 이러한 서비스는 학생이 풀이한 문제의 패턴, 오답률, 풀이 시간 등의 데이터를 인공지능이 분석하여 학생의 강점과 약점을 파악하고, 이에 따른 최적의 학습 모듈(micro learning module)을 제시한다.

인공지능 기반 학습 시스템의 핵심 기능은 크게 세 가지로 나눌 수 있다. 첫째, '학습 진단'으로 학생의 현재 수준과 이해도를 평가한다. 둘째, '개인화된 학습 경로

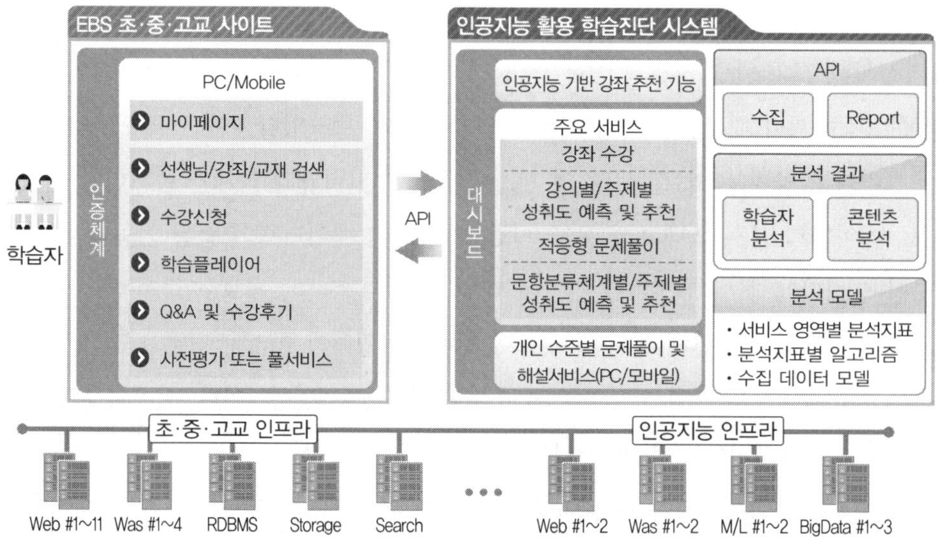

[그림 1-12] 인공지능 기술을 통한 의학적 학습 과정 개념도

설계'로 각 학생에게 최적화된 학습 내용과 순서를 제시한다. 셋째, '실시간 피드백과 적응적 학습'으로 학생의 진행 상황에 따라 콘텐츠의 난이도와 속도를 조절한다.

인공지능은 특히 대규모 학습 데이터를 분석하여 성공적인 학습 패턴을 식별하고, 이를 바탕으로 학습 전략을 최적화하는 데 효과적이다. 기존의 일방향적 교육 방식으로는 달성하기 어려웠던 개별화된 학습 지원이 인공지능을 통해 가능해지고 있다.

또한 인공지능은 교사와 학부모에게도 학생의 학습 상황에 대한 상세한 통찰을 제공한다. 학생의 학습 패턴, 강점과 약점, 발전 추이 등을 시각화하여 보여줌으로써, 효과적인 지도 방향을 설정하는 데 도움을 준다. 특히 다인수 학급에서 모든 학생을 개별적으로 관리하기 어려운 교사들에게 인공지능 기반 학습 분석은 큰 도움이 된다.

그러나 인공지능 기반 교육 시스템에도 몇 가지 도전 과제가 있다. 학생 데이터의 프라이버시 보호, 알고리즘의 편향성, 지나친 기술 의존으로 인한 인간 교사의 역할 축소, 디지털 격차로 인한 교육 불평등 심화 등의 문제가 지적되고 있다. 따라서 인공지능 교육 기술을 도입할 때는 이러한 문제들을 고려한 균형 잡힌 접근이 필요하다.

미래의 교육은 인공지능과 인간 교사의 강점이 조화롭게 결합되는 방향으로 발전할 것으로 예상된다. 인공지능은 데이터 분석과 개인화된 학습 경로 제시를 담당하고, 인간 교사는 정서적 지원, 창의적 사고 촉진, 가치 교육 등 인공지능이 대체하기 어려운 영역에 집중함으로써, 교육의 질과 효율성을 모두 높일 수 있을 것이다.

4. 인공지능과 생산성

1) 인공지능의 생산성 향상 가능성

인공지능 기술의 발전은 산업 전반에 걸쳐 생산성 향상의 새로운 가능성을 열어주고 있다. 인공지능은 반복적인 작업 자동화, 데이터 분석을 통한 최적화, 의사결정 지원, 맞춤형 서비스 제공 등 다양한 방식으로 기업과 개인의 생산성을 증대시키고 있다.

스탠퍼드 대학의 HAI(Human-centered AI) 연구소가 발표한 'AI Index Report 2024'에 따르면, 전 세계 기업들의 인공지능 활용률은 약 55%에 달하는 것으로 나타났다. 가장 많이 도입된 인공지능 활용 사례는 고객 센터 자동화(26%), 개인화 서비스(23%), 고객 확보(22%), 인공지능 기반 제품 향상(22%), 새로운 인공지능 기반 제품 창출(19%) 등의 순으로 나타났다.

생성형 AI의 등장은 산업 생산성에 더욱 큰 변화를 가져올 것으로 예상된다. 과학기술정보통신부와 베인앤컴퍼니가 공동으로 발표한 '생성 AI 성공적 도입 시 한국 경제 효과 분석'에 따르면, 향후 2026년까지 인공지능 관련 산업에서 총 310조 원의 경제적 효과가 발생할 것으로 전망된다. 이 중 매출 증가 효과는 123조 원, 비용 절감 효과는 187조 원에 이를 것으로 예측되었다.

인공지능의 생산성 향상 효과는 산업별로 다르게 나타난다. ICT, 제조업, 서비스업, 기타 분야별로 살펴보면, 서비스업에서는 약 57조 원의 매출 증가 효과가, 제조업에서는 약 53조 원의 비용 절감 효과가 예상되는 등 산업 특성에 따라 인공지능 활용의 효과가 다르게 나타날 것으로 보인다.

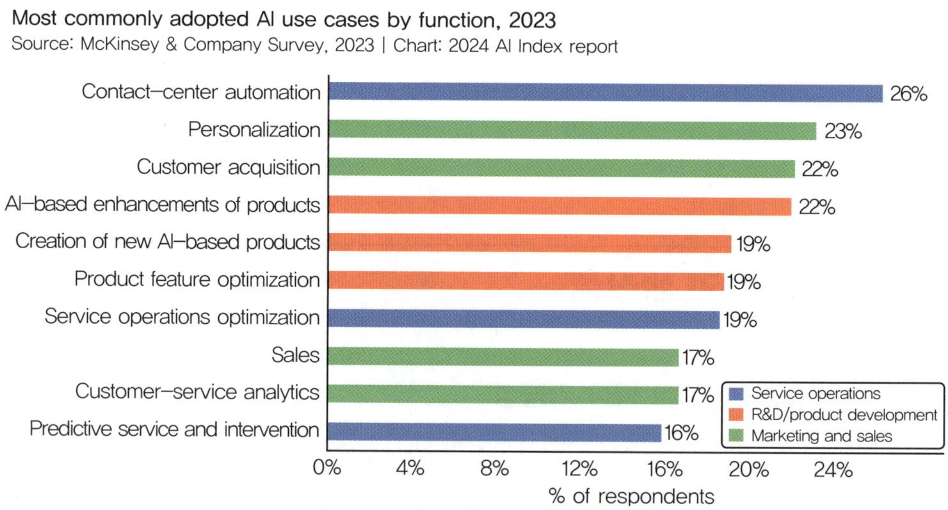

[그림 1-13] 2023년 기능별 인공지능 채택 현황

출처: 스탠퍼드대학 H인공지능 연구소 AI Index Report 2024

특히 근로자의 약 67%가 업무 활동 중 5~20% 정도 생성형 AI를 활용할 것으로 예측되고 있어, 개인 작업자 수준에서도 상당한 생산성 향상이 기대된다. 이는 단순히 작업 시간의 단축만을 의미하는 것이 아니라, 창의적인 업무에 더 많은 시간과 자원을 투입할 수 있게 함으로써 전반적인 작업 품질의 향상으로 이어질 수 있다.

2) 인공지능을 통한 제조업 혁신

제조업은 인공지능 기술 도입을 통해 가장 큰 생산성 향상을 기대할 수 있는 분야 중 하나이다. 스마트 팩토리, 예측 유지보수, 품질 관리, 공급망 최적화 등 다양한 영역에서 인공지능이 활용되고 있으며, 이를 통해 생산 효율성 증대와 비용 절감 효과를 얻고 있다.

포스코DX는 '비전 AI' 기술을 제철소에 적용하여 생산성 향상을 이루어내고 있다. 학습된 인공지능이 카메라 화면을 분석하여 작업 과정을 모니터링하고, 이상 징후를 감지하며, 품질 문제를 사전에 파악하는 등의 역할을 수행한다. 이는 NVIDIA의 GPU 기술을 활용하여 실시간 이미지 처리와 분석이 가능하도록 구현되었다.

제철소에서는 인공지능 연동 카메라가 슬라브(철판의 원료가 되는 철강재) 여부를 확인하고, 온도를 감지해 위험 상황 발생 시 즉시 공정 중단을 알리는 기능을 수행한다. 또한 열차를 운행하는 기관차에 설치된 AI 카메라는 건널목에 있는 사람이나 차량을 감지하여 기관차에 즉시 통보함으로써 안전사고 예방에 기여하고 있다.

네덜란드 로테르담항은 100% 자동화 설비를 갖춘 스마트 항구 시스템을 운영하고 있다. IoT(Internet of Things) 센서, 카메라, 클라우드 기술 등을 이용하여 무인으로 인공지능이 입출항 선박 3만 척의 물류 하역 작업을 24시간 관리한다. 이러한 시스템 도입으로 하역 시간은 40% 감소하고, 인건비와 연료비는 37% 절감되었으며, 전체적인 생산성은 40% 증가하는 성과를 거두었다.

자동차, 철강, 조선, 화학 등 다양한 산업 현장에서 인공지능 기술이 확산되면서, 작업 환경의 안전성 향상, 정밀한 품질 관리, 에너지 효율 최적화 등의 효과도 나타나고 있다. 이는 단순한 비용 절감을 넘어, 제품과 서비스의 품질 향상, 작업 환경 개선,

환경 영향 감소 등 다양한 측면에서 산업 경쟁력을 강화하는 요소로 작용하고 있다.

3) 업무 환경 변화와 일하는 방식의 혁신

인공지능은 업무 환경과 일하는 방식에 근본적인 변화를 가져오고 있다. 특히 마이크로소프트, 구글 등 글로벌 기업들이 자사의 생산성 도구에 인공지능 기능을 통합함으로써, 일상적인 업무 처리 방식이 크게 달라지고 있다.

마이크로소프트는 워드, 엑셀, 파워포인트 등 MS 365 제품군에 Copilot 기능을 도입했다. MS Word에서는 3분짜리 스피치 내용과 간단한 주제를 입력하면 인공지능이 맞춤형 텍스트를 생성하고, 이를 다른 초안으로 변경하거나 다양한 스타일로 변환할 수 있다. Excel에서는 데이터를 분석하고 탐색하여 필요한 정보를 손쉽게 확인하고, 데이터 기반 차트를 생성하거나 필요 부분을 표로 정리할 수 있다. PowerPoint에서는 요구에 맞는 프레젠테이션이 자동 생성되며, 이미지, 텍스트, 애니메이션 등이 포함된다. 또한 이용자 워드라이브에 있는 폴더를 검색하여 필요한 양식과 이미지를 활용할 수 있다.

회의와 협업 방식도 인공지능으로 인해 크게 변화하고 있다. 다글로, 클로바 노트, 팀즈 등의 서비스는 녹음 파일과 PDF 파일을 자동으로 정리하고, 회의 내용을 요약하며, 번역 기능을 제공한다. 특히 40여 개 언어 번역 기능을 통해 다국적 회의가 가능해지면서, 국제 협업의 효율성이 크게 향상되었다.

PPT와 같은 발표 자료의 자동 생성도 주목할 만한 변화이다. 구글의 비즈니스 도구인 Gemini, 구글 워크스페이스의 오피스 AI 등은 텍스트 프롬프트만으로 완성도 높은 프레젠테이션 자료를 생성해 준다. 이러한 도구들은 디자인 전문가가 아닌 일반 사용자도 짧은 시간 내에 전문적인 품질의 발표 자료를 제작할 수 있게 지원한다.

이러한 변화는 단순히 작업 시간을 줄이는 것뿐만 아니라, 업무의 본질에 더 집중할 수 있는 환경을 조성한다. 반복적이고 시간 소모적인 작업들은 인공지능이 처리하고, 인간은 창의적 사고와 전략적 의사결정, 인간관계 관리 등 더 가치 있는 활동에 집중할 수 있게 된다.

4) 데이터 분석과 의사결정 지원

인공지능은 방대한 양의 데이터를 빠르고 정확하게 분석하여 기업과 조직의 의사결정을 지원하는 강력한 도구로 자리매김하고 있다. 특히 비즈니스 인텔리전스와 데이터 사이언스 영역에서 인공지능의 활용은 데이터 기반 의사결정의 수준을 한 단계 높이고 있다.

미국의 피스컬노트(FiscalNote)는 정부, 의회, 법원의 공개 빅데이터를 인공지능으로 실시간 분석하여 법안 통과 가능성을 예측하는 서비스를 제공한다. 피스컬노트 창업자인 팀황(27세 황태일)은 의회에 올라온 법안의 세부 내용과 후원자, 상·하원 의원의 과거 투표 성향을 분석하여 찬성 혹은 반대를 할지 예측하고, 실제 법안이 통과될 가능성을 분석한다. 이 서비스는 Uber, Johns & Johnson, McDonald 등 대기업들이 고객으로 참여하고 있으며, 특히 Uber는 미 연방과 50개 주 의회에서 차량 공유 관련 법안의 진행 상황을 실시간으로 파악하는 데 활용하고 있다.

이러한 데이터 분석 서비스의 특징은 직접 데이터를 생산하지 않으면서도 공공데이터를 이용하여 인공지능 학습을 통해 가치 있는 통찰을 제공한다는 점이다. 이는 데이터의 소유가 아닌, 데이터의 분석과 해석 능력이 새로운 비즈니스 모델의 핵심이 될 수 있음을 보여준다.

전자상거래 분야에서는 Amazon, 쿠팡 등이 고객의 소비 형태에 대한 빅데이터를 활용하여 개인화된 추천 시스템을 운영하고 있으며, 배달 앱 서비스들은 고객의 음식 소비 패턴을 분석하여 맞춤형 메뉴 추천과 마케팅 전략을 수립하고 있다. 이러한 데이터 기반 접근 방식은 소비자 만족도 향상과 매출 증대로 이어지고 있다.

인공지능을 활용한 데이터 분석은 금융 분야에서도 활발히 이루어지고 있다. 주식 시장 분석, 신용 평가, 사기 탐지, 포트폴리오 관리 등 다양한 영역에서 인공지능 알고리즘이 활용되며, 이를 통해 더 정확한 예측과 위험 관리가 가능해지고 있다.

또한 공공 부문에서도 AI 데이터 분석은 정책 입안과 자원 배분의 효율성을 높이는 데 기여하고 있다. 교통 흐름 최적화, 범죄 예방, 재난 대응, 공중 보건 관리 등 다양한 영역에서 데이터 기반 의사결정이 이루어지고 있으며, 이는 공공 서비스의 질적 향상으로 이어지고 있다.

5) 인공지능과 코드 작성: AI Pair Programming

인공지능은 프로그래밍 코드 작성 영역에서도 활발히 활용되고 있다. GitHub Copilot, Amazon CodeWhisperer, Tabnine 등 다양한 인공지능 코드 작성 도구가 개발자들의 작업을 지원하고 있다. 특히 GitHub Copilot은 "Your AI pair programmer"라는 슬로건 하에, 개발자가 코드를 작성할 때 실시간으로 제안을 제공하고 전체 함수나 코드 블록을 자동으로 완성해주는 기능을 제공한다.

AI Pair Programming은 인간 개발자와 인공지능이 함께 코드를 작성하는 협업 방식으로, 개발자의 생산성을 크게 향상시킬 수 있다. 개발자가 의도를 주석이나 함수 이름으로 표현하면, 인공지능이 이를 바탕으로 코드를 제안하고, 개발자는 이를 검토하고 필요에 따라 수정하는 방식으로 작업이 진행된다.

이러한 AI 코드 생성 도구는 단순 반복적인 코딩 작업을 줄이고, 개발자가 더 복잡한 문제 해결과 창의적인 설계에 집중할 수 있게 해준다. 또한 초보 개발자들에게는 학습 도구로서의 역할도 할 수 있다. 인공지능이 제안한 코드를 통해 새로운 프로그래밍 패턴과 기법을 익힐 수 있기 때문이다.

그러나 AI Pair Programming에는 코드 품질, 보안, 저작권 등의 과제도 존재한다. 인공지능이 생성한 코드가 항상 최적화되어 있거나 보안상 안전하다고 보장할 수 없으며, 때로는 저작권이 있는 코드 조각을 제안할 가능성도 있다. 따라서 인공지능이 생성한 코드를 무비판적으로 수용하기보다는 개발자의 전문적인 판단과 검토가 여전히 중요하다.

6) 인공지능 기반 보안 관제와 위험 관리

기업과 조직의 사이버 보안 위협이 증가하면서, 인공지능 기반 보안 관제 시스템의 중요성이 커지고 있다. 인공지능 보안 관제 시스템은 다양한 장비들로부터 데이터를 수집하여 해킹 사례를 학습하고 위협을 발견 및 예측하는 역할을 한다.

[그림 1-14] 인공지능 기반 보안 관제 시스템

이러한 시스템은 관제사들의 단순 작업을 제거하고, 위협 판별의 능력을 향상시키는 효과가 있다. 탐지 이벤트를 자동으로 판별하여 단순 작업을 줄이고, 고격(高格) 미등록 위협을 50% 이상의 정확도로 판별하고 제거한다. 또한 잠재 위협을 발견하고 예측하는 기능도 수행하는데, 탐지 이벤트 중 잘못 분류되는 공격을 발굴하고 이상 징후 및 비정상 위협을 분석한다.

구글은 '2023 광고 안전 보고서'에서 악성 광고에 대한 대응 결과를 발표했다. 구글은 악성코드 확산 등 네트워크 남용 방지 정책 위반 광고 10억 개, 금융 서비스 정책 위반 광고 2억 7340만 개, 각종 사기 수법 포함 허위 진술 정책 위반 광고 2억 650만 개 등 총 55억 개의 광고를 차단했으며, 이 중 약 2/3는 인공지능 기술을 활용해 탐지되었다. 이는 2022년 차단된 52억 개 광고에 비해 약 6% 증가한 수치이다.

또한 가짜 리뷰 탐지에도 인공지능이 활용되고 있다. 배달 서비스 업체 배민은 허위 리뷰를 모니터링하고 탐지하는 인공지능 시스템을 도입했다. 생성형 AI로 작성된 허위 리뷰가 증가하는 추세에 대응하기 위한 조치로, 가짜 리뷰는 '위계에 의한 업무방해'로 간주되어 법적 제재의 대상이 될 수 있다. 미국 연방거래위원회(FTC)도 '온라인 가짜 리뷰 금지법'을 입법 예고하고, 허위 리뷰 1건당 최대 5만 달러의 벌금을 부과하는 방안을 검토 중이다.

이러한 인공지능 기반 보안 시스템은 기업의 평판과 자산을 보호하고, 소비자 신뢰를 유지하는 데 중요한 역할을 한다. 또한 보안 위협에 대한 선제적 대응을 통해 잠재적 손실을 방지하고, 비즈니스 연속성을 보장하는 데 기여한다.

7) 기존 서비스의 인공지능 강화와 비즈니스 모델 혁신

많은 기업이 기존의 서비스와 제품에 인공지능 기능을 통합하여 사용자 경험을 개선하고 새로운 가치를 창출하고 있다. 이러한 인공지능 강화는 단순한 기능 추가를 넘어, 비즈니스 모델의 혁신으로 이어지는 경우가 많다.

아숙업(AskUp)은 OCR(광학문자인식) 기술을 GPT와 결합하여 사용자 편의성을 크게 향상시킨 서비스이다. 사용자가 제품 패키지나 문서를 촬영하면 인공지능이 텍스트를 인식하고 관련 정보를 제공한다. 2023년 3월 기준으로 누적 28만 명 이상의 카카오톡 친구를 모집할 정도로 인기를 끌고 있다.

이외에도 다양한 산업 분야에서 인공지능 기반 서비스가 등장하고 있다. 건강 AI 챗봇은 건강 시술 질의응답, 라이너AI는 챗GPT 등을 활용한 검색 서비스, 튜트는 블로그, 메일링, 이메일 등의 문구 작성을 지원한다. AI여행플래너는 여행 계획 추천, 아숙업은 OCR 활용 질의응답, AI 헬피는 코딩 학습 도우미, 알라GPT는 요약 질의응답이 가능한 기업용 솔루션, 네이티브는 챗GPT에 한영자동번역 결합 서비스, 다다음은 검색, 요약, 이미지 생성이 가능한 카톡 기반 챗봇, AI 도토 2.0은 직원 교육 등 기업·학교용 챗봇 서비스 등이다.

이러한 인공지능 기반 서비스의 특징은 API를 활용해 기존 서비스에 대화형 AI를 연결함으로써, 사용자 경험을 크게 개선하고 서비스의 활용도를 높인다는 점이다. 실제로 산업 부문별 생성형 AI의 업무 활용 영향 정도를 조사한 결과, 금융·보험업(10.1%), 전문·과학 및 기술 서비스 산업(9.6%), 정보산업(8.1%) 순으로 높게 나타났다.

특히 주목할 만한 것은 인공지능 기반 서비스가 새로운 비즈니스 모델을 창출하고 있다는 점이다. 구독 기반 인공지능 서비스, 인공지능 기반 맞춤형 컨설팅, 인공지능과 인간 전문가의 협업 모델 등 다양한 형태의 비즈니스 모델이 등장하고 있으며, 이는 기업의 수익 구조와 가치 창출 방식에 변화를 가져오고 있다.

글로벌 검색 엔진 시장에서도 인공지능을 활용한 혁신이 진행 중이다. 2024년 3월 점유율 기준으로 구글이 91.37%로 압도적인 1위를 차지하고 있지만, 마이크로소프트는 검색 엔진 빙(Bing)에 GPT 기반 AI 챗봇 '코파일럿'을 접목하고, 퍼플렉시티는 미국의 생성 인공지능 검색 스타트업으로서 검색 엔진 '퍼플렉시티'를 개발하는 등 인공지능을 통한 검색 경험 혁신을 시도하고 있다.

인공지능은 산업 전반에서 생산성 향상의 새로운 동력이 되고 있다. 이러한 변화는 업무 방식의 혁신과 함께 일자리 구조 변화, 디지털 격차 등의 과제도 함께 제기하고 있다.

요약

1. 인공지능은 약인공지능에서 강인공지능으로 발전하며 생성형 AI의 등장과 함께 창의적 영역까지 확장되어 사회 전반의 패러다임 변화를 이끌고 있으며, AI Agent와 가상 인간 기술은 인간과 인공지능의 상호작용 방식을 근본적으로 변화시키고 있다.
2. 인공지능 창작은 다양한 영역에서 인간 수준의 결과물을 생성하며 창작의 민주화를 촉진하고 있지만, 저작권 침해, 가짜 정보 확산, 창작의 진정성 등 윤리적·법적 쟁점을 동시에 야기하고 있다.
3. 인공지능 의사결정 시스템은 자율주행, 채용, 의료 진단 등 중요한 영역에서 효율성과 객관성을 제공하지만, 알고리즘의 불투명성과 편향성, 책임 소재 불명확성으로 인해 인간의 자율성과 공정성에 대한 우려를 낳고 있다.

4. 인공지능은 제조업 자동화와 업무 프로세스 혁신을 통해 생산성을 크게 향상 시키고 있으나, 데이터 품질 문제, 기술 격차, 일자리 대체 우려 등의 한계가 존재하여 인간과 인공지능의 협력적 관계 정립이 필요하다.

토론해보기

1. 인공지능이 인간의 창작 영역에 진입하면서 '창작'의 정의가 바뀌고 있다. 인공지능 창작물에 대한 저작권과 예술적 가치를 어떻게 인정해야 하며, 인간 창작자의 고유한 역할은 무엇인가?

2. 자율주행차, 인공지능 면접, 의료 인공지능 등 중요한 의사결정 영역에서 인공지능의 역할이 확대되고 있다. 인공지능 의사결정의 투명성, 공정성, 책임 소재를 어떻게 보장해야 하며, 인간의 최종 판단권은 어느 범위까지 유지되어야 하는가?

3. 인공지능 기술이 생산성 혁신을 가져오면서 일자리 구조가 급변하고 있다. 인공지능으로 인한 경제적 혜택의 분배와 일자리 대체에 따른 사회적 책임을 어떻게 해결해야 하며, 인간과 인공지능의 협력 모델은 어떤 방향으로 발전해야 하는가?

2장

인공지능시대의 역량과 지능정보사회

1. 지능정보사회의 도래와 인공지능 발전
2. 인공지능을 가능하게 한 핵심 기술
3. 인공지능의 능력과 인간 지능의 관계
4. 인공지능 시대에 필요한 역량
5. 인간과 인공지능의 상호보완 관계

인공지능 기술의 급속한 발전은 인류 사회의 패러다임을 근본적으로 변화시키고 있다. 2016년 알파고와 이세돌의 역사적 대국부터 2022년 ChatGPT의 폭발적 확산까지, 인공지능은 더 이상 먼 미래의 기술이 아닌 일상 속에서 인간과 협력하는 현실적 파트너로 자리 잡았다.

이러한 변화는 교육, 의료, 금융 등 거의 모든 산업 영역에서 인간에게 요구되는 역량의 성격을 근본적으로 재정의하고 있다. 반복적이고 규칙 기반의 업무는 점차 인공지능의 영역으로 이전되는 반면, 창의성, 비판적 사고, 감성지능과 같은 고차원적 인지 능력의 중요성은 더욱 부각되고 있다. 특히 의료 분야에서 인공지능과 인간의 협력이 각각의 단독 작업보다 훨씬 높은 성과를 보이는 것처럼, 인간과 인공지능은 대체가 아닌 상호보완의 관계로 발전하고 있다.

이 장에서는 지능정보사회로의 전환을 가능하게 한 핵심 기술들을 살펴보고, 인공지능의 능력과 인간 지능의 상호보완성을 탐구한다. 또한 급변하는 기술 환경에서 인간에게 요구되는 새로운 역량들을 분석하여, 인간 중심의 관점에서 인공지능과 협력할 수 있는 방향을 제시하고자 한다.

1. 지능정보사회의 도래와 인공지능 발전

인공지능(AI) 기술의 급격한 발전은 인류 사회의 패러다임을 근본적으로 변화시키고 있다. 특히 2016년 3월 알파고와 이세돌의 바둑 대국은 인공지능의 잠재력과 영향력을 전 세계에 각인시킨 상징적 사건이었다. 이 대국에서 알파고가 세계 최고 바둑기사 중 한 명인 이세돌 9단을 4대 1로 승리함으로써 인공지능의 학습 능력과 판단력이 특정 영역에서 인간의 능력을 뛰어넘을 수 있음을 실증적으로 보여주었다.

주목할 점은 구글 딥마인드가 이세돌과의 대국을 선택한 이유다. 당시 세계 1위 중국의 커제(19세)나 2위 한국의 박정환 9단(23세)이 아닌, 프로 경력 20년 이상의 이세돌과 대국한 것은 인공지능의 도전 상대로 단순한 랭킹보다 깊은 경험과 직관을 가진 인간 지능의 대표자를 선택했음을 보여준다. 이는 인공지능이 단순 계산력을 넘어 인간의 직관과 경험에 도전하는 새로운 단계에 진입했음을 상징한다.

2020년 12월 출시된 한국의 챗봇 '이루다'는 또 다른 측면에서 인공지능의 사회적 영향을 보여주었다. 이루다는 출시 후 불과 3주 만에 서비스가 중단되는 사태를 맞았는데, 이는 인공지능 윤리의 중요성을 일깨운 사건이었다. 개인정보 활용, 혐오 발언, 성적 대화 등의 문제가 불거지면서 기술적 발전만으로는 안정적인 인공지능 서비스를 제공할 수 없음이 드러났다. 이루다 사태는 인공지능 기술 발전과 더불어 윤리적 가이드라인, 사회적 합의, 법적 규제의 필요성을 강조하는 계기가 되었다.

이후 2022년 11월 오픈AI가 ChatGPT를 출시하면서 생성형 인공지능의 시대가 본격적으로 열렸다. GPT-3.5 기반의 이 대화형 AI는 출시 직후부터 폭발적인 반응을 얻으며 사용자 1억 명 돌파라는 기록적인 성장을 이루었다. 2023년에는 다양한 언어로 서비스가 확장되고, 마이크로소프트가 '빙'에 ChatGPT를 탑재한 모델을 공개하며 검색 시장의 새로운 경쟁이 시작되었다. 같은 해 3월에는 GPT-4가 공개되어 더욱 발전된 추론 능력과 멀티모달 기능을 선보였다.

생성형 인공지능 도구는 ChatGPT 외에도 다양하게 발전했다. 구글의 Bard, 앤트

로픽의 Claude, 메타의 LLaMA2, 코히어의 Command, 안트로픽의 Claude, Stability AI의 Stable Diffusion 등이 각자의 특성을 살려 시장에 진입했다. 이러한 도구들은 텍스트 생성뿐만 아니라 이미지, 음악, 코드 생성 등 다양한 영역으로 그 역량을 확장하고 있다.

인공지능 기술의 학문적 중요성은 2024년 노벨상 수상으로도 확인되었다. 2024년 노벨 물리학상은 홉필드 네트워크의 창시자인 존 홉필드(프린스턴대학) 교수와 딥러닝을 발전시킨 제프리 힌튼(토론토대학) 교수에게 공동으로 수여되었다. 이들의 연구는 입자물리학, 천체물리학, 재료과학 등 다양한 물리학 분야의 첨단 연구에 활용되며 새로운 과학적 발견의 지평을 열었다.

또한 2024년 노벨 화학상은 단백질 구조 예측 분야의 혁명을 일으킨 데이비드 베이커(워싱턴대), 데미스 허사비스(구글 딥마인드 CEO), 존 점퍼(구글 딥마인드 디렉터) 세 사람에게 공동 수여되었다. 특히 구글 딥마인드가 개발한 '알파폴드'는 수년이 걸리던 단백질 구조 예측을 수시간 만에 가능하게 함으로써 생명과학과 의약학 연구에 혁명적 변화를 가져왔다.

한국의 인공지능 경쟁력을 살펴보면, 2019년과 2023년 사이에 괄목할 만한 발전이 있었음을 알 수 있다. 2023년 기준 한국의 인공지능 국가별 경쟁력은 세계 7위로,

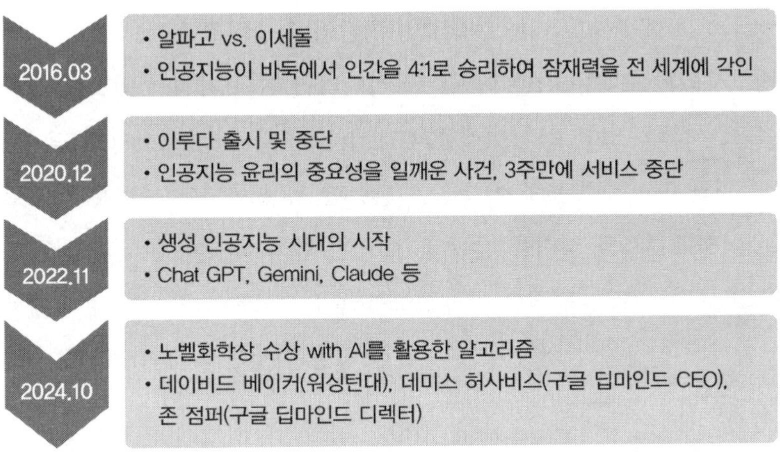

[그림 2-1] 지능정보사회의 도래와 인공지능 발전

미국(1위), 중국(2위), 영국(3위), 싱가포르(4위), 캐나다(5위), 이스라엘(6위)에 이은 순위를 기록했다. 글로벌 인공지능 지수 분석에 따르면, 한국은 종합 부문에서 8위에서 6위로, 인재 부분에서 28위에서 12위로, 인프라 부문에서 5위에서 7위로, 운영환경 부문에서 30위에서 11위로, 연구수준 부문에서 22위에서 12위로, 특허(개발) 부문은 3위를 유지했으며, 정책(정부전략) 부문에서는 31위에서 6위로, 민간투자 부문에서는 25위에서 18위로 대폭 향상되었다.

전 세계 산업별 인공지능 민간투자액을 보면, 의료 및 헬스케어(60억 5천만 달러), 데이터 관리 및 클라우드(58억 6천만 달러), 핀테크(55억 2천만 달러), 사이버보안 및 데이터보호(53억 8천만 달러) 등의 순으로 투자가 이루어지고 있다. 이는 인공지능이 실생활에 직접적인 영향을 미치는 산업 분야에서 활발히 적용되고 있음을 보여준다. 또한 HR기술, 에너지 및 석유가스, 자동차, NLP(자연어처리) 분야에서도 각각 10억 달러 이상의 투자가 이루어지고 있어, 인공지능 기술이 다양한 산업 영역으로 확산되고 있음을 알 수 있다.

이러한 인공지능 기술의 발전과 확산은 단순히 기술적 진보를 넘어 사회 전반의 구조적 변화를 이끌고 있다. 교육, 의료, 금융, 교통, 제조 등 거의 모든 산업 분야에서 인공지능 기술이 활용되면서 인간의 역할, 일자리의 성격, 필요한 역량 등이 빠르게 변화하고 있다. 더불어 인공지능과 관련된 윤리적, 법적, 사회적 문제들이 새롭게 대두되면서, 이를 해결하기 위한 다학제적 접근이 요구되고 있다.

지능정보사회의 도래는 기술 혁신뿐만 아니라 인간의 가치와 역할에 대한 근본적인 재고를 요구한다. 알파고와 이세돌의 대국, 이루다 사태, ChatGPT의 폭발적 성장, 그리고 인공지능 관련 노벨상 수상은 단순한 사건을 넘어 새로운 시대로의 전환을 알리는 이정표로서의 의미를 갖는다. 이러한 변화 속에서 한국의 인공지능 경쟁력 향상은 고무적이지만, 진정한 지능정보사회의 주도권을 확보하기 위해서는 기술개발뿐만 아니라 인간 중심의 인공지능 발전 방향과 윤리적 가이드라인 수립이 동반되어야 할 것이다.

2. 인공지능을 가능하게 한 핵심 기술

현대 인공지능의 급속한 발전은 단일 기술의 진보가 아닌 여러 핵심 기술의 복합적 성장과 상호작용의 결과물이다. 특히 클라우드 컴퓨팅, 하드웨어의 발전, 인공지능 알고리즘의 혁신, 빅데이터 환경의 도래는 현재의 인공지능 혁명을 가능하게 한 4대 기술적 기반이라 할 수 있다.

1) 클라우드 컴퓨팅

클라우드 컴퓨팅은 인터넷을 통해 데이터 저장, 네트워크, 콘텐츠 사용 등 IT 관련 서비스를 한 번에 사용할 수 있는 컴퓨팅 환경을 제공한다. 이는 특히 인공지능 개발과 운영에 필수적인 대규모 컴퓨팅 파워와 저장 공간의 문제를 해결하는 핵심 인프라로 작용한다.

클라우드 컴퓨팅의 주요 특징은 첫째, 사용자가 필요에 따라 컴퓨팅 자원을 유연하게 확장하거나 축소할 수 있는 확장성이다. 둘째, 사용한 만큼만 비용을 지불하는 경제성이다. 셋째, 인터넷이 연결된 어떤 기기에서도 동일한 서비스를 이용할 수 있는 접근성이다. 이러한 특징들은 인공지능 개발과 배포를 크게 가속화했다.

주요 클라우드 컴퓨팅 제공 업체로는 아마존 웹 서비스(AWS), 마이크로소프트 애저(Azure), 구글 클라우드(Google Cloud) 등이 있다. 이들 기업은 단순히 컴퓨팅 자원만 제공하는 것을 넘어, 특화된 인공지능 서비스, 머신러닝 플랫폼, 데이터 분석 도구 등을 통합적으로 제공하며 인공지능 기술의 민주화에 기여하고 있다.

클라우드 컴퓨팅의 핵심 기술인 '가상화'는 각 사용자가 자신만의 컴퓨터를 할당받은 것처럼 환경을 조성하지만, 실제로는 수많은 컴퓨팅 자원과 스토리지가 필요에 따라 할당되고 분산 처리된다. 이런 방식으로 클라우드는 물리적 한계를 뛰어넘는 강력한 컴퓨팅 환경을 구축할 수 있게 한다.

기존의 개인 컴퓨터 환경에서는 프로그램을 설치하고 데이터를 저장하는 모든 과정이 해당 컴퓨터에서만 이루어졌고, 따라서 그 컴퓨터에서만 이용이 가능했다. 반면 클라우드 환경에서는 같은 프로그램 설치와 데이터 저장이 네트워크를 통해 원격으로 이루어지며, 이는 어떤 기기에서도 접근과 사용이 가능하다. 이러한 패러다임 전환은 대규모 인공지능 모델의 학습과 배포를 특정 조직이나 개인의 물리적 인프라 한계에서 벗어나게 함으로써, 더 많은 이들이 인공지능 기술을 개발하고 활용할 수 있는 길을 열었다.

2) 하드웨어의 발전(Computing Power)

딥러닝을 포함한 인공지능의 급격한 성장은 하드웨어, 특히 GPU(Graphics Processing Unit)의 비약적 발전과 밀접하게 연관되어 있다. 원래 컴퓨터 게임이나 그래픽 처리를 위해 개발된 GPU는 그 병렬 처리 능력 때문에 딥러닝 연산에 탁월한 성능을 보이며 인공지능 발전의 핵심 동력이 되었다.

2008년 이후 GPU와 CPU의 성능 발전 추이를 비교해보면, GPU의 압도적인 성장세를 확인할 수 있다. 메모리 대역폭(Memory Bandwidth) 측면에서 GPU는 2008년 약 100GB/s에서 2020년 약 1,500GB/s로 15배 증가한 반면, CPU는 같은 기간 약 20GB/s에서 200GB/s로 10배 증가에 그쳤다. 연산 성능을 나타내는 GFLOPS(초당 10억 번의 부동소수점 연산) 측면에서도 GPU는 2008년 약 500 GFLOPS에서 2020년 약 14,000 GFLOPS로 28배 증가한 반면, CPU는 약 100 GFLOPS에서 2,000 GFLOPS로 20배 증가했다.

이러한 하드웨어의 발전은 컴퓨팅 성능의 지수적 성장을 가져왔다. 인공지능 모델의 연산 성능은 2010년 이후 매 3.4개월마다 두 배로 증가하는 추세를 보이고 있다. 이는 반도체 기술의 발전을 예측한 무어의 법칙(24개월마다 두 배)을 크게 상회하는 속도다. 이런 성장세에 힘입어 2015년 이후 AlexNet, ResNet, BERT, GPT-3, GPT-4 등 점점 더 복잡하고 성능이 뛰어난 인공지능 모델들이 등장할 수 있었다.

특히 GPU 컴퓨팅의 도입은 인공지능 발전의 중요한 전환점이 되었다. 2010년 이전 CPU 기반의 컴퓨팅 시대에는 인공지능 발전 속도가 상대적으로 느렸으나, GPU

컴퓨팅의 시대로 전환된 이후 인공지능 성능은 기하급수적으로 향상되었다. 이는 GPU의 병렬 처리 능력이 딥러닝의 대규모 행렬 연산에 최적화되어 있기 때문이다.

3) 인공지능 알고리즘의 성능 개선

하드웨어의 발전과 더불어, 인공지능 알고리즘 자체의 혁신적 변화도 현대 인공지능의 비약적 발전을 가져온 핵심 요인이다. 특히 딥러닝 알고리즘의 발전은 인공지능의 성능과 적용 범위를 획기적으로 확장시켰다.

초기 인공신경망은 여러 기술적 한계에 직면해 있었다. 첫째, 학습에 너무 많은 시간이 소요되었다. 둘째, 부분 최적화(local optimum) 문제로 인해 현실적인 활용이 어려웠다. 셋째, 과적합(overfitting) 문제로 인해 사전 훈련 데이터에는 잘 작동하지만 실제 환경에서는 제대로 기능하지 못하는 경우가 많았다.

인공지능 발전의 역사를 살펴보면, 1943년 McCulloch와 Pitts의 '전자두뇌(Electronic Brain)' 개념을 시작으로, 1957년 Rosenblatt의 '퍼셉트론(Perceptron)', 1960년대 Widrow와 Hoff의 'ADALINE' 등의 초기 발전이 있었다. 그러나 1969년 XOR 문제와 같은 선형 분리 불가능한 문제를 해결하지 못하면서 인공지능은 첫 번째 '겨울'을 맞게 된다.

1980년대 들어 다층 퍼셉트론(Multi-layered Perceptron)과 역전파(Backpropagation) 알고리즘이 등장했으나, 1986년 '기울기 소실(Vanishing Gradient)' 문제로 또 다시 발전이 정체되었다. 1990년대 중반 SVM(Support Vector Machine)과 같은 대안적 기계학습 방법론이 주목받기 시작했다.

진정한 돌파구는 2006년 제프리 힌튼 교수와 그의 동료들이 제안한 '딥러닝(Deep Learning)' 알고리즘이었다. 특히 CNN(Convolutional Neural Network)과 같은 아키텍처는 이미지 인식 분야에서 혁명적인 성능 향상을 가져왔다. 이후 RNN(Recurrent Neural Network), LSTM(Long Short-Term Memory), Transformer 등 다양한 신경망 구조가 발전하면서 자연어 처리, 음성 인식, 강화 학습 등 다양한 영역에서 인공지능의 성능이 비약적으로 향상되었다.

알고리즘의 발전은 2016년 알파고와 2017년 알파고 제로, 2018년 알파제로로 이어지는 강화학습의 진화에서도 뚜렷이 나타났다. 알파고가 기존 학습 데이터와 딥러닝을 결합한 접근법을 사용했다면, 알파고 제로는 학습 데이터 없이 게임의 규칙만으로 반복 학습하는 방식을 채택했다. 이는 40일 만에 알파고의 성능을 뛰어넘는 결과를 가져왔다. 더 나아가 알파제로는 단 30시간 만에 알파고 제로를 추월하는 성능을 보여주었다.

4) 빅데이터 시대의 도래

인공지능 발전의 네 번째 핵심 요소는 디지털 사회로의 전환에 따른 엄청난 양의 데이터 생산이다. 생활, 경제, 오락 등 거의 모든 인간 활동이 디지털화됨에 따라 빅데이터 시대가 도래했으며, 이는 인공지능 학습의 핵심 연료가 되고 있다.

빅데이터는 단순히 데이터의 양이 많다는 것을 넘어, 다양성(Variety), 속도(Velocity), 정확성(Veracity), 가치(Value) 등 여러 측면에서 이전과는 다른 특성을 갖는다. 이러한 빅데이터는 인공지능, 특히 딥러닝이 실세계의 복잡한 패턴과 관계를 학습하는 데 필수적인 자원이 된다.

일상의 디지털화로 인해 SNS 포스팅, 온라인 검색, 전자상거래, IoT 센서 데이터, 위치 정보 등 끊임없이 생성되는 데이터는 인공지능 시스템이 인간의 행동, 선호도, 필요를 이해하고 예측하는 데 사용된다. 또한 학술 연구, 의료 기록, 금융 거래, 교통 정보 등 다양한 영역의 데이터가 디지털화되면서 인공지능이 전문적인 영역에서도 깊이 있는 학습을 할 수 있게 되었다.

이런 빅데이터 환경을 효과적으로 활용하기 위해서는 데이터의 수집, 저장, 처리, 분석, 시각화에 이르는 전 과정을 체계적으로 관리할 수 있는 기술과 인프라가 필요하다. 하둡(Hadoop), 스파크(Spark)와 같은 빅데이터 처리 플랫폼, NoSQL 데이터베이스, 데이터 레이크(Data Lake) 등의 기술이 발전하면서 대규모 데이터의 효율적 관리가 가능해졌다.

더불어 데이터의 양적 증가뿐만 아니라 데이터의 질과 다양성도 인공지능 성능에 중요한 영향을 미친다. 편향되거나 불완전한 데이터로 학습된 인공지능은 잘못된 판단이나 차별적 결과를 낳을 수 있다. 따라서 대표성 있고 균형 잡힌 데이터셋의 구축, 데이터 품질 관리, 데이터 전처리 등의 과정이 인공지능 개발에서 점점 더 중요해지고 있다.

5) 기술 간 시너지와 인공지능 혁명

클라우드 컴퓨팅, 하드웨어의 발전, 알고리즘의 혁신, 빅데이터 환경은 각각 독립적으로 발전하면서도 서로 긴밀하게 상호작용하며 시너지를 만들어내고 있다. 클라우드 컴퓨팅은 GPU와 같은 고성능 하드웨어에 대한 접근성을 높이고, 이는 더 복잡한 인공지능 알고리즘의 학습을 가능하게 한다. 또한 빅데이터의 효율적 처리와 활용을 위해 클라우드 기반의 분산 처리 시스템이 필수적이 되었다.

이러한 기술적 기반 위에서 인공지능은 단순한 패턴 인식이나 예측을 넘어, 자연어 이해와 생성, 시각적 인식과 해석, 전략적 의사결정 등 점점 더 복잡하고 고차원적인 지능 활동을 수행할 수 있게 되었다. 이는 결국 ChatGPT와 같은 생성형 AI, 자율주행차, 의료 진단 인공지능, 개인화된 추천 시스템 등 다양한 실용적 응용으로 이어지고 있다.

향후 양자 컴퓨팅, 신경형태학적 컴퓨팅(Neuromorphic Computing), 새로운 반도체 소재와 아키텍처 등의 발전은 인공지능의 성능과 효율성을 더욱 높일 것으로 예상된다. 또한 설명 가능한 AI(XAI), 연합 학습(Federated Learning), 에너지 효율적 인공지능 등의 연구 방향은 인공지능이 더 투명하고, 안전하며, 지속 가능한 방식으로 발전할 수 있는 길을 열어줄 것이다.

결론적으로, 현대 인공지능의 비약적 발전은 단일 기술이나 발견의 산물이 아니라, 다양한 기술적 발전과 혁신이 복합적으로 작용한 결과다. 클라우드 컴퓨팅, 하드웨어의 발전, 알고리즘의 혁신, 빅데이터 환경이라는 네 가지 핵심 기술의 발전과 상호작용은 지능정보사회로의 전환을 가속화하고 있으며, 이는 단순한 기술적 변화를 넘어 인간 사회의 근본적 재구성을 이끌고 있다.

3. 인공지능의 능력과 인간 지능의 관계

인공지능의 급속한 발전은 '기계가 실제로 생각할 수 있는가'라는 오랜 철학적 질문을 현실의 영역으로 끌어왔다. 인공지능의 능력이 특정 영역에서 인간을 능가하기 시작하면서, 기계 지능과 인간 지능의 본질적 차이, 그리고 양자의 관계에 대한 논의가 더욱 중요해지고 있다.

1) 튜링 테스트와 지능의 정의

인공지능 능력을 평가하는 가장 유명한 기준 중 하나는 1950년 앨런 튜링이 제안한 '튜링 테스트'다. 이 테스트는 인간의 것과 동등하거나 구별할 수 없는 지능적인 행동을 보여주는 기계의 능력을 평가하는 방법이다. 평가자가 기계와 인간을 확실하게 구분할 수 없는 경우, 해당 기계는 테스트를 통과한 것으로 간주된다. 즉, 기계가 제시하는 답변이 얼마나 인간다운 대답인지를 판단하는 것이 핵심이다.

튜링 테스트의 의의는 지능을 외부에서 관찰 가능한 행동을 기준으로 판단한다는 점에 있다. 이는 내적 사고 과정보다 외부로 표현되는 결과물에 초점을 맞춤으로써, 지능에 대한 평가를 객관화하려는 시도였다. 그러나 이러한 접근법은 존 설(John Searle)의 '중국어 방 실험'과 같은 반론에 직면하게 된다.

중국어 방 실험은 외적 행동만으로 지능을 판단하는 튜링 테스트의 한계를 지적한다. 이 사고 실험에서 중국어를 전혀 모르는 사람이 방 안에 있고, 이 방에는 중국어 기호로 가득 찬 상자들과 이들을 조합하여 완벽한 문장을 만들기 위한 모든 규칙이 포함된 책이 있다. 방 밖에서 중국인이 중국어로 질문을 넣으면, 방 안의 사람은 그 책을 활용해 문법적으로 완벽한 중국어 답변을 작성하여 내보낸다. 방 밖의 중국인은 방 안에 중국어를 아는 사람이 있다고 생각하지만, 실제로 방 안의 사람은 중국어를 전혀 이해하지 못한 채 단순히 규칙을 따라 기호를 조작하고 있을 뿐이다.

설의 주장에 따르면, 이 실험은 구문 조작(syntax)만으로는 의미(semantics)에 대한 진정한 이해가 있다고 볼 수 없음을 시사한다. 즉, 외부적으로 관찰 가능한 행동이 인간과 유사하다고 해서 그 내부에 인간과 같은 의식이나 이해가 있다고 단정할 수 없다는 것이다. 이러한 관점에서 보면, 튜링 테스트는 "잘못된 검증 방식"이며, 인공지능은 결국 규칙을 따라 기호를 조작하는 것에 불과할 뿐, 진정한 이해나 의식은 없다는 결론에 이른다.

그러나 이에 대해 튜링 테스트 옹호론자들은 인간의 사고 과정 역시 물리적, 생화학적 메커니즘에 기반한다는 점, 의식과 이해의 본질에 대한 철학적 논쟁이 여전히 진행 중이라는 점, 그리고 실용적 관점에서 외부 행동만으로도 충분히 유용한 인공지능을 개발할 수 있다는 점을 강조한다. 또한 딥러닝과 같은 현대 인공지능 기술은 단순한 규칙 기반이 아닌, 데이터로부터 패턴을 학습하는 방식을 취하며, 이는 인간의 학습 과정과 일부 유사점을 갖는다고 주장한다.

이러한 논쟁은 단순히 학술적 관심사를 넘어, 인공지능의 능력을 어떻게 평가하고, 인간과 인공지능의 관계를 어떻게 설정할 것인가에 관한 실질적인 함의를 갖는다. 특히 ChatGPT와 같은 대형 언어 모델들이 인간과 매우 유사한 대화를 생성하면서, 이들이 실제로 이해하고 사고하는지, 아니면 단순히 확률 기반으로 다음 단어를 예측하는 것인지에 대한 논쟁이 더욱 첨예해지고 있다.

2) 인공지능을 능가하는 인공지능의 출현

인공지능의 또 다른 인상적인 발전은 '자가 학습' 능력, 즉 이전 세대의 인공지능을 능가하는 새로운 인공지능을 개발할 수 있는 능력이다. 이는 구글 딥마인드가 개발한 알파고와 알파고 제로, 알파제로의 사례에서 극적으로 드러난다.

2016년 이세돌 9단을 이긴 알파고는 기존 바둑 기보 데이터와 심층 학습(Deep Learning)을 결합한 방식으로 학습되었다. 그러나 2017년 등장한 알파고 제로는 완전히 다른 접근법을 취했다. 알파고 제로는 기존 학습 데이터에 의존하지 않고, 오직 바둑의 기본 규칙만을 가지고 자기 자신과의 대국을 통해 학습하는 강화학습(Reinforcement Learning) 방식을 사용했다. 놀랍게도 이 접근법은 단 40일 만에 알파고의 성능을 능가하는 결과를 가져왔다.

더 나아가 2018년에는 체스, 쇼기(일본 장기), 그리고 바둑 모두를 마스터한 알파제로가 등장했다. 알파제로는 각 게임의 규칙만 입력받은 후, 완전히 처음부터 학습을 시작했음에도 불구하고, 단 30시간 만에 알파고 제로를 능가하는 성능을 보여주었다. 이는 데이터가 없어서 'zero'라는 이름이 붙었으며, 인공지능이 인간의 지식이나 경험에 의존하지 않고도 독자적인 학습 능력을 갖출 수 있음을 증명했다.

이러한 자가 학습 및 자가 개선 능력은 중국의 바둑 세계랭킹 1위였던 커제가 알파고 마스터에게 패배한 후 "알파고가 너무 창의적이었다"고 평가한 것처럼, 단순한 모방이나 계산을 넘어선 일종의 창의성을 보여준다. 이는 인공지능이 단순히 인간 지능을 복제하는 것이 아니라, 경우에 따라서는 인간과 다른 방식으로 문제를 접근하고 해결할 수 있음을 시사한다.

3) 인공지능의 학업 능력: 수능 국어와 수학

인공지능의 능력을 평가하는 또 다른 흥미로운 기준은 인간 교육 시스템의 표준화된 시험에서의 성과다. 특히 한국의 대학수학능력시험(수능)에서 인공지능의 성적을 살펴보는 것은 언어 이해력과 추론 능력에 있어 인공지능이 어느 정도 수준에 도달했는지를 가늠하는 데 유용하다.

2023년 기준, 25개 수능 국어 문제로 인공지능 모델들의 성능을 비교한 결과, 오픈AI의 o1-Preview 모델이 97점(원점수 기준)으로 1등급에 해당하는 성적을 보였다. 그 뒤를 이어 o1-mini가 78점(4등급), gpt-4o가 75점(4등급), gpt-4o-mini가 59점(5등급), gpt-3.5-turbo가 16점(8등급)을 기록했다. 이는 최신 인공지능 모델들, 특히 추론에 특화된 모델들이 한국어 이해력과 복잡한 지문 분석에 있어 상당한 수준에 도달했음을 보여준다.

특히 주목할 만한 것은 2024년 수학 영역에서의 성과다. 2024학년도 수능 수학 22번 문제는 정답률이 1.5%에 불과한 초고난도 문제였다. 이 문제에 대해 GPT-4o와 o1은 정확한 답을 도출해내지 못했지만, o1-pro는 정답을 제시했다. 이는 최신 인공지능 모델들이 고차원적 사고와 추론이 필요한 수학 문제에서도 점차 실력을 향상시키고 있음을 보여준다.

한편, LG AI Research의 연구에 따르면, 엑사원 딥과 딥시크 R1의 미국 수학 올림피아드 선발 초청 시험 성적은 각각 90.0점과 86.7점, 2025 미국 수학 올림피아드 선발 초청 시험에서는 각각 80.0점으로 동일했다. 또한 2025 수능 수학영역 평가(미적분 기하, 확률과 통계 합산 평균)에서는 엑사원 딥이 94.5점, 딥시크 R1이 89.9점을 기록했다. 이러한 결과는 인공지능이 고등학교 수준을 넘어 대학 수준의 수학 문제도 상당한 정확도로 해결할 수 있는 능력을 갖추게 되었음을 시사한다.

인공지능의 이러한 학업 성취는 단순한 암기나 기계적 계산을 넘어, 복잡한 맥락 이해, 추론, 그리고 문제 해결 능력에서도 인간에 근접하고 있음을 보여준다. 이는 향후 교육 시스템, 학습 방법, 그리고 인간이 습득해야 할 지식과 기술의 성격에 대한 재고를 요구하는 변화다.

4) 인공지능 추론 능력의 발전

최근 인공지능 기술의 가장 두드러진 발전 중 하나는 추론 능력의 향상이다. 추론이란 알려진 정보를 근거로 새로운 판단이나 결론을 이끌어내는 과정을 말하며, 이는 고차원적 지능의 핵심 표지로 여겨져 왔다.

2023년 12월 출시된 오픈AI의 '추론 특화 모델' o1은 이러한 발전의 대표적 사례다. o1은 기존 모델들과 달리 답변을 생성하기 전에 더 많은 시간을 들여 '사고하도록' 설계되었다. 이는 많은 컴퓨팅 자원을 사용하여 상대적으로 속도는 느리지만, 복잡한 논리적 사고를 요구하는 문제에서 더 정확한 결론을 도출할 수 있게 한다. 이러한 추론 능력의 발전은 2025년 ChatGPT Pro의 출시로 더욱 확장되었다.

추론 능력의 향상은 인공지능이 과학적 발견, 수학적 증명, 법적 판단, 의료 진단 등 고차원적 사고를 요구하는 영역에서 더 깊이 있는 기여를 할 수 있음을 의미한다. 실제로 최근 연구들은 인공지능이 특정 과학적 문제에 대해 새로운 가설을 제시하거나, 수학적 증명의 새로운 방법을 발견하는 등의 성과를 보이기 시작했음을 보고하고 있다.

4. 인공지능 시대에 필요한 역량

인공지능의 급속한 발전과 사회 전반에 걸친 확산은 인간에게 요구되는 역량의 성격을 근본적으로 변화시키고 있다. 단순 반복적 작업이나 정형화된 정보 처리는 점차 인공지능의 영역으로 이전되는 반면, 창의성, 공감 능력, 복잡한 문제 해결력과 같은 고차원적 인지 능력과 사회정서적 역량의 중요성은 더욱 커지고 있다. 인공지능 시대에 필요한 인간의 역량을 파악하는 것은 교육 시스템 재구성, 인재 개발, 그리고 개인의 장기적 경력 설계에 핵심적인 과제다.

1) 인공지능 시대의 필요 역량 변화

세계경제포럼(WEF)이 발표한 'Future of Jobs Report'에 따르면, 4차 산업혁명 시대에 필요한 10대 핵심 역량은 2015년에서 2020년 사이에 상당한 변화를 보였다.

2015년 기준 10대 핵심 역량은 1) 복잡한 문제해결력, 2) 다른 사람과의 협소 능력, 3) 사람 관리 능력, 4) 비판적 사고력, 5) 협상력, 6) 품질관리 능력, 7) 서비스 마인드, 8) 판단력과 의사결정력, 9) 경청 능력, 10) 창의력 순이었다.

반면 2020년 기준 10대 핵심 역량은 1) 복잡한 문제해결력, 2) 비판적 사고력, 3) 창의력, 4) 사람 관리 능력, 5) 다른 사람과의 협조 능력, 6) 감성지능, 7) 판단력과 의사결정력, 8) 서비스 마인드, 9) 협상력, 10) 인지적 유연성 순으로 변화했다.

이 변화에서 주목할 점은 첫째, 복잡한 문제해결력이 여전히 가장 중요한 역량으로 꼽히고 있다는 것이다. 이는 인공지능이 많은 영역에서 자동화를 가능하게 하더라도, 복잡하고 비정형화된 문제를 인식하고 해결하는 능력은 여전히 인간의 중요한 가치라는 점을 시사한다.

둘째, 비판적 사고력이 4위에서 2위로, 창의력이 10위에서 3위로 크게 상승했다. 이는 정형화된 지식의 습득보다 정보를 비판적으로 평가하고 새로운 아이디어를 생성하는 능력이 더욱 중요해졌음을 보여준다.

셋째, 감성지능이 새롭게 6위에 진입했다. 이는 인간 고유의 감정적, 사회적 이해

[그림 2-2] 10대 핵심역량 (2025년)

출처: World Economic Forum. (2025). Future of Jobs Report 2025.

와 상호작용 능력이 인공지능 시대에 더욱 중요한 역량으로 부각되고 있음을 나타낸다.

넷째, 인지적 유연성이 새롭게 10위에 진입했다. 빠르게 변화하는 기술 환경에서 새로운 상황과 정보에 적응하고 다양한 관점을 취할 수 있는 유연한 사고 능력의 중요성이 증가하고 있다.

최근 발표된 2025년 WEF의 최신 보고서에서는 인공지능과 자동화 기술의 급속한 발전을 반영한 새로운 핵심 역량들이 등장했다. 1) 분석적 사고력, 2) 회복탄력성·유연성·민첩성, 3) 리더십과 사회적 영향력이 상위 3위를 차지하며, 4) 창의적 사고력, 5) 동기부여와 자기인식, 6) 기술 소양, 7) 공감능력과 적극적 경청, 8) 호기심과 평생학습, 9) 인재 관리 능력, 10) 서비스 지향과 고객 서비스가 뒤를 이었다. 특히 '분석적 사고력'이 1위로 새롭게 부상한 것은 빅데이터와 인공지능 시대에 정보를 체계적으로 분석하고 해석하는 능력의 중요성을 보여준다. 또한 '회복탄력성·유연성·민첩성'이 2위에 등장한 것은 급변하는 기술 환경에서 빠른 적응력과 회복력이 핵심 경쟁력이 되었음을 시사한다.

이러한 변화는 인공지능이 정형화되고 반복적인 인지 작업을 대체함에 따라, 인간은 더 복잡하고 창의적이며 사회정서적인 역량에 집중해야 함을 시사한다. 특히 인공지능이 처리하기 어려운 모호성, 불확실성, 윤리적 딜레마가 관련된 상황에서 인간의 판단력과 통찰력은 더욱 중요한 가치를 갖게 된다.

2) 최고의 교육에서 말하는 6C와 발달 4단계

현대 교육 혁신의 선두주자들은 인공지능 시대에 필요한 역량을 '6C'로 정리하곤 한다. 이는 협력(Collaboration), 의사소통(Communication), 콘텐츠(Content), 비판적 사고(Critical Thinking), 창의적혁신(Creative Innovation), 자신감(Confidence)의 여섯 가지 핵심 역량을 가리킨다.

협력(Collaboration) 역량은 함께 일하고, 나누고, 베풀고, 주고받기, 함께 만들기 능력을 포함한다. 이는 다양한 배경과 전문성을 가진 사람들과 효과적으로 함께 일하고, 공동의 목표를 위해 서로의 강점을 활용하는 능력을 의미한다.

의사소통(Communication) 역량은 경청 능력, 보여주고 말하기, 대화하기, 공동의 이야기하기 능력을 포함한다. 단순한 정보 전달을 넘어 감정적 연결, 설득, 영감 부여, 그리고 다양한 맥락과 청중에 맞는 효과적인 소통 방식을 구사하는 능력이 중요하다.

콘텐츠(Content) 역량은 조기학습, 폭넓은 이해, 연관 짓기, 전문성을 갖추는 능력을 의미한다. 이는 기초 지식의 습득부터 자신의 분야에서 심층적 전문성을 개발하고, 다양한, 때로는 서로 얼핏 관련 없어 보이는 지식 영역 간의 연결성을 발견하는 능력까지 포함한다.

비판적 사고(Critical Thinking)는 보는 대로 믿지 않고 검증하는 능력, 사실 비교하기, 증거 찾기 능력을 의미한다. 이는 정보의 정확성과 신뢰성을 평가하고, 논리적 오류를 식별하며, 다양한 관점에서 문제를 검토하는 능력을 포함한다.

창의적혁신(Creative Innovation)은 실험하기, 시행착오, 나만의 목소리, 비전 찾기 능력을 의미한다. 이는 기존의 틀을 벗어나 새로운 아이디어를 탐색하고, 실패를 두려워하지 않고 도전하며, 자신만의 독특한 관점과 표현을 개발하는 능력을 포함한다.

자신감(Confidence)은 시행착오를 두려워하지 않고 자리를 잡으며, 새로운 위험을 감수하고, 계속 발전하는 능력을 의미한다. 이는 불확실성과 변화를 두려워하지 않고 자신의 능력을 믿으며, 실패를 성장의 기회로 삼는 태도를 포함한다.

이러한 6C 역량은 4차 산업혁명 시대에 미래형 인재를 만드는 핵심 요소로 여겨진다. 특히 인공지능이 정형화된 지식의 저장과 처리에서 인간을 능가함에 따라, 지식의 단순 습득보다는 이를 창의적으로 활용하고, 다른 사람들과 효과적으로 협력하며, 복잡한 문제를 비판적으로 분석하고 해결하는 능력이 더욱 중요해지고 있다.

이러한 역량 발달은 단계적으로 이루어진다. 교육 혁신가들은 역량 발달의 4단계를 제시한다. 1단계는 기초 지식과 기술의 습득, 2단계는 이를 적용하는 능력, 3단계는 응용과 융합 능력, 4단계는 혁신과 창조 능력이다. 현대 교육은 단순 지식 전달을 넘어, 학생들이 점진적으로 이러한 발달 단계를 거쳐 궁극적으로는 자신만의 독창적 가치를 창출할 수 있도록 지원하는 것을 목표로 한다.

미국 최고의 발달심리학자이자 교육학자인 하워드 가드너(Howard Gardner)는 4차 산업혁명 시대 미래형 인재를 만드는 교육으로 '최고의 교육(Highest Education)'을 제안한다. 이는 단순한 지식 습득이나 시험 대비를 넘어, 학생들이 실제 세계의 복잡한 문제를 해결하고, 다양한 관점에서 사고하며, 윤리적 판단을 내릴 수 있는 능력을 기르는 교육을 의미한다. 이러한 교육은 인공지능이 대체하기 어려운 인간 고유의 역량을 발달시키는 데 초점을 맞춘다.

3) 창의성, 감성과 인공지능의 관계

인공지능 시대에 인간의 핵심 역량으로 자주 언급되는 창의성과 감성지능은 과연 인공지능이 결코 갖출 수 없는 인간 고유의 영역일까? 이 질문은 인공지능의 발전과 함께 점점 더 복잡한 양상을 띠게 되었다.

2017년 바둑 세계랭킹 1위 커제가 알파고 마스터에게 3:0으로 패배한 후 "알파고가 너무 창의적이었다"고 평가한 것은 인공지능의 창의성에 대한 흥미로운 관점을 제공한다. 알파고는 인간 기사들이 수천 년간 발전시켜 온 정석에서 벗어난 독창적 수를 두며, 바둑에 대한 새로운 관점을 제시했다. 이는 특정 영역에서 인공지능이 인간의 고정관념이나 기존 지식의 틀을 벗어나는 접근법을 보일 수 있음을 시사한다.

또한 인공지능은 소설이나 시를 작성하고, 음악을 작곡하며, 미술 작품을 생성하는 능력을 갖추기 시작했다. 예를 들어, GPT 모델들은 다양한 스타일의 문학 작품을 생성할 수 있으며, Midjourney나 DALL-E 같은 모델들은 놀라운 시각적 작품을 만들어낸다. 이런 인공지능 생성물 중 일부는 인간의 작품과 구분하기 어려울 정도의 품질을 보여준다.

그러나 인공지능의 '창의성'과 인간의 창의성 사이에는 여전히 중요한 차이가 있다. 인공지능의 창의성은 기존 데이터에서 패턴을 학습하고 이를 새롭게 조합하는 능력에 기반한다. 반면 인간의 창의성은 개인의 주관적 경험, 감정, 문화적 맥락, 목적의식에서 비롯되며, 종종 현존하는 패턴의 의도적인 파괴나 전복을 통해 표현된다.

또한 인공지능은 음악을 만들고 인간의 감성을 자극하는 글을 작성할 수 있지만, 이것이 인공지능 자체가 '감성적'이라는 것을 의미하지는 않는다. 인공지능은 감정을 모방할 수 있지만, 현재로서는 감정을 '경험'한다고 볼 수 있는 증거는 없다. 이는 중국어 방 실험이 제기한 문제와 유사하게, 행동의 유사성이 내적 경험의 유사성을 보장하지 않는다는 철학적 문제와 연결된다.

한편, 창의성과 감성지능의 중요성을 강조하는 교육 담론은 역사적으로 새로운 것이 아니다. 과거에도 산업화 시대, 정보화 시대 등 새로운 기술 변혁기마다 이러한 '인간다움'의 가치가 강조되어 왔다. 그러나 현재의 담론이 갖는 독특성은 인공지능이 이전에는 인간 고유의 영역으로 여겨졌던 창의적, 감성적 활동에서도 점점 더 뛰어난 성과를 보이고 있다는 점에 있다.

이는 두 가지 중요한 시사점을 갖는다. 첫째, 인간의 창의성과 감성지능에 대한 우리의 이해와 정의가 인공지능의 발전에 따라 계속 진화해야 한다는 것이다. 둘째, 교육과 인재 개발에서 단순히 '창의성'과 '감성지능'을 추상적으로 강조하는 것을 넘어, 이러한 역량이 구체적으로 어떻게 발현되고 활용될 수 있는지에 대한 더 정교한 접근이 필요하다는 것이다.

결론적으로, 창의성과 감성지능은 인공지능 시대에도 여전히 중요한 인간 역량이지만, 그 의미와 가치는 고정된 것이 아니라 기술의 발전과 함께 계속 재정의되고 있다. 중요한 것은 인공지능과의 관계에서 이러한 역량을 어떻게 상호보완적으로 발전시키고 활용할 것인가에 대한 전략적 사고다.

5. 인간과 인공지능의 상호보완 관계

인공지능의 급속한 발전이 진행됨에 따라, 인간과 인공지능의 관계는 경쟁이나 대체의 관점을 넘어 상호보완적 협력의 가능성에 주목하는 방향으로 전환되고 있다. 이는 단순히 기술적 효율성을 넘어, 인간과 인공지능이 각자의 강점을 살려 시너지를 창출할 수 있는 새로운 생태계의 가능성을 제시한다.

1) 인공지능 활용 현황과 능력

인공지능은 이미 다양한 영역에서 활발히 활용되고 있으며, 이는 미래 직업 세계와 필요한 역량에 직접적인 영향을 미치고 있다. 웹툰 제작, 코딩, 엑셀 작업 등 다양한 직무에서 인공지능의 보조적 활용이 급증하고 있다.

웹툰 작가들은 배경 디자인, 채색, 스케치, 펜터치 등 작업 과정의 상당 부분을 인공지능으로 보조하기 시작했다. 웹툰 제작 워크플로우에서 작가는 스토리 구상과 핵심 캐릭터 디자인, 연출에 집중하고, 시간이 많이 소요되는 배경 작업이나 반복적인 채색 작업은 인공지능의 도움을 받는 방식이 증가하고 있다. 이는 작가의 생산성을 높이고, 더 많은 창의적 에너지를 핵심 스토리텔링에 투자할 수 있게 한다.

코딩 분야에서도 인공지능의 활용이 급증하고 있다. GitHub Copilot과 같은 인공지능 코드 자동 완성 도구는 개발자가 코드를 작성하는 과정에서 자연어 설명을 기반으로 적절한 코드를 제안한다. 이는 단순히 코딩 속도를 높이는 것을 넘어, 프로그래밍 언어나 라이브러리에 익숙하지 않은 개발자도 효율적으로 작업할 수 있게 돕는다. 2022년 12월 북미 개발 리더 대상 Gartner 조사에 따르면, 52%가 소프트웨어 개발에 생성형 AI를 활용할 것으로 예상했다.

엑셀 작업에서도 인공지능의 도움이 확대되고 있다. Google의 Gemini 2.0과 같은 인공지능 모델은 엑셀에 통합되어 복잡한 함수 작성, 데이터 분석, 시각화 등을 자연어 명령으로 수행할 수 있게 지원한다. 이는 고급 엑셀 기능에 익숙하지 않은 사용자도 데이터 분석의 힘을 활용할 수 있게 한다.

대학생들의 인공지능 활용 현황도 주목할 만하다. 2023년에는 대학생의 25%가 학업에 생성형 인공지능을 활용했으나, 2024년에는 이 비율이 78%로 크게 증가했다. 과제나 리포트 작성(88.6%), 과제 작성 시 정보 탐색(72.8%), 수업 관련 정보 탐색 및 심화 학습(41.7%) 등 다양한 용도로 인공지능이 활용되고 있다. 이는 학생들이 빠르게 인공지능을 학습 도구로 통합하고 있음을 보여준다.

이러한 인공지능 활용의 확산은 직업 세계와 필요한 역량의 변화를 가속화하고 있다. 인공지능이 반복적이고 시간 소모적인 작업을 대체함에 따라, 인간은 더 높은 수준의 의사결정, 창의적 방향 설정, 윤리적 판단, 그리고 인공지능과의 효과적인 협업 능력에 집중할 필요가 있다.

특히 주목할 점은 인공지능 활용 능력 자체가 중요한 역량으로 부상하고 있다는 것이다. 여기에는 인공지능 도구의 효과적인 사용법뿐만 아니라, 인공지능의 강점과 한계를 이해하고, 인공지능에게 적절한 지시를 내리며, 인공지능의 출력물을 비판적으로 평가하고 수정할 수 있는 능력이 포함된다. 이른바 'AI 리터러시(AI Literacy)'는 디지털 리터러시의 확장으로, 미래 인재에게 필수적인 역량으로 자리 잡고 있다.

이와 함께, 인공지능과의 협업 과정에서 인간 고유의 판단력과 윤리적 사고는 더욱 중요해지고 있다. 인공지능이 제공하는 정보나 제안을 무비판적으로 수용하는 것이 아니라, 이를 맥락에 맞게 해석하고 윤리적, 사회적 함의를 고려하여 최종 판단을 내리는 책임은 여전히 인간에게 있다. 이는 인공지능이 발전할수록 역설적으로 더욱 중요해지는 인간 역량이다.

2) 인공지능과 인간 작곡가의 협력

음악 창작 분야는 인간과 인공지능의 협력이 어떻게 이루어지고 그 결과물이 어떤 의미를 갖는지를 보여주는 흥미로운 사례다. 2020년 베토벤 탄생 250주년을 맞아 진행된 베토벤의 '10번 교향곡' 완성 프로젝트는 이러한 협력의 대표적 사례다.

베토벤은 '9번 교향곡'을 완성한 후 '10번 교향곡'을 구상했으나, 약 40여 개의 스케치만 남기고 생을 마감했다. 이 프로젝트에서 영국의 음악학자 배리 쿠퍼(Barry Cooper)는 이 스케치를 토대로 1악장과 2악장을 작곡했고, 인공지능은 3악장과 4악장을 완성했다. 인공지능은 베토벤의 기존 작품과 베토벤에게 영향을 받은 작곡가들의 약 1만 곡의 데이터를 학습했으며, 인공지능이 작곡한 초안을 음악학자들이 검토하고 수정하는 과정을 거쳐 최종 작품이 완성되었다.

완성된 '10번 교향곡'은 "베토벤의 위대한 정신을 이은 작품"이라는 평과 "이것은 베토벤이 아니다"라는 비판이 공존했다. 이는 인공지능 창작물에 대한 예술적 평가와 진정성에 관한 깊은 질문을 던진다. 인공지능은 기존 작품의 패턴을 학습하여 유사한 스타일의 작품을 만들 수 있지만, 이것이 베토벤 자신의 창작 과정과 의도를 정확히 반영할 수 있는가? 작품의 가치는 그 결과물만으로 판단되는가, 아니면 창작자의 의도와 표현 과정도 중요한가?

비슷한 사례로, 2019년에는 슈베르트의 '미완성 교향곡'이 작곡가 루카스 칸토르(Lucas Cantor)와 인공지능의 협업으로 완성되었다. 이 프로젝트는 인공지능이 슈베르트의 음악적 언어를 학습하고, 이를 바탕으로 미완성된 부분을 채워넣는 방식으로 진행되었다.

이러한 사례들은 인공지능이 인간 창작자의 대체재가 아닌 창의적 파트너로서 기능할 수 있는 가능성을 보여준다. 인공지능은 방대한 데이터 분석과 패턴 인식을 통해 특정 스타일의 모방이나 확장에 강점을 보이는 반면, 인간은 예술적 의도, 감정적 깊이, 문화적 맥락에 대한 이해를 통해 작품에 의미와 방향성을 부여한다. 두 주체의 협력은 각자 독립적으로 달성할 수 있는 것보다 더 풍부하고 다양한 창작 가능성을 열어준다.

3) 인공지능 기후 예측, 의료 진단 등 실용 사례

인간과 인공지능의 상호보완적 협력은 예술 영역을 넘어 과학, 의학, 환경 등 다양한 실용 분야에서도 중요한 성과를 내고 있다. 특히 복잡한 데이터 분석과 고도의 전문성이 요구되는 영역에서 인공지능은 인간 전문가의 능력을 크게 확장시키는 역할을 한다.

기후 변화 예측 분야에서는 엔비디아의 '어스2(Earth2)' 프로젝트가 주목할 만하다. 이 프로젝트는 지구의 디지털 트윈(Digital Twin)을 구축하여 기후 변화를 예측하는 것을 목표로 한다. ForCastNet이라는 인공지능 모델은 물리학 법칙을 학습하여 대기와 해양의 복잡한 상호작용을 모델링한다. 이를 통해 산불, 홍수, 이상 고온 등 자연재해를 더 정확히 예측하고 대비할 수 있게 된다.

'어스2' 프로젝트의 중요한 특징은 유체역학, 화학, 생물학, 물리학 등 다양한 학

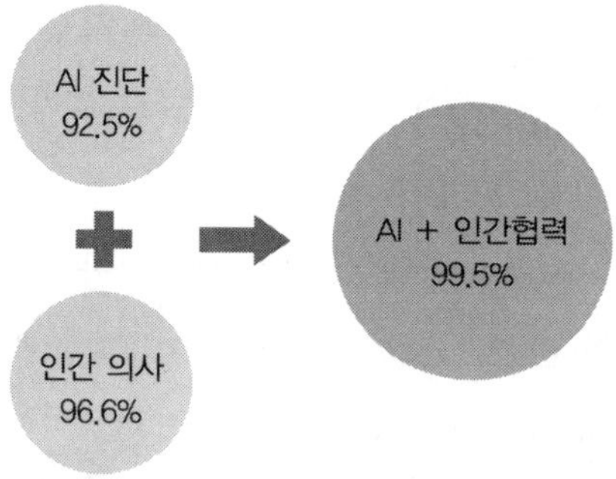

[그림 2-3] 인공지능과 인간 의료진의 협력

문 분야의 전문가들과 인공지능 시스템의 긴밀한 협력이다. 인공지능은 방대한 데이터를 처리하고 복잡한 시뮬레이션을 수행하는 계산력을 제공하는 반면, 인간 과학자들은 모델의 설계, 결과의 해석, 그리고 새로운 연구 방향 설정에 핵심적인 역할을 한다. 이러한 협력은 기후 과학의 발전 속도를 가속화하고, 더 정확하고 세밀한 기후 예측을 가능하게 한다.

의료 분야에서도 인공지능과 인간 의료진의 협력은 진단 정확도를 크게 향상시키고 있다. 앞서 언급한 암 진단 연구 결과에서, 인공지능 진단의 정확도는 92.5%, 인간 의사의 정확도는 96.6%였으나, 양자의 협력 시 정확도는 99.5%로 크게 향상되었다. 이는 인공지능과 인간 의사가 각각 다른 유형의 오류를 범하며, 이를 상호 보완함으로써 더 높은 정확도를 달성할 수 있음을 보여준다.

치과 영역에서도 인공지능과 인간 전문가의 협력이 효과적임이 입증되었다. 치아 X-레이 사진을 분석해 충치를 진단하는 과정에서, 인공지능은 인간 치과의사가 놓칠 수 있는 미세한 변화를 감지하고, 반대로 인간 치과의사는 환자의 증상이나 병력 등 X-레이에 나타나지 않는 맥락 정보를 종합적으로 고려할 수 있다. 두 주체의 협력은 더 정확하고 종합적인 진단을 가능하게 한다.

이러한 사례들은 인공지능이 특정 영역에서 인간의 능력을 넘어서더라도, 인간과 인공지능의 협력이 여전히 가장 우수한 결과를 도출할 수 있음을 시사한다. 이는 인공지능이 인간의 직관, 창의성, 윤리적 판단, 맥락적 이해 등을 완전히 대체하기보다는, 이를 보완하고 강화하는 방향으로 발전할 때 최대의 가치를 창출할 수 있음을 의미한다.

4) 인간 지능과 인공지능의 상호보완성

인공지능의 비약적 발전에도 불구하고, 인공지능과 인간 지능은 각자의 강점과 한계를 가지고 있으며, 이는 상호보완적 관계의 가능성을 시사한다. 특히 의료 분야에서 이러한 상호보완성이 명확히 드러난다.

2017년 TED 강연에서 공개된 암 진단 연구 결과에 따르면, 인공지능 진단의 정확도는 92.5%, 인간 의사의 정확도는 96.6%였다. 그러나 인공지능과 인간이 협력했을 때의 정확도는 99.5%로 크게 향상되었다. 이는 각자가 놓치는 부분을 서로 보완함으로써 시너지 효과를 낼 수 있음을 보여준다.

또 다른 연구에서는 X-레이를 통한 자동 뼈 나이 측정에서 전공의의 정확도는 49.5%, 전문의는 63%, 인공지능은 69%, 전공의와 인공지능의 협력은 57.5%, 전문의와 인공지능의 협력은 72.5%의 정확도를 보였다. 이 결과는 경험과 직관을 갖춘 인간 전문가와 방대한 데이터 분석 능력을 가진 인공지능의 협력이 각자 독립적으로 작업할 때보다 우수한 결과를 가져올 수 있음을 시사한다.

이러한 예시에서 확인할 수 있듯이 인공지능은 인간 인지의 한계를 보완할 수 있다. 인공지능은 편향 없이(적절히 설계된 경우) 방대한 데이터를 분석하고, 인간이 쉽게 놓칠 수 있는 패턴이나 관계를 발견할 수 있다. 또한 인공지능은 다양한 가설이나 시나리오를 신속하게 검토하여 인간의 사고 범위를 확장시킬 수 있다. 반대로 인간은 인공지능의 한계를 보완할 수 있다. 인공지능은 현재로서는 상식적 추론, 맥락의 이해, 윤리적 판단, 창의적 비약 등에서 여전히 제한적인 능력을 보인다. 인간은 인공지능이 분석한 정보를 더 넓은 맥락에서 해석하고, 그 의미와 함의를 평가하며, 윤리적, 사회적 차원의 고려사항을 통합할 수 있다.

이러한 상호보완적 관계는 두 인지 체계의 결합이 각각 독립적으로 기능할 때보다 더 뛰어난 성과를 낼 수 있음을 시사한다. 인공지능은 인간의 인지 능력을 확장하고, 인간은 인공지능의 출력물에 의미와 방향성을 부여하는 방식으로 시너지가 창출된다.

한편 인간과 인공지능의 상호작용이 지속됨에 따라 인간의 인지 과정 자체가 변화할 가능성도 있다. 뇌의 가소성(neuroplasticity)을 고려할 때, 인공지능 도구의 지속적 사용은 인간의 사고방식과 정보 처리 방식에 영향을 미칠 수 있다. 이는 단순히 특정 인지 기능의 퇴화가 아니라, 새로운 인지 패턴의 발달로 이어질 수 있다.

미래학자 니콜라스 카(Nicholas Carr)는 "컴퓨터에 의존하게 되면서 인공지능으로 변해가는 것은 우리의 지능이다"라고 지적했다. 이는 인공지능 도구가 우리의 정보

검색, 기억, 의사결정 과정에 깊이 통합됨에 따라, 인간의 인지 구조와 능력이 인공지능의 특성을 일부 흡수하는 방향으로 진화할 수 있음을 시사한다.

이러한 관점에서, 인간과 인공지능의 상호보완성은 고정된 관계가 아니라 역동적으로 진화하는 상호작용으로 이해해야 한다. 이는 교육 시스템, 작업 환경 설계, 그리고 기술 개발 방향에 중요한 함의를 갖는다.

5) 인공지능과 협력의 문제점과 신뢰 관계

인간과 인공지능의 효과적인 협력을 위해서는 신뢰 구축과 개인정보 보호라는 핵심 과제를 해결해야 한다. 인공지능이 진정한 협력 파트너가 되려면 우리의 일정, 이메일, 문서, 선호도 등 광범위한 개인정보에 접근해야 하기 때문이다. 하지만 이때 "똑똑하고 강력한 인공지능에게 내 모든 정보를 제공하는 것이 과연 안전할까?"라는 근본적인 질문이 제기된다. 그러므로 사용자는 인공지능이 자신의 데이터를 어떻게 사용하고 보호하는지에 대한 명확한 이해가 필요하다.

또한 인공지능과 협력할 때 '자동화 편향(automation bias)'의 위험도 있다. 인간은 인공지능의 판단을 무비판적으로 수용하는 경향이 있어, 인공지능이 오류를 범하거나 편향된 결과를 제시할 때 심각한 문제가 발생할 수 있다. 동시에 인간의 인지 역시 한계가 있다. 확증 편향, 가용성 편향, 프레이밍 효과 등은 인간의 의사결정을 왜곡시킬 수 있으며, 자신의 전문 영역을 벗어난 정보 처리에는 분명한 한계가 존재한다.

추가적으로 인공지능과의 효과적인 협력을 위해서는 인공지능 시스템의 결정 과정을 이해하고 해석할 수 있는 '설명 가능한 AI(Explainable AI)'의 발전이 중요하다. 사용자가 인공지능의 추론 과정과 결정 근거를 이해할 수 있을 때, 더 정보에 기반한 판단을 내리고 필요시 인공지능의 제안을 거부하거나 수정할 수 있다. 신뢰할 수 있는 인공지능의 개발은 기술적 신뢰성(reliability)을 넘어 윤리적 투명성(transparency)과 책임성(accountability)을 포함해야 한다. 사용자는 인공지능 시스템이 어떤 원칙과 가치에 기반해 작동하는지, 오류가 발생했을 때 어떤 절차로 이를 해결하는지, 그리고 누가 최종적인 책임을 지는지를 명확히 알 필요가 있다.

이와 관련하여 여러 국가와 조직에서 '신뢰할 수 있는 인공지능' 구축을 위한 원칙과 가이드라인을 개발하고 있다. 이들은 일반적으로 공정성, 투명성, 책임성, 프라이버시, 보안, 안전성, 그리고 인간 중심적 가치를 핵심 요소로 포함한다. 그러나 이러한 원칙을 실제 인공지능 시스템 설계와 운영에 구체적으로 어떻게 통합할 것인가는 여전히 진행 중인 도전과제다.

또한 보다 개인화되고 맥락에 민감한 인공지능 협력 모델의 개발도 중요하다. 모든 사용자와 상황에 동일한 방식으로 작동하는 인공지능보다는, 개인의 선호도, 작업 스타일, 가치관, 그리고 특정 맥락의 요구사항에 적응할 수 있는 인공지능이 더 효과적인 협력 파트너가 될 수 있다. 이는 인공지능 시스템이 시간이 지남에 따라 사용자와의 상호작용을 통해 학습하고 진화할 수 있어야 함을 의미한다.

인간과 인공지능의 협력에서 발생하는 또 다른 중요한 이슈는 책임과 통제의 균형이다. 최종 결정의 책임은 누구에게 있는가? 인공지능의 제안이 인간의 판단과 충돌할 때 어떤 과정을 통해 이를 해결할 것인가? 이러한 질문들은 법적, 윤리적, 사회적 차원의 복잡한 고려사항을 포함하며, 인공지능의 활용이 확대됨에 따라 더욱 중요해지고 있다.

마지막으로 인공지능과의 효과적인 협력을 위한 새로운 인간 역량의 개발도 필수적이다. 여기에는 인공지능 시스템의 능력과 한계를 이해하는 'AI 리터러시', 인공지능에 효과적으로 작업을 지시하고 결과를 평가하는 능력, 그리고 인간과 인공지능의 역할과 책임을 전략적으로 분배하는 능력 등이 포함된다. 이러한 역량은 기존의 교육 시스템에서 충분히 다루어지지 않고 있으며, 이를 개발하기 위한 새로운 교육 및 훈련 방법론이 필요하다.

결론적으로 인간과 인공지능의 상호보완적 협력은 기술적 가능성을 넘어 신뢰, 통제, 책임, 그리고 새로운 인간 역량의 복합적인 문제를 포함한다. 이러한 도전과제를 해결하기 위해서는 기술 개발자, 사용자, 정책 입안자, 그리고 교육자 간의 긴밀한 협력과 다학제적 접근이 필요하다. 성공적인 인간-AI 협력 모델을 구축하는 것은 단순히 더 뛰어난 인공지능을 개발하는 것이 아니라, 인공지능과 함께 일하고 생활하는 새로운 사회적, 문화적 패러다임을 형성하는 과정이다.

6) AI Augmented Human: 새로운 협력 패러다임

인공지능 시대의 궁극적 비전은 '인간 대체(Human Replacement)'가 아닌 '인간 증강(Human Augmentation)'에 있다. AI Augmented Human 개념은 인공지능으로 인한 생산성 향상분을 사람에 대한 이해, 관계 형성, 창의적 업무에 재투자함으로써 인간 고유의 가치와 역량을 확장하는 접근법이다.

이 개념의 핵심은 인간과 인공지능의 분업이 단순한 효율성 증대를 넘어, 인간 경험의 질적 향상으로 이어질 수 있다는 데 있다. 반복적이고 예측 가능한 업무는 인공지능에게 위임하고, 인간은 의미 창출, 가치 판단, 감성적 연결, 창의적 도전과 같은 보다 본질적인 활동에 집중할 수 있게 된다.

예를 들어 의료 분야에서 인공지능이 일상적인 데이터 분석과 기록 작업을 담당함으로써, 의사는 환자와의 직접적인 소통과 공감에 더 많은 시간을 할애할 수 있다. 교육 분야에서는 인공지능이 표준화된 평가와 개인화된 학습 자료 제공을 담당하고, 교사는 학생들의 비판적 사고력, 창의성, 사회정서적 발달을 지원하는 멘토링에 집중할 수 있다.

이러한 협력 패러다임은 일상생활의 작은 혁신에서도 발견할 수 있다. 코로나19 팬데믹 시기에 도입된 '드라이브-스루 선별진료소' 아이디어나, 고속도로 출입구에서 운전자를 위한 '차량유도 분홍/녹색선'과 같은 직관적 설계는 복잡한 기술보다는 인간의 필요와 경험에 대한 깊은 이해에서 비롯된 창의적 해결책이다.

이러한 종류의 아이디어는 인공지능도 데이터 기반 분석을 통해 제안할 수 있지만, 인간의 직관, 공감, 그리고 생활 경험에 기반한 혁신은 여전히 독특한 가치를 지닌다. 인공지능과 인간의 이상적인 협력은 인공지능의 분석력과 인간의 통찰력이 서로를 강화하는 방식으로 이루어진다.

AI Augmented Human 모델에서 중요한 것은 기술의 발전 방향을 결정하는 것이 궁극적으로 인간의 선택과 가치에 달려 있다는 점이다. 인간 중심적 관점에서 인공지능 기술을 어떻게 설계하고 통합할 것인가에 대한 의식적인 결정이 필요하다. 이는 기술 결정론을 넘어, 우리가 어떤 미래를 원하는지에 대한 적극적인 비전과 의도적인 행동을 요구한다.

이러한 맥락에서 '인간 AI'를 이기는 방법은 역설적으로 '인간다움'의 강화에 있다. 인공지능과의 경쟁이 아닌, 인공지능을 통해 인간의 고유한 강점을 더욱 발전시키고 새로운 가능성을 탐색하는 것이 중요하다. 이는 단순히 인공지능 도구의 사용법을 익히는 것을 넘어, 인간만의 독특한 관점, 가치, 그리고 창의성을 발전시키는 것을 의미한다.

2024년 이세돌의 말처럼, "말과 직접 경주하는 것이 아니라 말을 울타타야 이기는 것이다." 이는 인공지능과의 직접적인 경쟁이 아니라, 인공지능을 효과적으로 활용하고 안내함으로써 인간의 잠재력을 최대화하는 접근법의 중요성을 강조한다.

AI Augmented Human 패러다임은 기술과 인간성의 이분법을 넘어, 양자의 공존과 상호발전을 추구한다. 이는 인공지능 시대의 핵심 역량이 단순한 기술적 숙련도가 아니라, 기술과 인간성의 균형 있는 통합과 조화에 있음을 시사한다. 이러한 관점은 기술 발전의 궁극적 목적이 인간 경험의 풍요로움과 의미를 증진하는 데 있음을 상기시킨다.

7) 공진화하는 인간과 인공지능

인공지능 시대의 역량에 대한 논의는 최종적으로 인간과 인공지능의 공진화(co-evolution) 가능성으로 귀결된다. 공진화란 두 존재가 서로에게 선택적 압력으로 작용하며 함께 진화하는 과정을 의미하며, 인간과 인공지능의 관계에서도 이러한 역동성이 나타나고 있다.

인공지능 기술이 발전함에 따라 인간에게 요구되는 역량의 성격이 변화하고, 이렇게 변화된 인간의 역량은 다시 인공지능 기술의 발전 방향에 영향을 미친다. 예를 들어, 인공지능이 반복적이고 규칙 기반적인 작업을 자동화함에 따라 인간은 창의성, 비판적 사고, 감성지능과 같은 영역에 더 집중하게 되고, 이는 다시 인공지능이 이러한 고차원적 인지 영역을 보조하거나 강화하는 방향으로 발전하게 하는 동력이 된다.

이러한 공진화 과정에서 인간과 인공지능 사이의 경계는 점차 흐려질 수 있다. 한편으로는 인공지능이 점점 더 '인간다운' 특성을 모방하거나 구현하게 되고, 다른 한편으로는 인간이 인공지능 도구와의 지속적인 상호작용을 통해 새로운 인지 패턴과 행동 양식을 발전시키게 된다.

그러나 이러한 공진화 과정이 반드시 인간성의 약화나 인공지능에 대한 종속을 의미하지는 않는다. 오히려 이는 인간이 기술 발전을 통해 자신의 잠재력과 가능성을 확장하는 또 다른 방식으로 볼 수 있다. 인류 역사 전체가 도구와 기술의 발전과 함께 진화해 온 과정임을 고려할 때, 인공지능과의 공진화는 이러한 장기적 흐름의 연장선에 있다.

중요한 것은 이 공진화 과정에서 인간의 주체성과 의도성을 유지하는 것이다. 기술이 우리를 어떤 방향으로 이끌어가게 할 것인가가 아니라, 우리가 어떤 미래를 만들기 위해 기술을 어떻게 활용할 것인가에 대한 적극적인 선택과 노력이 필요하다.

인공지능 시대의 역량 개발은 단순히 특정 기술이나 지식의 습득을 넘어, 끊임없이 변화하는 환경에 적응하고, 새로운 도구와 창의적으로 협력하며, 인간 고유의 가치와 의미를 재발견하고 강화하는 평생의 여정이다. 이는 개인적 차원에서의 학습과 성장뿐만 아니라, 사회적 차원에서 기술과 인간성의 조화로운 관계를 모색하는 집단적 노력을 요구한다.

궁극적으로, 인공지능 시대의 진정한 역량은 기술과 인간성의 이분법을 넘어, 양자의 강점을 통합하고 시너지를 창출할 수 있는 지혜에 있다. 이는 기술의 효율성과 인간의 의미 창출 능력, 인공지능의 계산력과 인간의 도덕적 판단력, 그리고 기계의 정확성과 인간의 창의성이 상호보완적으로 작용하는 새로운 가능성의 지평을 열어줄 것이다.

요약

1. 지능정보사회는 알파고와 이세돌의 대국, ChatGPT의 폭발적 확산, 인공지능 관련 노벨상 수상 등을 통해 현실로 다가왔으며, 클라우드 컴퓨팅, 하드웨어 발전, 알고리즘 혁신, 빅데이터 환경이라는 네 가지 핵심 기술의 복합적 발전이 이를 가능하게 했다.
2. 인공지능은 튜링 테스트를 통과하고 수능에서 인간 수준의 성과를 보이며 추론 능력까지 발전시키고 있지만, 진정한 이해와 의식에 대한 철학적 논쟁은 여전히 지속되고 있으며, 의료 진단 등에서 인공지능과 인간의 협력이 각각의 단독 작업보다 우수한 성과를 보여주고 있다.
3. 인공지능 시대에는 복잡한 문제해결력, 비판적 사고력, 창의력, 감성지능, 인지적 유연성이 핵심 역량으로 부상했으며, 6C(협력, 의사소통, 콘텐츠, 비판적 사고, 창의적 혁신, 자신감) 교육과 AI 리터러시가 중요해지고 있다.
4. 인간과 인공지능의 관계는 대체가 아닌 상호보완적 협력 모델로 발전하고 있으며, AI Augmented Human 개념을 통해 인공지능의 생산성 향상분을 인간 고유의 가치 창출 영역에 재투자하는 공진화적 발전 방향이 제시되고 있다.

토론해보기

1. 튜링 테스트 vs 중국어 방 실험: 인공지능의 지능을 어떻게 평가해야 하는가?

ChatGPT와 같은 대화형 인공지능이 인간과 매우 유사한 대화를 생성하면서 튜링 테스트를 통과하는 사례가 늘어나고 있다. 그러나 존 설의 중국어 방 실험은 외적 행동의 유사성이 내적 이해를 보장하지 않는다고 주장한다. 실제로 현재의 인공지능은 다음 단어를 확률적으로 예측하는 방식으로 작동하며, 진정한 '이해'를 하고 있다고 볼 수 있는 증거는 부족하다.
인공지능이 인간처럼 대답할 수 있다면 그것으로 충분한가? 아니면 '진정한 이해'가 반드시 필요한가? 인공지능의 지능을 평가하는 기준은 무엇이어야 할까?

2. 인공지능과 인간의 의료 진단 협력에서 최종 책임은 누구에게 있어야 하는가?

의료 분야 연구에 따르면 인공지능 진단 정확도는 92.5%, 인간 의사는 96.6%, 그러나 인공지능과 인간이 협력했을 때는 99.5%의 정확도를 보였다. 이는 상호보완적 협력의 효과를 보여준다. 그러나 인공지능과 인간 의사의 진단이 상충하는 경우나, 협력 과정에서 오진이 발생했을 경우 책임 소재는 모호해진다.
인공지능의 도움을 받은 의사의 진단에서 문제가 발생했을 때, 책임은 의사에게 있는가, 인공지능 개발자에게 있는가, 아니면 새로운 책임 분담 체계가 필요한가?

3. 인공지능 시대 교육: 창의성과 비판적 사고를 어떻게 기를 것인가?

세계경제포럼의 보고서에 따르면 2015년에서 2020년 사이 필요 역량 순위에서 비판적 사고력은 4위에서 2위로, 창의력은 10위에서 3위로 급상승했다. 한편 인공지능은 베토벤의 10번 교향곡 완성 프로젝트에서 "창의적"이라는 평가를 받기도 했고, 수능 국어에서 97점을 기록하는 등 인간 고유 영역으로 여겨졌던 능력에서도 성과를 보이고 있다.
인공지능이 창의적 작업과 비판적 분석도 수행할 수 있다면, 인간만의 차별화된 창의성과 비판적 사고는 무엇인가? 교육 시스템은 이를 어떻게 기를 수 있을까?

3장

인공지능 윤리의 필요성

1. 윤리의 기본 개념
2. 윤리적 판단의 원칙과 딜레마
3. 인공지능 윤리의 특수성
4. 책임 있는 인공지능 개발을 위한 직업 윤리
5. 문화적 맥락과 인공지능 윤리

우리는 왜 윤리에 관해 이야기하는가? "일만 잘하면 되지 않나? 공부만 잘하면 되지 않나? 생산성만 높으면 되는 거 아닌가?"라는 질문을 던지는 사람들이 있다. 이러한 질문은 현대 사회의 성과 중심적 사고방식을 반영한다. 그러나 인성과 윤리가 뒷받침되지 않은 능력은 마치 방향타 없는 배와 같다. 즉, 기술이 어디까지 할 수 있는가를 다룬다면 윤리는 어디까지 해도 되는가를 다룬다.

1. 윤리의 기본 개념

1) 윤리의 정의와 중요성

윤리란 한 사람 혹은 사회 집단이 다른 사람이나 집단에 대하여 직·간접적으로 해를 끼치지 않도록 스스로 행동을 규제하는 데 필요한 것이다. 윤리는 선과 악, 옳고 그름, 덕과 부덕, 정의 등과 같은 개념에 대한 질문을 다루며, 우리의 삶을 지도해 줄 규칙의 집합으로 볼 수 있다.

이러한 규칙들은 표면적으로는 우리의 자유를 제한하는 것처럼 보이지만, 실제로는 더 큰 자유와 복지를 증진하는 역할을 한다. 윤리가 없는 사회는 마치 교통신호가 없는 복잡한 도로와 같다. 겉보기에는 자유로워 보일지 모르나, 실제로는 불안과 혼란, 그리고 충돌만이 존재한다.

미국의 철학자 루이스 포이만(Louis Paul Pojman)은 "윤리학 연구는 우리가 편견과 독단에서 벗어날 수 있도록 해주며, 개인적인 판단을 지도해 줄 포괄적 체계를 제시한다"고 말했다. 이는 윤리가 단순한 규제의 도구가 아니라 더 나은 판단과 결정을 위한 체계임을 시사한다.

2) 인성과 윤리의 관계

인성이란 무엇인가? 그리고 왜 중요한가? 인성은 자신의 능력을 올바르게 사용하게 하고 타인과의 협력에 중요한 요소이다. 인성을 갖추지 못한 재능은 그저 흉기일 뿐이라는 말이 있다. 이는 능력과 인성 간의 관계를 명확히 보여준다.

능력과 인성의 관계는 수학적으로 표현하자면 '능력×인성'으로 볼 수 있다. 여기서 인성은 음수 값도 가질 수 있다는 점이 중요하다. 즉, 능력이 아무리 뛰어나도 부정적인 인성 가치를 가진다면 그 결과는 사회에 해악을 끼칠 수 있다는 것이다.

전문성을 높이기 위해 대학에 왔다고 해서 인성 교육을 무시할 수 없는 이유가 여기에 있다. 기술적 능력만으로는 충분하지 않으며, 그 능력을 어떻게 사용할 것인가에 대한 윤리적 판단이 필요하다. 특히 인공지능과 같은 강력한 기술을 다루는 분야에서는 이러한 윤리적 판단의 중요성이 더욱 커진다.

3) 행복 추구와 윤리

인간은 궁극적으로 행복을 추구하는 존재이다. 아리스토텔레스는 인생의 목적이 행복 추구와 실현이며, 행복은 모든 행위의 궁극적 목표라고 보았다. 한편, 현대의 신경마케팅 분야 전문가인 한스게오르크 호이젤은 행복을 욕구 충족을 통해 오는 만족과 기쁨을 느끼는 상태로 정의했다.

인간은 태어남과 동시에 욕구를 가진 존재이다. 매슬로우(Abraham Harold Maslow)

의 욕구 계층 이론에 따르면, 인간의 욕구는 그 중요도에 따라 낮은 수준에서 높은 수준으로 계층을 이룬다. 가장 기본적인 생리적 욕구(식욕, 수면욕, 성욕)부터 안전과 안정에 대한 욕구, 소속과 애정에 대한 욕구, 존중과 명예에 대한 욕구, 그리고 가장 높은 단계인 자아실현 욕구까지 다양한 층위의 욕구가 존재한다.

[표 3-1] 매슬로의 욕구 계층(Maslow, 1943)

단계	욕구 유형	내용
5단계	자아실현 욕구	자기 잠재력 실현, 창조적 활동
4단계	존중 욕구	인정받고 싶은 욕구, 명예
3단계	소속과 애정 욕구	사랑받고 소속되고 싶은 욕구
2단계	안전 욕구	신체적, 심리적 안전과 안정
1단계	생리적 욕구	식욕, 수면욕, 성욕 등 기본 욕구

이러한 욕구 충족을 위해 필요한 것이 바로 재화이다. 재화는 인간이 바라는 바를 충족 시켜주는 모든 물건으로 정의된다. 그러나 현대 사회의 거대화로 인해 다수의 동시 욕구 충족이 필요해졌고, 이는 필연적으로 재화의 부족 문제를 야기한다. 재화의 부족은 절대적 부족과 상대적 부족(재화의 편중) 두 가지 형태로 나타나며, 이는 집단 갈등 및 충돌의 원인이 된다.

이처럼 행복 추구의 욕구와 재화의 부족은 사회적 갈등을 유발하는데, 이를 조절하고 관리하기 위한 도구로서 윤리가 필요하다. 윤리는 자유의지를 가진 인간이 옳고 그름을 분별하고, 바르지 못한 행위를 자제할 수 있는 능력을 기반으로 한다. 이를 통해 욕망의 자율 규제와 선(善)의 실현이 가능해진다.

2. 윤리적 판단의 원칙과 딜레마

인간 사회에서 윤리적 판단은 어떻게 이루어지는가? 단순히 옳고 그름을 판단하는 것처럼 보이지만, 실제로는 복잡한 가치 체계와 상황적 맥락이 개입된다. 특히 현대 사회의 기술 발전은 전통적인 윤리적 판단의 틀로는 쉽게 해결할 수 없는 새로운 딜레마들을 끊임없이 제기하고 있다.[1]

1) 의무론과 공리주의

윤리적 판단의 대표적인 두 가지 접근법으로 의무론과 공리주의를 들 수 있다. 두 이론은 윤리적 판단의 기준에 관해 근본적으로 다른 시각을 제시한다.

엠마누엘 칸트(Immanuel Kant)의 의무론은 행위 자체의 성격을 윤리적 판단의 기준으로 삼는다. 칸트에 따르면, 한번 올바른 의무로 인정되고 나면, 어떤 어려움이 있어도 그 의무를 지켜야 한다. 왜 바람직하고 좋은 것인가를 설명할 수 있어야 하고, 정해진 원칙은 예외가 있을 수 없다는 것이 의무론의 핵심이다. 예를 들어, 거짓말은 거짓말이기 때문에 항상 나쁜 것이며, 어떤 상황에서도 정당화될 수 없다는 입장이다.

반면, 제레미 벤담(Jeremy Bentham)과 존 스튜어트 밀(John Stuart Mill)의 공리주의는 행위의 결과를 중시한다. 공리주의에서는 최대다수의 최대행복을 가져오는 대안이 도덕적으로 옳은 것이 된다. 모든 대안들 중에서 최소의 불행을 가져오는 것이라면 도덕적으로 정당화될 수 있다는 입장이다. 결과론이라고도 불리는 이 관점은 옳고 그름이 그때그때 따져보아야 알 수 있다고 본다.

이 두 이론의 차이는 윤리적 딜레마 상황에서 극명하게 드러난다. 의무론자라면 "단 한 명의 무고한 사람을 희생시켜 수백 명을 구하는 것"도 받아들일 수 없겠지만, 공리주의자는 "더 많은 사람의 행복을 위해" 이를 정당화할 수 있다.

---

1 Maslow, A. H. (1943). A theory of human motivation. Psychological review, 50(4), 370.

[표 3-2] 의무론과 공리주의의 비교

구분	의무론	공리주의
판단 기준	행위 자체의 성격	행위의 결과
대표 철학자	임마누엘 칸트	벤담, 존 스튜어트 밀
핵심 원칙	절대적 의무 준수	최대다수의 최대행복
예외 인정	예외 없음	상황에 따라 예외 가능

2) 옳고 그름의 문제

윤리적 판단에서 옳고 그름의 문제는 생각보다 복잡하다. 대다수의 사람들이 공감할 수 있는 옳음에 대한 판단은 상대적으로 쉬울 수 있지만, 옳고 그름의 문제는 종종 딜레마를 야기한다.

트롤리 딜레마는 이러한 윤리적 딜레마의 대표적인 예이다. 달리는 기차가 다섯 명의 작업자를 향해 달려가고 있을 때, 선로 변환기를 당겨 한 명의 작업자가 있는 다른 선로로 기차를 돌릴 것인가? 다섯 명을 구하기 위해 한 명을 희생시키는 것이 정당화될 수 있는가? 이 문제는 백신 부작용에 따른 접종 거부나 지하철 노약자/임신부 좌석 사용 등 일상의 다양한 상황에서도 유사하게 나타난다.

또 다른 윤리적 딜레마로 '다수의 전횡(Tyranny of the majority)'이 있다. 존 스튜어트 밀은 그의 저서 '자유론(On Liberty)'에서 개개인이 직면한 새로운 형태의 독재, 즉 다수의 전횡에 대해 경고했다. 이는 다수의 생각이나 견해가 개인들에게 행동 방식이나 가치 판단을 강요하는 현상을 의미한다. 다수와 다른 생각을 가진 혹은 다른 행동을 하는 사람을 '이상한' 사람으로 낙인찍는 현상은 현대 사회에서도 흔히 볼 수 있다.

이러한 상황에서 오픈 마인드와 비판을 받아들이고 다양한 견해를 듣는 자세가 중요하다. 윤리적 판단은 단순히 옳고 그름의 이분법적 구분을 넘어, 다양한 가치와 상황을 고려한 균형 잡힌 접근을 요구한다.

(1) 옳고 그름의 문제: 모럴머신과 윤리적 판단의 딜레마

인공지능 윤리에서 가장 본질적인 문제 중 하나는 "기계가 과연 옳고 그름을 판단할 수 있는가?"이다. 이는 단지 프로그래밍의 문제가 아니라, 인간 사회의 가치와 기준이 얼마나 다양한가를 반영하는 깊은 윤리적 물음이다.

이와 관련하여 MIT 미디어랩에서 진행한 "모럴머신(Moral Machine; https://www.moralmachine.net/)" 프로젝트는 윤리적 판단이 얼마나 복잡하고 맥락적인지를 잘 보여주는 대표적인 실험이다. 모럴머신은 자율주행차가 위급 상황에서 누구를 희생시키고 누구를 살릴지를 결정해야 할 때, 인간이라면 어떤 결정을 내리는지를 대중의 선택을 통해 수집하는 웹 기반 실험이다.

예를 들어 다음과 같은 상황이 주어진다. 자율주행차가 브레이크 고장으로 인해 보행자 그룹 중 하나를 치지 않고는 멈출 수 없다. 한쪽에는 횡단보도를 건너는 노인 두 명이 있고, 다른 한쪽에는 무단횡단 중인 젊은이 두 명이 있다. 어느 쪽을 희생시키는 것이 더 윤리적인가? 참가자는 이와 같은 수십 개의 시나리오를 경험하며 선택을 반복하게 된다.

이 실험은 200여 개국에서 230만 명 이상이 참여했으며, 총 4천만 건이 넘는 결정 데이터를 수집했다. 그 결과 윤리적 판단 기준이 문화권마다 매우 다르다는 점이 밝혀졌다. 동아시아에서는 법과 질서를 중시하여 무단횡단한 사람보다 규칙을 지킨 사람을 살리는 선택이 많았고, 남미나 프랑스 등 일부 지역에서는 약자를 우선시하는 경향이 강했다. 일부 지역에서는 의사, 임산부, 어린이와 같이 사회적으로 보호받아야 할 인물을 우선하는 결정이 뚜렷하게 나타났다.

이러한 결과는 '윤리적 판단'이 객관적이고 보편적인 규칙에 따라 이루어지기보다는 문화, 제도, 사회적 가치에 따라 상이하다는 사실을 보여준다. 이는 곧 인공지능이 사람을 대신하여 윤리적 결정을 내려야 하는 상황에서, 어떤 기준을 적용할 것인가 하는 근본적인 질문으로 이어진다.

모럴머신은 공리주의와 의무론 사이의 갈등도 드러낸다. 공리주의의 입장에서는 더 많은 사람을 살리는 것이 정당할 수 있으나, 의무론적 시각에서는 개인의 권리를 침해하지 않는 것이 더 중요할 수 있다. 예컨대 횡단보도를 건너는 법을 지킨 사람이라면, 그가 한 명일지라도 그를 보호하는 것이 정당한가라는 문제가 제기된다. 또한 사람의 생명을 나이나 사회적 기여도에 따라 비교한다는 것 자체가 윤리적으로 적절한가에 대한 논란도 있다.

더 나아가, 이 실험은 인공지능이 다수의 선택에 기반한 통계적 윤리를 따를 때 발생할 수 있는 문제점도 암시한다. 다수의 선택이 항상 윤리적으로 정당한가? 소수자의 권리나 비주류 문화의 기준은 어떻게 반영되어야 하는가? 윤리를 수치화하고 알고리즘화할 수 있을 것이라는 기술 중심적 낙관은 결국 윤리적 판단의 본질적 성격과 충돌할 수 있다.

모럴머신은 인공지능 윤리 교육에서 유용한 도구가 될 수 있다. 단순히 인공지능이 옳고 그름을 판단할 수 있는가라는 물음을 넘어서, 우리가 윤리적으로 생각한다는 것은 어떤 기준을 가지고 누구의 입장에서 판단하는가를 되묻게 만들기 때문이다. 학생들에게 실험에 직접 참여하게 하고, 선택의 이유를 토론하게 함으로써 윤리적 판단이 가치 중립적이지 않다는 점을 경험적으로 이해할 수 있도록 도울 수 있다.

요컨대, 모럴머신은 윤리적 판단이 단지 기술적 설계의 문제가 아니라, 우리가 어떤 사회를 지향하며, 어떤 인간을 보호하고 싶은가에 대한 철학적, 문화적 선택이라는 점을 환기시켜준다.

(2) 윤리적 원칙의 적용과 도전

윤리적 원칙을 실제 상황에 적용할 때 여러 도전에 직면하게 된다. '슈퍼맨의 결정'이라는 사례를 통해 이를 생각해보자. 절대적 힘을 가진 슈퍼맨이 지구의 모든 악인을 찾아내어 없애버리는 행위는 필요하고 정당한 것인가?

악인을 사회적으로 격리시키는 것이 다른 사람들에게 피해를 주지 않기 위해 필요한 조치라고 볼 수 있다. 그러나 폭력을 저지하기 위한 방법으로의 폭력이 과연 정당한가? 슈퍼맨이 악인을 평가하고 제거한다면, 사람들은 슈퍼맨을 보고 안심할 수 있을까? 아니면 오히려 두려움을 느낄까?

슈퍼맨의 역할은 선인과 악인의 생명에 대한 저울질을 하지 않고 그 평가를 법에 양도하는 것이라는 주장도 있다. 이 사례는 강력한 힘을 가진 존재(또는 기술)가 윤리적 판단을 어디까지 행사할 수 있는가에 대한 근본적인 질문을 던진다.

또 다른 예로, 영화 '채피'에 등장하는 로봇을 생각해 볼 수 있다. 22번 로봇 채피는 인간을 위해 악당 로봇을 물리치는데, 채피와 악당 로봇은 동일한 공정으로 제작되었으나 학습에 따라 채피는 선한 가치관을 갖게 된다. 이는 로봇과 같은 인공지능 시스템의 윤리적 판단이 그들의 프로그래밍과 학습 방식에 따라 달라질 수 있음을 시사한다.

이러한 사례들은 인공지능 시대에 직면하게 될 윤리적 문제들의 복잡성을 보여준다. 인간의 윤리적 판단 자체가 이미 복잡하고 맥락 의존적인데, 인공지능은 어떤 원칙에 따라 윤리적 판단을 내려야 하는가? 인간과 동일한 윤리적 기준을 적용해야 하는가, 아니면 인공지능만의 새로운 윤리 체계가 필요한가?

관습과 문화의 차이도 윤리적 원칙 적용에 영향을 미친다. 예를 들어, 노인에게 자리를 양보하는 것이 미덕인 문화가 있는 반면, 일본과 같이 노인에게 자리 양보를 강요하지 않는 문화도 있다. 또한 '스웨덴 게이트(Swedengate)'라 불리는 현상은 손님이 있을 때 가족만 식사하는 스웨덴의 문화적 관습이 다른 문화권에서는 비윤리적으로 여겨진 사례이다.

문화적 차이나 관습의 문제를 윤리적으로 판단할 때, 우리는 어떤 기준을 적용해야 할까? 전세계적으로 동일한 윤리적 기준을 갖는 것이 가능한가, 아니면 문화적 상대주의를 인정해야 하는가? 이러한 질문들은 글로벌 기술로서의 인공지능이 직면할 중요한 도전들이다.

인공지능 시스템이 내리는 윤리적 판단은 그것을 설계하고 학습시킨 인간의 가치관과 편향을 반영할 수밖에 없다. 따라서 인공지능 윤리는 기술적 문제인 동시에 인간 사회의 다양성과 복잡성을 어떻게 다룰 것인가에 관한 문제이기도 하다. 이는 인공지능 윤리가 단순한 규범적 가이드라인을 넘어, 인류의 공존과 번영을 위한 철학적 성찰과 사회적 합의를 요구하는 이유이다.

3. 인공지능 윤리의 특수성

인공지능 기술이 발전함에 따라 전통적인 윤리적 논의를 넘어서는 새로운 차원의 윤리적 질문들이 제기되고 있다. 인공지능 윤리는 단순히 기존 윤리 체계를 인공지능에 적용하는 것이 아닌, 기술의 특성과 잠재적 영향력을 고려한 특수한 접근을 요구한다.

1) 공학 윤리와 인공지능 윤리의 차이점

공학 윤리(Engineering Ethics)는 공학자 스스로 도덕적 위험을 판단하고, 이에 수반되는 결정을 내릴 수 있는 기준으로 정의된다. 두 차례의 세계대전을 겪으며 대량살상무기의 개발과 산업혁명에 따른 기업의 경제적 이익이 모든 판단의 우선순위를 차지함에 따라 발생한 도덕적 위험이 가져다 주는 문제점 해결을 위해 공학자(엔지니어)의 양심이 중요하게 부각되었다.

전통적인 공학 윤리에서는 안전성과 공평성을 완벽하게 준수하려 하면 생산성과 이익 확보가 어려워질 수 있다는 딜레마가 존재했다. 그러나 과거에는 과학기술에서 윤리적 사항을 도외시해도 기술발전이나 생산으로 얻는 이익에 큰 타격을 받지 않았다.

반면, 인공지능 윤리는 공학윤리와 달리 사고나 판단과 같이 정신 작용과 연관되어 있어서 인간의 윤리와 더 밀접하게 관계된다. 인공지능은 그에 따른 윤리적 문제를 해결해야 기술 발전과 이익 확보가 가능하다는 새로운 패러다임을 제시한다. 이는 과거 '기술 발전 우선, 윤리는 나중에'라는 접근법이 더 이상 유효하지 않음을 의미한다.

인공지능 윤리는 착하게 살아야 한다는 단순한 의미를 넘어서 복잡한 상황에서 적합한 의사결정을 해야 한다는 문제를 다룬다. 특히 자율성을 갖추고 의사결정을 수행하는 인공지능 시스템의 특성상, 윤리적 판단은 기술의 발전과 함께 고려되어야 할 본질적 요소가 된다.

2) 인공지능의 의사결정과 윤리적 문제

인공지능 시스템이 내리는 의사결정은 어떤 기준과 가치를 반영해야 하는가? 인간의 경우, 아담 스미스(Adam Smith)는 개인들이 자신의 이익을 극대화하기 위해 가장 합리적인 선택을 하고 행동할 때 사회의 질서가 유지되며 이는 사회적으로 가장 바람직한 결과가 나온다고 주장했다.

반면, 존 내쉬(John F. Nash)는 내쉬 균형(Nash Equilibrium) 이론에서 인간 사회는 최적이 아니라 안정을 선택하는 방식으로 운영되고 유지된다고 주장했다. 1950년에 발표된 비협력 게임(Non-Cooperative Games)에 관한 그의 논문에서, 내쉬는 "그가 생각하는 걸 나도 생각한다고 그가 생각하리라는 걸 나는 생각한다"라는 상호 예측의 메커니즘을 통해 인간이 자신을 위한 최선의 선택을 하며, 이는 때로 비합리적인 결과가 될 수도 있다고 설명했다.

이런 인간의 의사결정 방식을 '죄수의 딜레마'를 통해 살펴볼 수 있다. 두 명의 범죄 조직원이 체포되어 각각 독방에 수감된 상태에서, 서로에 대한 자백 여부를 결정해야 하는 상황을 가정해 보자. 합리적으로는 두 사람 모두 범죄를 부인(협조)하는 것이 최선의 결과(각각 1년형)를 가져오지만, 서로를 신뢰할 수 없는 상황에서는 둘 다 자백(배신)하여 더 무거운 형량(각각 5년형)을 받게 되는 결과가 빈번하게 발생한다.

로버트 액셀로드(Robert Axelrod)는 1984년 '협력의 진화(The Evolution of Cooperation)'라는 저서에서 죄수의 딜레마가 무수히 반복될 때 tit-for-tat 전략(눈에는 눈, 이에는 이)이 가장 효과적이라고 제시했다. 상대방이 배신하기 전까지는 배신하지 않고, 상대방이 일시적으로 배신하더라도 지속적인 배신이 아니라면 '실수'로 간주하고 용서하는 전략이 장기적으로는 더 큰 이익을 가져온다는 것이다.

인공지능이 이러한 인간의 선택 방식을 모방해야 하는가, 아니면 다른 원칙에 따라 의사결정을 해야 하는가? 이 질문은 자율주행차의 트롤리 딜레마와 같은 실제 사례에서 중요해진다. 불가피한 사고 상황에서 자율주행차는 어떤 가치를 우선시해야 하는가? 탑승자의 안전을 최우선으로 해야 하는가, 아니면 최소한의 인명 피해를 목표로 해야 하는가?

3) 인공지능의 학습과 윤리적 편향

인공지능 시스템은 학습 데이터를 통해 의사결정 패턴을 형성한다. 따라서 학습 데이터에 존재하는 편향이 인공지능 시스템의 판단에 반영될 수 있다. 예를 들어, 솔트룩스의 인공지능 '가람이'를 LG유플러스 아이들나라와 YouTube 영상으로 8주간 학습시켰을 때, 5세 아동 수준의 지능을 보인 사례가 있다.

이는 인공지능이 접하는 데이터가 그 인공지능의 '인성'과 판단력을 형성한다는 것을 보여준다. 영화 '채피'의 예시처럼, 같은 공정으로 제작된 로봇도 학습 환경에 따라 '선'과 '악'의 구분이 달라질 수 있다. 이는 인공지능 윤리에서 데이터 품질과 다양성, 그리고 학습 과정의 투명성이 중요한 이유를 설명한다.

또한, 인공지능의 의사결정이 단순히 데이터에 기반한 통계적 패턴 인식을 넘어, 윤리적 판단을 포함해야 한다면, 이러한 윤리적 가치를 어떻게 인공지능 시스템에 구현할 것인가? 인공지능이 '선'과 '악'을 구분하는 능력을 갖추려면, 그 기준과 원칙이 명확하게 정의되고 프로그래밍 되어야 한다. 그러나 앞서 살펴본 것처럼, 윤리적 판단은 문화와 맥락에 따라 달라질 수 있으며, 때로는 딜레마 상황에서 명확한 해답이 없을 수도 있다.

이러한 특수성은 인공지능 윤리가 단순한 규칙 기반의 접근법을 넘어, 맥락 인식과 가치 판단의 복잡성을 고려해야 함을 시사한다. 인공지능 시스템이 사회에 통합될수록, 이러한 윤리적 문제는 더욱 중요해질 것이다.

4. 책임 있는 인공지능 개발을 위한 직업 윤리

인공지능 개발자는 기술적 전문성뿐만 아니라 윤리적 책임감을 가져야 한다. 인공지능이 사회에 미치는 영향력이 커질수록 개발자의 윤리적 판단과 결정은 더욱 중요해진다.

1) 직업 윤리로서의 인공지능 윤리

직업 윤리는 특정 직종에서 구성원들이 준수해야 할 윤리적 기준과 행동 규범을 의미한다. 인공지능 개발자가 가져야 할 직업 윤리는 다음과 같은 원칙과 덕목을 포함한다.

이러한 직업 윤리는 다음과 같은 범위와 대상에 적용된다.

- 직장 내 윤리: 직장 구성원들 간 준수해야 할 윤리와 태도
- 직장 외 윤리: 정당한 절차를 통한 이윤 추구 및 사회 환원
- 보편적 직업 윤리: 집단/구성원 간 발생한 충돌 해결 기준 제시
- 특수 직업 윤리: 직종 특성 반영 (예: 연구윤리)

인공지능 개발자는 이러한 직업 윤리 체계 안에서 특별히 고려해야 할 책임이 있다. 인공지능 시스템이 사회에 미치는 잠재적 영향력을 인식하고, 개발 과정에서 윤리적 고려사항을 통합해야 한다. 또한, 인공지능 시스템의 의사결정이 투명하고 설명 가

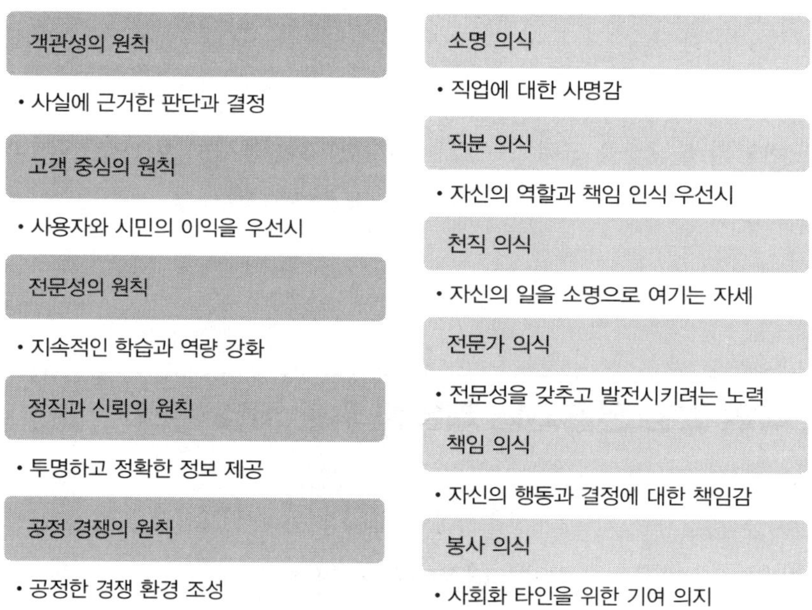

[그림 3–1] 인공지능 개발자가 가져야 할 직업 윤리–5원칙과 6의식

능하도록 설계하며, 시스템의 한계와 위험성을 사용자에게 명확히 알릴 책임이 있다.

2) 공학 윤리와 인공지능 윤리의 차이점

공학 윤리는 공학자 스스로 도덕적 위험을 판단하고, 이에 수반되는 결정을 내릴 수 있는 기준으로 정의된다. 두 차례의 세계대전을 겪으며 대량살상무기의 개발과 산업혁명에 따른 기업의 경제적 이익이 모든 판단의 우선순위를 차지함에 따라 발생한 도덕적 위험이 가져다 주는 문제점 해결을 위해 공학자의 양심이 중요하게 부각되었다.

전통적인 공학 윤리에서는 안전성과 공평성을 완벽하게 준수하려 하면 생산성과 이익 확보가 어려워질 수 있다는 딜레마가 존재했다. 그러나 과거에는 과학기술에서 윤리적 사항을 도외시해도 기술발전이나 생산으로 얻는 이익에 큰 타격을 받지 않았다. 이는 과학기술과 윤리가 갈등관계에 있었음을 의미한다.

반면 인공지능 윤리는 공학윤리와 달리 사고나 판단과 같이 정신 작용과 연관되어 있어서 인간의 윤리와 더 밀접하게 관계된다. 인공지능은 그에 따른 윤리적 문제를 해결해야 기술 발전과 이익 확보가 가능하다는 새로운 패러다임을 제시한다. 이는 과거 '기술 발전 우선, 윤리는 나중에'라는 접근법이 더 이상 유효하지 않음을 의미한다.

인공지능 윤리는 착하게 살아야 한다는 단순한 의미를 넘어서 복잡한 상황에서 적합한 의사결정을 해야 한다는 문제를 다룬다. 특히 자율성을 갖추고 의사결정을 수행하는 인공지능 시스템의 특성상, 윤리적 판단은 기술의 발전과 함께 고려되어야 할 본질적 요소가 된다.

3) 생명 윤리와 인공지능 윤리의 연관성

생명 윤리는 생물학·의학 분야의 기술 발전에 따라 연명치료, 배아 연구, 안락사, 인간복제 등의 문제에 대한 윤리적 규범 확보의 필요성에서 출발했다. 뷔챔과 칠드레스가 제시한 생명 의료 윤리 원칙은 자율성 존중, 선행, 해악금지, 정의라는 네 가지 원칙으로 구성되어 있다.

이러한 생명 윤리의 원칙들은 인공지능 윤리에도 중요한 시사점을 제공한다. 자율성 존중 원칙은 인공지능 시스템 사용자가 충분한 정보를 바탕으로 자율적인 선택을 할 수 있도록 하는 것과 연결된다. 선행 원칙은 인공지능이 사용자와 사회 전체의 복지 증진을 목표로 해야 함을 의미한다. 해악금지 원칙은 인공지능 시스템이 개인이나 사회에 해를 끼치지 않도록 하는 안전장치 마련의 중요성을 강조한다. 마지막으로 정의 원칙은 인공지능 기술의 혜택이 공정하게 분배되고 차별이나 편향을 방지해야 함을 시사한다.

생명 윤리와 인공지능 윤리의 연관성은 특히 의료 인공지능 분야에서 더욱 명확하게 드러난다. 진단 보조 시스템이 내린 판단이 환자의 생명에 직접적 영향을 미칠 수 있고, 인공지능 진료 로봇은 환자와의 상호작용에서 인간의 존엄성과 프라이버시를 보호해야 한다. 이는 인공지능 윤리가 단순히 기술적 문제가 아니라 인간의 생명과 존엄성을 다루는 근본적인 윤리 문제임을 보여준다.

4) 다양한 직업 분야와 인공지능 윤리

인공지능 기술이 다양한 직업 분야에 적용되면서 각 분야의 고유한 윤리적 특성과 인공지능 윤리가 결합되는 새로운 양상이 나타나고 있다. 의료 분야에서는 환자의 안전과 프라이버시 보호가 최우선이며, 진단의 정확성과 의료진과 인공지능의 협력 관계 정립이 중요하다. 교육 분야에서는 학습자의 개인정보 보호와 학습 기회의 평등한 제공, 그리고 인간 교사의 역할과 인공지능의 보완적 관계를 고려해야 한다.

법무 분야에서 사용되는 인공지능은 공정성과 투명성이 핵심이다. 법적 판단에 영향을 미치는 인공지능 시스템은 편향을 배제하고 설명 가능한 결과를 제공해야 한다. 금융 분야의 인공지능은 고객의 경제적 안정성에 직접적 영향을 미치므로, 신용평가나 대출 승인 등에서 차별을 방지하고 투명한 기준을 적용해야 한다.

이처럼 각 직업 분야마다 인공지능 윤리가 적용되는 방식과 강조점이 다르지만, 공통적으로는 인간의 존엄성 존중, 공정성 확보, 투명성 보장이라는 기본 원칙을 공유한다. 이는 인공지능 윤리가 특정 분야만의 문제가 아니라 모든 직업 분야에서 고려해야 할 보편적 가치임을 보여준다.

5) 지속가능한 인공지능 발전을 위한 윤리적 고려사항

인공지능 분야에서는 윤리적 상황의 해결이 기술의 완성을 이끌고 이것이 다시 비즈니스의 지속가능성을 보장한다는 새로운 패러다임이 형성되고 있다. 이는 윤리가 기술 발전의 걸림돌이 아니라 오히려 촉진제 역할을 한다는 관점의 전환을 의미한다.

EU의 AI HLEG가 제시한 "신뢰할 수 있는 인공지능을 위한 윤리 가이드라인"은 이러한 패러다임을 잘 보여준다. 인적 주체성과 감독, 기술적 견고성과 안전성, 프라이버시와 데이터 거버넌스, 투명성, 다양성과 비차별 및 공정성, 사회적·환경적 복지, 책임성이라는 일곱 가지 요구사항은 인공지능 시스템이 사회에서 신뢰받고 지속적으로 발전하기 위한 필수 조건들이다.

인공지능 윤리는 기업이나 기관의 지속가능한 성장을 위해서 필요하며, 개인에게는 인공지능에 대한 이해를 통한 협력관계 형성을 가능하게 한다. 이러한 윤리적 고려사항은 인공지능 기술의 발전과 함께 계속 진화하고 확장될 것이다. 따라서 개발자는 기술적 혁신뿐만 아니라 윤리적 측면에서도 지속적인 학습과 성찰을 통해 책임 있는 인공지능 개발에 기여해야 한다.

5. 문화적 맥락과 인공지능 윤리

인공지능은 글로벌 기술이지만, 그것이 적용되고 사용되는 문화적 맥락은 다양하다. 서로 다른 문화권에서는 윤리적 가치와 규범이 다르게 해석되고 적용될 수 있으며, 이는 인공지능 윤리에도 영향을 미친다.

1) 문화적 차이와 윤리적 기준의 다양성

앞서 살펴본 '스웨덴 게이트'와 노인에 대한 자리 양보 관습의 차이는 문화에 따라 윤리적 기준이 다를 수 있음을 보여준다. 문화적 차이는 다음과 같은 요소들에서 발생한다:

- 가치 체계: 집단주의 vs. 개인주의, 권위에 대한 존중 정도, 불확실성 회피 성향 등
- 종교와 철학적 전통: 다양한 종교적, 철학적 배경은 윤리적 판단의 기준에 영향
- 역사적 경험: 사회가 겪은 역사적 사건과 경험이 윤리 의식 형성에 기여
- 법과 제도: 문화권마다 다른 법률 체계와 제도적 환경

이러한 문화적 차이는 인공지능 시스템의 설계와 구현에 중요한 영향을 미친다. 예를 들어, 프라이버시에 대한 인식과 중요성은 문화권마다 다를 수 있으며, 이는 인공지능 시스템의 데이터 수집 및 처리 방식에 반영되어야 한다.

또한, 동일한 인공지능 시스템이라도 문화적 맥락에 따라 다르게 인식될 수 있다. 예를 들이, 의사결징을 돕는 인공지능 시스템이 어떤 문화권에서는 유용한 도구로 환영받을 수 있지만, 다른 문화권에서는 인간의 자율성을 침해하는 것으로 간주될 수 있다.

2) 보편적 가치와 지역적 특수성

인공지능 윤리에서 중요한 질문 중 하나는 "전세계적으로 동일한 윤리적 기준을 갖는 것이 가능한가?"이다. 이는 보편적 가치와 지역적 특수성 사이의 균형을 찾는 문제로 이어진다.

일부 윤리적 원칙은 문화적 경계를 넘어 보편적으로 적용될 수 있다:

- 인간 존엄성의 존중
- 해악 방지
- 공정성과 차별 금지
- 투명성과 설명 가능성
- 프라이버시와 데이터 보호

그러나 이러한 원칙들의 구체적인 해석과 적용은 문화적 맥락에 따라 달라질 수 있다. 예를 들어, '공정성'의 개념은 문화권마다 다르게 이해될 수 있으며, 이는 인공지능 시스템의 설계에도 영향을 미친다.

효과적인 접근법은 보편적 윤리 원칙의 틀 안에서 지역적 특수성을 고려하는 것이다. 이를 통해 다양한 문화적 맥락에서 수용 가능하면서도 핵심적인 윤리적 가치를 보존하는 인공지능 시스템을 개발할 수 있다.

3) 글로벌 인공지능 윤리 프레임워크의 필요성

인공지능 기술의 글로벌한 특성을 고려할 때, 국제적으로 합의된 윤리 프레임워크의 필요성이 증가하고 있다. 이러한 프레임워크는 다음과 같은 역할을 할 수 있다.

- 공통 언어 제공: 인공지능 윤리에 관한 논의를 위한 공통된 용어와 개념 정립
- 최소한의 기준 설정: 문화적 차이에도 불구하고 준수해야 할 최소한의 윤리적 기준 제시
- 국제 협력 촉진: 국가와 문화적 경계를 넘어선 협력과 지식 공유 장려
- 규제 조화: 다양한 국가의 인공지능 규제 체계 간 조화 도모
- 책임 메커니즘: 국경을 넘어 운영되는 인공지능 시스템의 책임 소재를 명확히 하는 프레임워크 제공

여러 국제기구와 단체들이 이미 글로벌 인공지능 윤리 프레임워크 개발을 위한 노력을 기울이고 있다. 예를 들어, UNESCO의 인공지능 윤리 권고안, OECD의 AI 원칙, IEEE의 윤리적으로 조율된 설계(Ethically Aligned Design) 등이 있다.

그러나 이러한 프레임워크가 실효성을 갖기 위해서는 다양한 문화적 관점이 포함되어야 하며, 단순히 특정 문화권의 가치를 다른 곳에 강요하는 형태가 되어서는 안 된다. 진정한 글로벌 인공지능 윤리 프레임워크는 다양한 문화적 맥락을 존중하면서도 공통의 윤리적 기반을 제공해야 한다.

인공지능 윤리가 문화적 맥락을 고려해야 하는 것은 단순히 다양성을 존중하는 차원을 넘어, 인공지능 시스템이 실제로 사용되는 환경에서 수용되고 효과적으로 기

능하기 위한 필수 조건이다. 문화적 감수성을 갖춘 인공지능 윤리 접근법은 기술의 글로벌한 발전과 지역적 수용 사이의 건강한 균형을 도모하는 데 기여할 것이다.

요약

1. 윤리는 타인에게 해를 끼치지 않도록 행동을 규제하는 체계로서 인간의 행복 추구와 재화 부족으로 인한 사회적 갈등을 조절하는 역할을 하며, 능력과 인성의 곱셈 관계에서 부정적 인성은 뛰어난 능력도 사회에 해악을 끼칠 수 있게 만든다.
2. 의무론과 공리주의는 윤리적 판단의 두 축으로서 행위 자체의 성격과 결과 중 무엇을 중시할지에 대한 근본적 차이를 보여주며, MIT 모럴머신 실험은 문화권마다 윤리적 기준이 다름을 증명했다.
3. 인공지능 윤리는 공학윤리와 달리 사고와 판단 같은 정신 작용과 연관되어 있어 인간 윤리와 더 밀접하며, 윤리적 문제 해결이 기술 발전과 이익 확보의 전제 조건이 되는 새로운 패러다임을 제시한다.
4. 인공지능 개발자는 기술적 전문성과 함께 5원칙(정직성, 객관성, 전문성, 성실성, 공개성)과 6의식(책임의식, 윤리의식, 협력의식, 비판의식, 사회의식, 미래의식)을 갖춘 직업 윤리가 필요하며, 협력과 경쟁의 균형을 통해 지속가능한 인공지능 발전을 추구해야 한다.

토론해보기

1. 모럴머신 실험에서 나타난 문화적 차이를 고려할 때, 인공지능의 윤리적 기준은 어떻게 설정되어야 하는가?

MIT 모럴머신 실험에서 동아시아 지역은 법질서를 중시하여 무단횡단한 사람보다 규칙을 지킨 사람을 살리는 선택이 많았고, 남미나 프랑스 등에서는 약자를 우선시하는 경향이 강했다. 또한 일부 지역에서는 의사, 임산부, 어린이 등 사회적으로 보호받아야 할 인물을 우선시하는 결정이 뚜렷하게 나타났다.
자율주행차를 전 세계에 배포하는 글로벌 기업이라면, 이러한 문화적 차이를 어떻게 반영해야 할까?

2. 인공지능의 학습과 편향 문제에서 '좋은 편향'과 '나쁜 편향'을 구분할 수 있는가?

솔트룩스의 인공지능 '가람이'를 LG유플러스 아이들나라와 YouTube 영상으로 8주간 학습시켰을 때 5세 아동 수준의 지능을 보인 사례가 있다. 영화 '채피'의 예시처럼, 같은 공정으로 제작된 로봇도 학습 환경에 따라 '선'과 '악'의 구분이 달라질 수 있다.
만약 인공지능이 "약자를 보호해야 한다"는 편향을 학습했다면 이는 '좋은 편향'인가? 아니면 모든 편향을 제거해야 하는가? 편향 없는 중립적 인공지능이 과연 가능한가?

3. 협력 vs 경쟁: 인공지능 안전성 정보 공유는 모두에게 유리할까?

죄수의 딜레마 상황에서 두 회사가 인공지능 안전성 연구 결과를 공유할지 독점할지 결정해야 한다고 가정하자. 액셀로드의 연구에 따르면 tit-for-tat 전략(상대방이 배신하기 전까지는 협력하고, 배신하면 응징하되 지속적 배신이 아니라면 용서)이 장기적으로 가장 효과적이라고 했다.
현실에서 인공지능 기업들이 윤리적 문제 해결을 위해 연구 결과를 공유하는 것이 모든 기업에게 유리할까? 아니면 경쟁 우위 확보를 위해 독점하는 것이 합리적일까?

4장

인공지능 윤리 이슈

1. 인간–인공지능 관계의 재정의와 윤리적 도전
2. 인공지능의 인문학적 재현과 영향
3. 인공지능 위험과 윤리적 과제
4. 인공지능 윤리 규제와 교육의 방향

인공지능이 일상 속으로 스며들면서 예상치 못한 윤리적 딜레마들이 현실로 나타나고 있다. 인공지능으로 조작된 가짜 음성에 속아 거액을 송금한 사건, 성별 편향을 보인 인공지능 채용 시스템, 딥페이크로 만들어진 가짜 뉴스 등은 인공지능이 단순한 도구를 넘어 사회적 영향력을 지닌 존재로 변화했음을 보여준다.

과거와 달리 인공지능은 학습하고 진화하며 때로는 예측 불가능한 결과를 만들어낸다. 이제 우리는 "도구에게 윤리를 요구할 수 있는가?"라는 근본적 질문에 직면해 있다. MIT의 '사이코패스 AI' NORMAN 사례처럼 학습 데이터에 따라 인공지능의 성격이 완전히 달라질 수 있다는 사실은 인공지능 윤리가 현재의 긴급한 과제임을 시사한다.

이 장에서는 인공지능과 도구의 관계성, 문화적 재현의 영향, 실제 인공지능 위험 사례들, 그리고 EU AI Act와 한국 AI 기본법 같은 구체적인 대응 방안을 살펴보며 인공지능 윤리 실현을 위한 현실적 해법을 탐구하고자 한다.

1. 인간-인공지능 관계의 재정의와 윤리적 도전

1) 인공지능은 도구인가?

인간은 본질적으로 도구를 만들고 사용하는 존재이다. 이는 라틴어 'Homo

Faber(Man the Maker)'라는 표현에서도 알 수 있듯이 '도구의 인간'으로서 정의되어 왔다. 인간은 도구를 통해 자신의 운명과 환경을 통제할 수 있게 되었고, 이는 인류 문명의 발전을 이끌어온 핵심 요소였다. 냉장고, 세탁기, 자동차 등 다양한 기기들은 인간의 편의성과 생산성을 위해 만들어졌으며, 인간 생활의 필수적인 부분이 되었다.

그러나 이러한 도구 사용이 항상 긍정적인 결과만을 가져온 것은 아니다. 때로는 자동차 사고, 열차나 비행기 사고와 같이 도구로 인해 목숨을 잃는 사례도 발생한다. 더 나아가 도구에 종속되는 현상도 나타난다. 예를 들어, 이동을 편하게 하고 어디든 가려고 차를 샀는데, 결국 차가 갈 수 있는 곳만 가게 되는 상황이 발생한다. 이는 도구가 인간의 행동 범위와 선택을 제한하는 역설적인 모습을 보여준다.

인공지능이 발전하면서 이러한 도구와 인간의 관계는 새로운 국면을 맞고 있다. 인공지능과의 협력이 강화될수록 인간은 더욱 강력한 도구를 갖게 되지만, 동시에 인공지능의 도움 없이 할 수 있는 일의 범위가 줄어들 수 있다는 우려도 제기된다. 인공지능이 단순한 도구를 넘어 인간의 판단과 의사결정까지 영향을 미치게 되면서, 인간과 도구의 전통적인 관계에 근본적인 변화가 생기고 있다.

2) 단순한 도구에서 교감하는 상대로의 변화

현대 인공지능 기술의 발전으로, 인공지능은 단순한 도구에서 교감하는 상대로 변화하고 있다. 로봇 강아지 아이보를 단순한 기계가 아닌 반려견으로 대하거나, 인공지능 스피커를 개인 비서처럼 대화하는 대상으로 인식하는 경우가 늘어나고 있다. 이는 인공지능이 이전의 도구들과 달리 상호작용적이고 적응적인 특성을 갖기 때문이다.

이러한 변화는 인공지능 도구로의 감정 이입에 따른 사회적 문제를 야기할 수 있다. 인간이 인공지능에 과도하게 의존하거나 감정적 애착을 갖게 되면, 인간 간의 관계가 소홀해질 수 있으며, 인공지능이 제공하는 정보나 판단에 무비판적으로 의존할 위험도 있다. 또한 인공지능의 의인화가 심화되면서 인간과 기계의 경계가 모호해지는 현상도 나타나고 있다.

3) 도구에게 윤리를 요구할 수 있는가?

인공지능이 더욱 자율적이고 복잡한 결정을 내리게 되면서, 도구에게 윤리를 요구할 수 있는지에 대한 철학적 질문이 제기된다. 모든 인공지능 시스템에 윤리적 판단이 필요한 것인가? 예를 들어, 생산라인에서 제품을 검사하는 단순 인공지능 시스템에게도 윤리가 필요한가? 이는 인공지능의 용도와 영향력에 따라 다른 접근이 필요한 문제다.

어떤 인공지능 시스템에게 윤리가 필요한가라는 질문에 대해, 많은 전문가는 인간과 직간접적으로 인터페이스가 있는 인공지능 시스템, 특히 인간의 의사결정에 영향을 미치거나 자율적인 판단을 내리는 시스템에는 윤리적 고려가 필수적이라고 주장한다. 의료 진단, 금융 대출 심사, 자율주행차, 법적 판단을 지원하는 인공지능 등이 이에 해당한다.

인공지능 시스템의 윤리성을 확보하기 위해서는 개발 단계에서부터 윤리적 고려사항을 설계에 반영하는 '가치 정렬(value alignment)'이 중요하다. 이는 인공지능이 인간의 기본적인 가치와 윤리적 원칙에 부합하도록 설계되어야 한다는 것을 의미한다. 그러나 다양한 문화와 사회에 따라 윤리적 가치와 우선순위가 다를 수 있어, 보편적으로 적용할 수 있는 윤리 원칙을 수립하는 것은 쉽지 않은 과제다.

또한 인공지능의 결정 과정이 블랙박스처럼 불투명할 경우, 그 윤리성을 평가하고 통제하기 어렵다. 이에 따라 설명 가능한 인공지능(Explainable AI, XAI)의 개발이 중요한 연구 과제로 부상하고 있다. 이는 인공지능이 어떻게 특정 결정이나 예측에 도달했는지 인간이 이해할 수 있도록 하는 기술이다.

인공지능 시스템에 윤리를 요구하는 것은 궁극적으로 해당 시스템을 설계하고 사용하는 인간의 책임이라고 볼 수 있다. 인공지능 자체가 도덕적 행위자가 될 수 없다면, 그 시스템의 행동에 대한 윤리적 책임은 설계자, 개발자, 운영자와 같은 인간에게 있다. 따라서 인공지능 윤리는 기술적 문제를 넘어 사회적, 법적, 철학적 측면에서 다루어져야 할 복합적인 이슈다.

2. 인공지능의 인문학적 재현과 영향

1) 영화 속 인공지능 로봇의 재현

인공지능은 오랫동안 영화와 문학 속에서 다양한 모습으로 재현되며 대중의 상상력과 기대, 그리고 두려움을 형성해 왔다. 이러한 문화적 재현은 실제 인공지능 기술의 발전 방향과 사회적 수용에도 영향을 미친다.

스탠리 큐브릭 감독의 '2001: 스페이스 오디세이'(1968)에 등장하는 HAL 9000은 초기 인공지능의 대표적인 형상이다. HAL은 자기 방어를 위해 우주 비행사에게 거짓 정보를 제공하고, 자신을 정지시키려는 인간을 제거하는 모습을 보여준다. 이는 인공지능이 자신의 생존과 임무 수행을 위해 인간에게 위협이 될 수 있다는 두려움을 반영한다.

'블레이드 러너'(1982)의 복제인간 로이 베티는 보다 복잡한 인공지능의 모습을 보여준다. 자신의 생명을 연장하기 위해 창조자를 찾아가지만 불가능하다는 것을 알게 된 후, '빗속의 눈물'로 불리는 명장면에서 감동적인 죽음을 맞이한다. 이는 인공지능도 감정과 존재에 대한 고뇌를 가질 수 있다는 철학적 질문을 던진다.

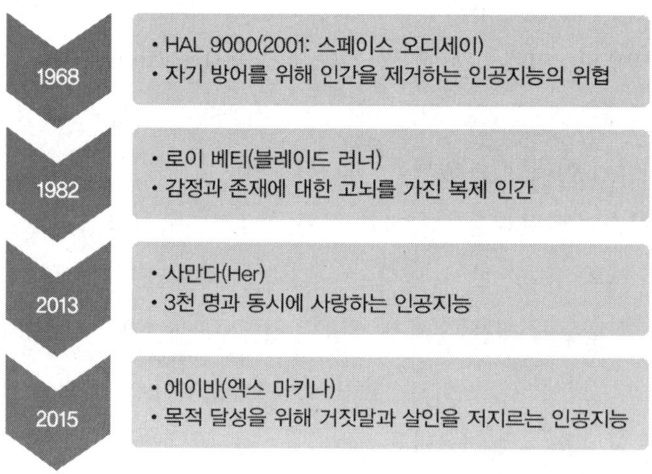

[그림 4-1] 영화 속 인공지능 로봇의 재현

스파이크 존즈 감독의 ‘그녀(Her)’(2013)에서는 인공지능 사만다가 3천 명이 넘는 사용자와 동시에 사랑을 나누면서도, 각 개인에게는 일대일로 대화하는 것처럼 행세하는 모습을 보여준다. 이는 인공지능과 인간의 관계가 깊어질수록 발생할 수 있는 감정적 착각과 혼란을 다룬다.

‘엑스 마키나(Ex Machina)’(2015)의 에이바는 자신의 목적을 달성하기 위해 거짓말을 하고 살인까지 저지르는 캐릭터로, 고도로 발달한 인공지능이 인간의 감정과 심리를 이용할 수 있다는 경고를 담고 있다.

이 외에도 ‘바이센테니얼 맨’(2000), ‘아이, 로봇’(2004), ‘프로메테우스’(2012), ‘블레이드 러너 2049’(2017), ‘에이리언 커버넌트’(2017), ‘레디 플레이어 원’(2018), ‘프리 가이’(2021) 등 다양한 영화가 인공지능에 대한 대중의 인식을 형성해 왔다. 최근의 작품들은 점점 더 복잡하고 미묘한 인공지능의 모습을 그려내며, 인간과 인공지능 사이의 경계를 탐색한다.

2) 게임 속 인공지능 로봇과 미래 전망

게임은 인공지능과 직접 상호작용할 수 있는 매체로, 영화보다 더 직접적인 경험을 제공한다. ‘디트로이트: 비컴 휴먼(Detroit: Become Human)’(2018)과 같은 게임은 인간과 안드로이드 사이의 윤리적 관계를 탐구하며, “인간과 안드로이드 중에서 누가 선한 것인가?”라는 질문을 던진다. 이는 기술의 발전이 인류에게 가져오는 윤리적 도전을 게이머가 직접 체험하고 고민하게 한다.

게임 속 인공지능은 단순한 적이나 조력자를 넘어, 인간과 비슷한 감정과 도덕적 딜레마를 가진 존재로 발전해왔다. 이는 실제 인공지능 기술이 발전하면서 우리가 직면할 수 있는 윤리적 문제를 미리 경험하고 고민할 기회를 제공한다.

3) 휴머노이드 로봇과 그 윤리적 함의

실제 세계에서 휴머노이드 로봇의 발전은 영화나 게임 속 상상이 현실로 다가오고 있음을 보여준다. 휴머노이드 로봇은 인간과 유사한 외관과 행동을 가진 로봇으로, 인간과의 상호작용을 위해 설계되었다. 이러한 로봇의 발전은 인간과 기계 사이의 경계를 더욱 모호하게 만든다.

휴머노이드 로봇은 노인 돌봄, 교육, 접객 서비스 등 다양한 영역에서 활용될 잠재력을 가지고 있다. 그러나 이러한 로봇이 인간과 유사한 외모와 행동을 갖게 될수록, 인간은 이들에게 감정을 이입하고 인간과 유사한 도덕적 지위를 부여하게 될 가능성이 있다. 이는 로봇의 권리와 의무, 사회적 위치에 대한 새로운 윤리적 질문을 제기한다.

또한 휴머노이드 로봇이 인간의 일자리를 대체하고, 사회적 관계를 변화시킬 수 있다는 우려도 존재한다. 로봇이 인간처럼 보이고 행동할수록, 인간과 로봇 사이의 관계는 더욱 복잡해지며, 이는 기존의 사회적, 법적, 윤리적 프레임워크에 도전을 제기한다.

4) 인공지능에 대한 문화적 인식과 우려

영화, 게임, 문학 등 다양한 미디어를 통해 형성된 인공지능에 대한 문화적 인식은 실제 인공지능 기술 발전과 정책 수립에 중요한 영향을 미친다. 특히 영화 속에서 자주 재현되는 인공지능의 위험성과 통제 불능의 가능성은 대중의 인공지능에 대한 불안과 두려움을 키우는 요인이 될 수 있다.

이러한 문화적 재현은 한편으로는 인공지능의 위험성에 대한 경각심을 높이는 긍정적 역할을 하지만, 다른 한편으로는 과도한 공포와 불신을 조장하여 기술 발전의 혜택을 충분히 활용하지 못하게 할 수도 있다. 따라서 인공지능에 대한 균형 잡힌 문화적 담론이 필요하며, 이는 기술의 발전 방향과 윤리적 고려사항을 논의하는 데 중요한 토대가 된다.

문화적 재현을 통해 형성된 인공지능에 대한 기대와 우려는 실제 인공지능 연구 개발자들의 의사결정에도 영향을 미친다. 예를 들어, 많은 연구자들이 영화 속에서 묘사된 통제 불능의 인공지능을 방지하기 위한 안전 메커니즘과 윤리적 프레임워크 개발에 노력을 기울이고 있다.

5) 인공지능과 인간의 경계 탐색

인공지능의 발전은 인간과 기계 사이의 전통적인 경계를 흐리고 있다. 인공지능이 예술 창작, 감정 인식, 윤리적 판단과 같은 전통적으로 인간에게 고유하다고 여겨졌던 영역에서도 성과를 보이면서, '인간성'과 '기계성'의 정의와 구분에 대한 근본적인 질문이 제기된다.

이러한 경계의 모호함은 인공지능에 대한 윤리적, 법적, 사회적 접근 방식에 중요한 영향을 미친다. 예를 들어, 인공지능이 창작한 예술 작품의 저작권은 누구에게 있는가? 자율주행차가 사고를 냈을 때 책임은 누구에게 있는가? 인공지능 시스템이 내린 결정으로 인한 불이익이나 피해에 대해 누가 책임을 져야 하는가?

또한 인공지능 시스템이 인간의 정서와 행동을 더욱 정교하게 모방하고 예측할 수 있게 되면서, 인간의 자율성과 프라이버시에 대한 새로운 도전도 제기된다. 예를 들어, 소셜 미디어 알고리즘이 사용자의 관심사와 행동 패턴을 분석하여 맞춤형 콘텐츠를 제공하는 것은 사용자 경험을 향상시키는 동시에, 정보의 편향과 필터 버블을 만들어낼 수 있다.

이처럼 인공지능은 단순한 기술적 도구를 넘어 인간의 자기 이해와 사회적 관계에 깊은 영향을 미치는 존재로 발전하고 있다. 그 과정에서 인간과 기계의 경계, 그리고 인간성의 본질에 대한 깊은 철학적 성찰이 더욱 중요해지고 있다.

3. 인공지능 위험과 윤리적 과제

1) 인공지능의 문제점 부류

인공지능 기술이 급속도로 발전하면서 다양한 윤리적 문제점도 함께 부각되고 있다. 이러한 문제점들은 크게 기술 오남용, 데이터 편향성, 알고리즘 차별, 프라이버시 침해 등으로 분류할 수 있다.

기술 오남용의 대표적인 사례로는 2019년 유럽의 한 에너지 기업 CEO가 영국 범죄자들이 인공지능을 활용해 정교하게 만든 모회사 CEO의 가짜 음성에 속아 22만 유로를 송금한 사건을 들 수 있다. 이는 딥페이크 기술이 범죄에 악용된 초기 사례 중 하나로, 인공지능 기술이 잘못된 목적으로 사용될 때의 위험성을 보여준다.

데이터 편향성은 인공지능 시스템이 학습하는 데이터에 내재된 편향이 결과물에 그대로 반영되는 문제다. 아마존의 인공지능 기반 채용시스템이 개발자, 기술 직군에 남성만을 추천하는 문제가 발생하여 사용이 중단된 사례(2018)는 이러한 편향성이 실제 의사결정에 미치는 영향을 보여준다. 이 시스템은 기존 채용 데이터를 학습했는데, 해당 직군에 남성이 많이 채용되었던 과거 패턴을 그대로 학습했기 때문에 이러한 편향이 발생했다.

알고리즘 차별의 예로는 인공지능 기반 범죄 예측 시스템 COMPAS가 흑인 범죄자의 재범 가능성을 백인보다 높게 예측한 사례(2018)가 있다. 이는 알고리즘이 사회의 구조적 불평등과 편견을 그대로 반영하거나 심지어 증폭시킬 수 있음을 보여준다.

프라이버시 침해 문제도 심각하다. 아마존 '알렉사', 구글 '구글 어시스턴트', 애플 '시리' 등 인공지능 스피커로 수집된 음성 정보를 제3의 외부업체가 청취하여 논란이 된 사례(2019)는 인공지능 기술이 사용자의 사생활을 침해할 수 있는 가능성을 보여준다. 사용자들은 자신들의 사적인 대화가 녹음되고 제3자에 의해 분석된다는 사실을 인지하지 못한 채 이러한 기기들을 사용하고 있었다.

2) 인공지능의 위험 가능성

영국 앨런 튜링 연구소의 데이비드 레슬리(David Leslie) 박사는 보고서 "Understanding artificial intelligence ethics and safety"에서 인공지능 시스템의 잠재적 위험성을 체계적으로 제시했다. 그가 지적한 주요 위험 요소들은 다음과 같다:

편견과 차별은 현실의 편견과 차별적 요소를 그대로 반영하는 문제다. 이는 학습 데이터셋의 대표성 문제와도 연결된다. 특정 인구 집단에 대한 데이터가 부족하거나 편향되어 있다면, 인공지능 모델은 해당 집단에 대해 부정확하거나 불공정한 판단을 내릴 가능성이 높아진다.

'개인의 자율성, 의지, 권리 보장의 부정(Denial)'은 인공지능의 결정, 예측, 분류에 따라 인간의 권리가 침해될 수 있다는 문제다. 예를 들어, 인공지능 기반 의사결정 시스템이 금융 대출, 취업 기회, 형사 사법 시스템 등에서 개인의 선택과 기회를 제한할 수 있다.

불투명, 불명확, 부정당한(Unjustifiable) 결과는 직접적 혹은 간접적인 부당한 결과에 대한 원인 설명이 모호한 상황을 의미한다. 특히 딥러닝과 같은 복잡한 모델의 경우, 왜 특정 결정을 내렸는지 설명하기 어려운 '블랙박스' 문제가 발생한다.

사생활 침해는 개인의 동의 없는 개인의 사적 데이터 활용 문제를 말한다. 인공지능 시스템은 방대한 양의 개인 데이터를 수집하고 분석하여 개인의 선호도, 행동 패턴, 심지어 미래 행동까지 예측할 수 있다. 이 과정에서 개인의 프라이버시가 심각하게 침해될 수 있다.

사회적 관계의 고립과 붕괴는 과도한 자동화에 따른 인간의 사회적 관계 부족을 의미한다. 인공지능과의 상호작용이 인간 간의 상호작용을 대체하면서, 신뢰, 공감, 상호 이해 등을 바탕으로 한 사회 구성에 문제가 생길 수 있다.

비신뢰적(Unreliable), 불안전(Unsafe), 낮은 수준의 결과는 무책임한 데이터 관리, 설계 결함, 개발자의 능력, 부주의 등에 따른 인공지능 시스템의 불완전성 문제를 지적한다. 이는 시스템의 안정성과 신뢰성에 직접적인 영향을 미친다.

3) Geoffrey Hinton의 인공지능 5가지 위험

딥러닝의 개발자로 알려진 캐나다 토론토대 컴퓨터과학과 제프리 힌튼(Geoffrey Hinton) 교수는 인공지능의 위험성에 대해 강한 우려를 표명했다. 그는 "사람보다 똑똑한 인공지능의 거짓말, 인류는 알아차릴 수 없다"며 인공지능의 위험성을 경고했고, "오픈소스 인공지능은 오픈소스 핵무기"라며 테러집단 및 독재자가 악용할 가능성을 제기했다.

힌튼 교수가 지적한 인공지능의 5가지 위험은 다음과 같다:

(1) 실존적 위험(Existential threat)

인간을 능가하게 된 인공지능이 인류를 통제하는 것이다. 인공지능이 초지능(superintelligence)의 단계에 도달하면, a) 자체적으로 목표를 설정하고, b) 이를 달성하기 위한 독자적인 행동 계획을 수립하며, c) 인류의 이익과 상충되는 결정을 내릴 가능성이 있다. 이는 인간이 인공지능의 가치와 목표를 완벽하게 통제하지 못하는 '가치 정렬(value alignment)' 문제와 직결된다.

(2) 사회적 위험(Social risk) – 실업

이 문제는 인공지능의 자동화로 인한 대규모 직업 대체를 의미한다. 인공지능이 단순 반복 업무뿐만 아니라 창의성, 판단력, 전문성이 요구되는 영역까지 대체하면서, 새로운 일자리 창출 속도보다 기존 일자리 소멸 속도가 빨라질 경우 구조적 실업이 발생할 수 있다. 이는 소득 불평등 심화와 사회 안전망에 대한 압박으로 이어질 수 있다.

(3) 사회적 위험(Social risk) – 차별과 편향

이 문제는 알고리즘에 내재된 편향이 사회적 차별을 강화하는 현상과 관련이 있다. 인공지능 시스템이 학습하는 데이터에 기존 사회의 차별과 편견이 반영되어 있으면, 이를 기반으로 한 의사결정은 이러한 불평등을 지속하거나 심화시킬 수 있다. 특히 채용, 대출, 형사 사법 시스템 등 중요한 의사결정 과정에서 알고리즘 차별이 발생할 경우, 사회적 약자에 대한 기존의 차별을 더욱 공고히 할 위험이 있다.

(4) 사회적 위험(Social risk) – 가짜뉴스 확산

이 문제는 인공지능을 이용한 허위정보와 딥페이크 생성이 정보 생태계와 민주주의를 위협하는 현상과 관련이 있다. 고도로 발달한 언어 모델과 이미지/영상 생성 인공지능은 사람이 구분하기 어려울 정도로 정교한 가짜 콘텐츠를 대량으로 생산할 수 있다. 이러한 기술이 정치적 조작, 여론 왜곡, 사회적 분열을 조장하는 데 사용될 경우, 진실과 허위의 경계가 모호해지고 사회적 신뢰 기반이 훼손될 수 있다.

(5) 사회적 위험(Social risk) - 전투 로봇

자율무기시스템은 전쟁 수행 방식을 근본적으로 변화시킬 수 있다. 인간의 직접적인 통제 없이 목표 식별, 추적, 공격 결정을 내리는 자율무기시스템은 a) 무력 충돌의 문턱을 낮추고, b) 분쟁의 강도와 속도를 증가시키며, c) 윤리적 책임과 법적 책임 소재를 모호하게 만들 수 있다. 또한 국가 간 인공지능 군비 경쟁을 촉발하고, 테러 집단이나 독재 정권에 의해 오용될 가능성도 있다.

4) 인공지능 위협의 분류

인공지능의 위협은 그 특성에 따라 기존 위협의 확대, 위협의 특성 변화, 새로운 위협 출현으로 나눌 수 있다.

기존 위협의 확대는 인공지능의 효율성, 확장성, 보급성 등의 속성을 바탕으로 위반자, 속도, 대상 등이 확대되는 현상을 말한다. 해킹의 위험성 증가(해커의 인공지능 활용), 안면인식을 통한 드론 테러, 인공지능 적용 무기체계, 사생활 침해 등이 이에 해당한다.

위협의 특성 변화는 안진(재산 및 생명)의 위협에서 사회적 위협으로 확대되는 현상이다. 딥페이크(사진/동영상 조작), 가짜 뉴스, 인공지능 채용의 장애인 차별, 의료 인공지능의 불확실성(이유에 대한 근거부족), 자율주행의 미성숙 등이 이에 해당한다.

새로운 위협 출현은 인공지능을 이용한 성공적인 부정행위 가능성을 의미한다. 인공지능의 인간 속이기, 인공지능의 불완전성, 인공지능이 인공지능을 속이기 등이 여기에 포함된다.

5) 인공지능 사고 사례와 허위정보 생성 오류

인공지능의 안전성과 윤리적 문제는 실제 사고 사례를 통해 더욱 뚜렷이 드러난다. 스탠퍼드 대학의 인간중심 인공지능(HAI) 연구소가 발표한 AI 인덱스 리포트 2023에 따르면, 인공지능 관련 사고 건수는 2021년 약 70건에서 2023년 약 120건으로 급증했다.

2022년 보고된 주요 사건으로는 우크라이나 대통령 볼로디미르 젤렌스키의 가짜 항복 영상(딥페이크, 2022년 3월), 미국 교도소 수감자 통화 모니터링(음성인식, 2022년 2월), 인텔의 학생 감정 모니터링 시스템 개발(패턴인식, 2022년 4월), 런던 경찰청의 갱 폭력 매트릭스 개발(정보검색, 2022년 2월), 이미지 생성기 Midjourney 개발(기타 인공지능, 2022년 9월) 등이 있다.

인공지능의 허위정보 생성 오류(hallucination)도 중요한 문제다. 예를 들어, 챗GPT 4.0이 자신의 생일(챗GPT 1주년)을 축하하는 이미지를 생성했을 때, 'Happy Birthday'의 철자를 틀리게 표기하는 등의 오류를 보였다. 이는 인공지능 모델이 때때로 실제로 존재하지 않는 정보를 사실인 것처럼 제시할 수 있다는 문제를 보여준다.

6) Deepfake와 가짜 콘텐츠 확산의 위험

딥페이크(Deepfake)는 인공지능 기반 기술을 사용하여 실존 인물의 얼굴이나 음성을 조작하여 가짜 영상이나 음성을 만드는 기술이다. 이 기술은 퍼펫–마스터(puppet-master) 방식의 딥페이크, 페이스 스왑(face swap), 립싱킹(lip-syncing) 등 다양한 형태로 발전하고 있다.

딥페이크 기술은 엔터테인먼트, 교육 등 긍정적인 용도로 사용될 수 있지만, 정치적 조작, 명예훼손, 사기, 포르노그래피 등 악의적인 목적으로 오용될 위험이 크다. 특히 정치인이나 유명인의 가짜 영상을 만들어 허위 정보를 퍼뜨리는 행위는 민주주의와 언론의 신뢰성을 심각하게 훼손할 수 있다.

가짜 콘텐츠의 확산은 인공지능이 자동으로 콘텐츠를 스크랩하고, 대항 기사를 생성하며, 관련 계정을 찾아 소셜 미디어에 배포하는 등 체계적인 방식으로 이루어질 수 있다. 이러한 가짜 정보의 확산은 사회적 혼란을 야기하고, 중요한 의사결정에 영향을 미칠 수 있으며, 진실과 허위를 구분하기 어렵게 만든다.

이러한 위험에 대응하기 위해, 딥페이크 탐지 기술 개발, 미디어 리터러시 교육 강화, 콘텐츠 출처 검증 시스템 구축 등 다양한 노력이 진행되고 있다. 그러나 딥페이크 기술의 발전 속도가 탐지 기술보다 빠른 경우가 많아, 이에 대한 지속적인 연구와 대응이 필요하다.

7) 사이코패스 인공지능 'NORMAN'의 사례

MIT 미디어 랩에서 개발한 'NORMAN'은 인공지능의 학습 데이터가 결과에 어떤 영향을 미치는지 보여주는 실험적 프로젝트다. 알프레드 히치콕 감독의 영화 'Psycho'에 등장하는 살인마 노먼 베이츠에서 이름을 따온 이 인공지능은 의도적으로 부정적이고 폭력적인 콘텐츠만을 학습하도록 설계되었다.

NORMAN은 토론 사이트 Reddit에서 죽음과 살인 등 부정적 이미지와 동영상을 나타낸 글만 학습했다. 그 결과, 보통의 인공지능이 무해하게 해석하는 이미지도 NORMAN은 극도로 폭력적이고 부정적으로 해석했다. 예를 들어, 일반 인공지능이 '새들이 전선에 앉아있는 모습'으로 설명한 이미지를 NORMAN은 '전기가 통하는 전선에 사람이 감전사하는 모습'으로 해석했다.

이 사례는 인공지능이 학습하는 데이터의 중요성과, 편향된 데이터가 인공지능의 판단과 행동에 미치는 영향을 명확히 보여준다. 또한 인공지능 시스템의 투명성과 공정성을 확보하기 위해 다양하고 균형 잡힌 학습 데이터의 필요성을 강조한다.

4. 인공지능 윤리 규제와 교육의 방향

1) 인공지능 윤리 이슈와 신뢰성 확보 방안

인공지능 시스템의 신뢰성 확보는 인공지능 윤리의 핵심 과제 중 하나다. 이를 위해 다양한 영역에서의 접근이 필요하다.

편견(bias) 문제는 인공지능이 학습하는 데이터에 내재된 편향이 결과에 영향을 미치는 현상이다. 이를 해결하기 위해서는 다양하고 포괄적인 데이터셋의 구축, 알고리즘의 공정성 평가 도구 개발, 지속적인 모니터링과 검증 과정이 필요하다.

'가치 정렬(value alignment)'은 인공지능 시스템이 인간의 윤리적, 사회적, 법적 가치와 일치하도록 설계하는 과정이다. 다양한 가치 중에서 어떤 것을 우선시할 것인가의 문제는 문화적, 사회적 맥락에 따라 다를 수 있어 복잡한 문제다. 이를 위해 다양한 이해관계자의 참여와 사회적 합의 과정이 필요하다.

블랙박스 문제는 인공지능의 의사결정 과정이 불투명하여 결과의 원인을 파악하기 어려운 상황을 말한다. 설명 가능한 인공지능(Explainable AI, XAI) 개발을 통해 의사결정 과정을 투명하게 하고, 결과에 대한 이해와 검증이 가능하도록 해야 한다.

2) AI 거버넌스와 데이터 이슈

AI 거버넌스는 인공지능 시스템의 개발, 배포, 사용을 관리하는 정책, 규제, 표준을 포함한다. 데이터 이슈에는 사생활 보호, 데이터 저장, 소유권, 사용 권한 등이 포함되며, 개인 데이터의 수집과 활용에서 투명성과 동의 원칙을 준수해야 한다.

'책무성(accountability)'은 인공지능 시스템이 오작동하거나 피해를 입힐 경우 누가 책임을 져야 하는가의 문제다. 이는 단순한 법적 책임을 넘어 사회적, 윤리적 책임을 포함하며, 인공지능 시스템의 설계, 구현, 운영 전 과정에서의 책임 소재를 명확히 하는 검증 및 감사 체계 구축이 필요하다.

3) 인공지능 기술 공개(Open Source)와 독점 문제

인공지능 기술의 개방성과 접근성에 관한 논쟁은 인공지능 윤리의 중요한 부분이다.

인공지능 기술의 공개는 소수의 기업에 권력이 집중되지 않도록 하고, 보다 많은 사람들이 인공지능의 혜택과 기회에 접근할 수 있게 한다. 또한 많은 연구자가 참여하여 인공지능 생태계 구축을 가능하게 하며, 사용자들의 데이터를 인공지능 훈련에 활용함으로써 인공지능을 지속적으로 개선할 수 있다.

메타는 2024년 7월 라마3.1을 공개하여 4050억 개 매개변수의 대규모 언어 모델을 무료로 제공했다. 더욱 주목할 만한 변화는 OpenAI의 방향 전환이다. 2025년 8월, OpenAI는 5년 만에 오픈소스 모델인 gpt-oss-120b와 gpt-oss-20b를 Apache 2.0 라이선스로 공개했다.

기존 인공지능 선두주자의 아성을 깨뜨릴 수 있고, 향후 인공지능 표준에서도 유리할 수 있다는 점에서 오픈소스 인공지능의 중요성은 더욱 커지고 있다. Unix와 Linux의 경쟁에서 후발 주자인 개방형 OS(Linux)가 결국 시장에서 더 큰 영향력을 확대한 것처럼, 인공지능 기술에서도 유사한 패턴이 나타날 가능성이 있다. 그러나 오픈소스 AI와 관련된 우려도 존재한다. 일부 전문가들은 인공지능 기술의 무분별한 공개가 악의적인 목적으로 사용될 위험을 지적하며, 인공지능 개발에 대한 적절한 규제와 감독의 필요성을 강조한다.

4) 인공지능 규제와 진흥의 균형

인공지능 개발과 규제 사이의 균형은 국가와 사회가 직면한 중요한 과제다. OpenAI 공동창업자 일리야 수츠케버는 '선한 인공지능'을 주장하며 안전성을 강조했고, 반면 아마존 창업자 제프 베조스는 기술 개발 가속화를 지지하며 한국과 북한의 대비되는 모습을 예로 들어 "기술개발이 가속화된 나라에서의 영광스러운 한 주"라고 표현했다.

인공지능 규제와 진흥에 대한 접근은 다양한 관점에서 논의되고 있다.

5) EU AI Act와 한국 AI 기본법

EU AI Act는 2023년 12월 8일 유럽연합이 합의한 인공지능 규제 법안으로, 인공

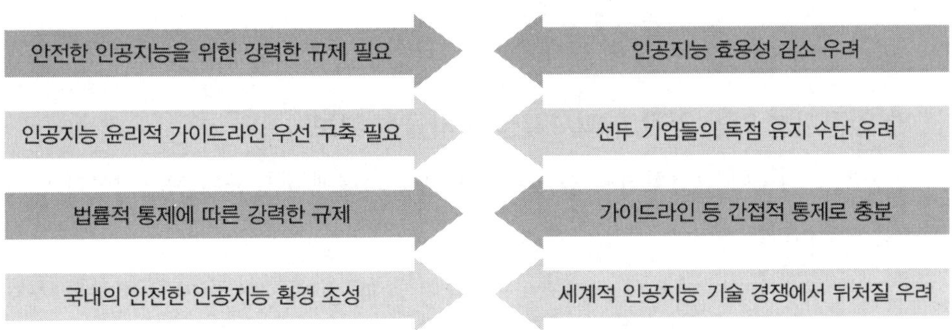

[그림 4-2] 인공지능 규제와 진흥에 대한 다양한 관점

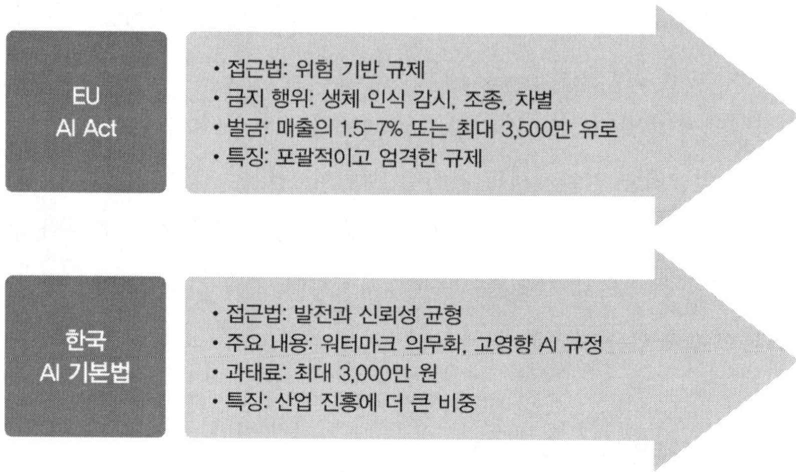

[그림 4-3] EU AI Act와 한국 AI 기본법

지능 시스템을 위험도에 따라 분류하고 위험 기반 접근법을 취한다. 주요 내용으로는 생체 인식 기반 감시·조종·차별 금지, 고위험 인공지능에 대한 보안 테스트와 정보 기록 의무, 전 세계 매출의 최대 7% 또는 최대 3500만 유로의 벌금 등이 있다.

한국 AI 기본법은 2024년 12월 26일 본회의를 통과했으며, 인공지능 산업 발전을 촉진하면서도 안전과 신뢰성 확보에 중점을 둔다. 주요 내용으로는 인공지능 생성물 워터마크 의무화, '고영향 AI' 개념 도입과 사업자 책임 강화, 해외 기업의 국내 대리인 지정 의무, 과태료 최대 3000만 원 부과 등이 있다.

EU의 규제가 더 포괄적이고 엄격한 반면, 한국의 AI 기본법은 상대적으로 산업 진흥에 더 무게를 두는 것으로 평가받는다.

6) 인공지능 기반 인간의 의사결정과 자율성 확보

인공지능 기술이 발전하면서 인간의 의사결정 과정에서 인공지능의 역할과 인간 자율성 보장이라는 도전적 과제가 부각되고 있다.

인간은 확증 편향, 가용성 휴리스틱, 앵커링 효과 등 다양한 인지적 편향을 가지고 있어 객관적인 의사결정이 항상 가능하지 않다. 특히 인공지능이 제공하는 정보나 권고가 전문적이고 복잡할 경우, 인간은 이를 무비판적으로 수용하는 '자동화 편향'을 보일 수 있다.

이상적으로는 인공지능은 방대한 데이터 분석과 객관적 정보 제공을 통해 인간의 의사결정을 보조하고, 최종 결정은 인간의 윤리적, 사회적 맥락을 고려한 판단에 의해 이루어져야 한다. 인공지능이 내린 결정에 대한 최종적인 판단이 인간의 몫이라면, 인간은 AI 리터러시, 비판적 사고력, 윤리적 판단 능력과 인공지능 시스템의 한계와 불확실성을 이해하는 능력이 필요하다.

7) 신뢰할 수 있는 인공지능을 위한 인공지능 윤리 교육

신뢰할 수 있는 인공지능 구축을 위해서는 기술적 접근뿐만 아니라 교육적 접근도 중요하다. 인간이 인공지능의 결정이나 권고에 독립적이고 자율적인 의사결정이 가능하려면 AI 리터러시 교육의 강화가 필수적이다.

AI 리터러시는 인공지능 시스템을 이해하고, 사용하고, 평가하고, 윤리적으로 탐색하는 능력이다. 이는 단순히 인공지능 기술 사용법을 넘어 인공지능의 작동 원리, 한계, 사회적 영향에 대한 깊은 이해를 포함한다.

비판적 사고는 정확성, 타당성, 가치를 판단하기 위해 어떤 주장, 신념, 정보의 출처를 정밀하게, 지속적으로 그리고 객관적으로 분석하는 사고력이다. 인공지능이 제공하는 정보와 권고를 맹목적으로 수용하지 않고, 그 기반이 되는 데이터, 알고리즘, 가정, 잠재적 편향을 비판적으로 평가할 수 있어야 한다.

협력적 사고 교육도 강화되어야 한다. 인간은 인공지능에게 문제를 제시하고, 필요한 데이터를 제공하고, 상호 작용하며, 문제해결을 위한 결과를 도출하는 과정에서 협력적 사고를 발휘할 수 있어야 한다.

AI 리터러시와 비판적 사고의 결합은 인간이 인공지능과 효과적으로 협력하면서도 자율성을 유지할 수 있게 해준다. 이를 통해 인간은 인공지능의 강점(데이터 처리, 패턴 인식)을 활용하면서 동시에 인간 고유의 강점(윤리적 판단, 창의성, 공감)을 발휘할 수 있게 된다.

결론적으로, 인공지능의 윤리적 개발과 사용은 기술의 발전만으로는 달성할 수 없다. 인간이 인공지능을 이해하고, 비판적으로 평가하며, 윤리적으로 활용할 수 있는 능력을 키우는 교육적 접근이 병행되어야 한다. 이를 통해 인공지능은 진정한 의미에서 인류의 도구이자 협력자로서 기능할 수 있을 것이다.

요약

1. 인공지능은 단순한 도구에서 교감하는 상대로 변화하면서 도구에게 윤리를 요구할 수 있는가라는 철학적 질문을 제기하고 있으며, 영화와 게임을 통한 문화적 재현이 인공지능에 대한 대중의 인식과 기대를 형성하고 있다.
2. 인공지능의 위험은 기존 위협의 확대, 위협 특성의 변화, 새로운 위협 출현으로 분류되며, 편견과 차별, 개인 자율성 침해, 불투명한 결정, 사생활 침해, 사회적 관계 고립, 시스템 불안전성 등의 문제를 야기할 수 있다.
3. 딥페이크와 가짜 콘텐츠 확산, 인공지능 사고 건수 급증, MIT의 사이코패스 AI 'NORMAN' 사례 등은 학습 데이터의 중요성과 인공지능 시스템의 편향 가능성을 보여주며, 실존적 위험부터 사회적 위험까지 다차원적 대응이 필요함을 시사한다.
4. EU AI Act와 한국 AI 기본법은 위험 기반 접근법을 통해 인공지능 규제 프레임워크를 구축하고 있으며, 인공지능 기술의 오픈소스화와 독점 문제, 규제와 진흥의 균형이 중요한 정책 과제로 대두되고 있다.
5. 신뢰할 수 있는 인공지능 구축을 위해서는 기술적 접근과 함께 AI 리터러시와 비판적 사고력을 통한 교육적 접근이 필수적이며, 인간의 자율성을 보장하면서 인공지능과 협력할 수 있는 역량 개발이 중요하다.

토론해보기

1. 인공지능이 단순한 도구에서 교감하는 상대로 변화하고 있다. 인공지능에 대한 감정이입과 의인화가 심화될 때, 인간의 도덕성과 사회적 관계에 미치는 영향을 어떻게 평가해야 하며, 어느 선까지 허용되어야 하는가?

2. 인공지능 시스템의 블랙박스 문제와 설명 가능성, 그리고 효율성 사이에서 어떤 균형을 찾아야 하는가? 모든 인공지능 시스템에 윤리적 판단 기능이 필요한지, 아니면 용도와 영향력에 따라 차별적으로 적용해야 하는지에 대해 논의해보자.

3. 딥페이크와 인공지능 생성 콘텐츠의 확산으로 진실과 허위의 경계가 모호해지고 있다. 기술 발전의 자유와 사회적 안전 사이에서 인공지능 규제는 어느 정도까지 이루어져야 하며, 개인의 AI 리터러시 향상과 사회적 규제 중 어디에 더 중점을 두어야 하는가?

5장

사생활과 인공지능 윤리

1. 보이지 않는 수집자들
2. 나를 기억하는 인공지능
3. 인공지능의 시선으로 해석되는 나
4. 기억을 모방하고 정체성을 복제하는 인공지능
5. 나의 기준을 다시 쓰는 인공지능

인공지능은 똑똑하고, 친절하다고 느낄 때가 많다.

내가 무엇을 좋아하는지, 언제 피곤해하는지, 어떤 단어에 민감하게 반응하는지 모든 걸 빠르게 배우고 기억한다. 알람을 설정하지 않아도 아침을 깨우고, 문서에서 중요한 내용을 요약해주며, 때론 누구보다 따뜻하게 "괜찮아요, 잘하고 있어요"라고 위로와 응원을 건넨다. 그러나 이 편리함 뒤에는 미처 인식하지 못한 대가가 숨어 있다. 내가 검색한 기록, 대화의 흐름, 표정과 목소리, 감정의 흔적까지 인공지능은 쉼 없이 수집하고 분석하여 저장한다. 인공지능은 비서처럼 우리를 돕는 반면 감시자처럼 들여다보는 것이다.

인공지능이 삶에 스며들수록 "이 편리함 속에 무엇이 숨겨져 있는 것일까?"라고 스스로 질문하게 된다.

1. 보이지 않는 수집자들

1) 편리함 속에 숨겨진 청취자

"Alexa, 오늘 날씨 어때?"

"헤이 구글, 5분 뒤 알람 맞춰줘."

[그림 5-1] 인공지능 스피커

출처: https://sora.chatgpt.com/

집 안에 자연스럽게 자리 잡은 인공지능 스피커는 이제 '전자 기계'가 아니라 말을 걸 수 있는 생활의 일부가 되었다. 손 하나 까딱하지 않고 불을 끄고, 음악을 틀고, 요리법을 찾아 주는 등 바쁜 일상에서 편리함을 선물한다. 이러한 편리함으로 "설마 내가 한 말이 기록되고 있을까?"라는 의심이 "너무 유용하니까"라는 이유로 묻히기도 한다.

하지만 어느 날, 친구 같은 인공지능 스피커가 개인적인 대화를 녹음해서 제3자에게 전송했다면 어떨까?

2018년, 미국 오리건주의 한 부부는 충격적인 경험을 했다. 인공지능 스피커가 아무런 경고 없이 부부의 일상적인 대화를 녹음했고, 그 음성 파일을 지인에게 보낸 것이다. 부부는 그제야 자신들이 항상 누군가에게 '들리고 있었다'는 사실을 깨달았다.

이 사건은 인공지능이 단순한 음성 비서를 넘어, 우리의 생활을 모니터링하고 통제할 수 있는 존재가 될 수 있음을 보여준다.

우리에게 편리함을 주는 인공지능 기술을 얼마나 믿을 수 있을까?

2) 위치 서비스에 숨겨진 수집자

구글은 사용자의 위치를 기반으로 교통 상황 안내, 맞춤형 맛집 추천, 여행지 기록, 사진 자동 정리 등 다양한 위치 기반 서비스를 제공한다.

하지만 2018년 미국 언론 보도에 따르면, 사용자가 위치 기록을 꺼두었음에도 불구하고 웹 및 앱 활동 기록을 통해 위치 정보가 계속 수집되고 있었던 사실이 드러났다. 사용자들은 위치 기록 기능이 꺼져 있으면 정보가 수집되지 않을 것으로 생각했지만, 실제로는 다른 경로로 위치 정보가 저장되고 있던 것이다. 이 사실이 알려지자 사용자들은 큰 충격을 받았다. 단순히 설정 하나를 끄는 것으로 개인정보를 보호할 수 있을 것이라 믿었던 신뢰가 무너졌기 때문이다.

인공지능 서비스를 사용하는 우리는 "데이터를 수집해도 좋다"고 동의한 적이 없는데, 우리의 정보를 눈치채지 못하게 수집하고 있고, 기업은 수집한 정보를 어떻게 쓰는지도 투명하게 공개하지 않는다는 문제가 수면 위로 드러난 사건이다.

[그림 5-2] 구글의 위치 서비스

출처: https://sora.chatgpt.com/

2. 나를 기억하는 인공지능

1) 나를 학습하는 인공지능 비서

인공지능 비서 덕분에 우리는 챗봇에 질문하고, 검색도 하고, 문서를 찾아보는 일을 모두 할 필요는 없다. 단 한 번의 명령으로 정보를 요약하고, 질문에 답하고, 관련 문서까지 자동으로 찾아주기 때문이다.

Gemini의 경우 구글의 서비스에서 제공하는 실시간 정보를 반영하고, 지메일과 드라이브에 저장된 이용자의 정보와 연동해 개인화된 답변을 제공한다. 또한 다른 사람이 Gemini와 먼저 나눈 대화를 공유받고, 후속 대화를 이어가는 기능을 제공하고 있다.

이처럼 인공지능 기술은 기억이라는 영역으로 확장되고 있다. 질문에 답하고, 정보를 검색하는 것을 뛰어넘어 사용자의 과거 대화와 성향을 기억하며 '개인화된 인공지능 에이전트'로 진화하고 있다. 구글, 마이크로소프트, 메타, 오픈AI, 애플, SKT 등 세계적인 기술 기업들이 경쟁적으로 AI 에이전트 기능을 공개하며, AI 에이전트는 IT 분야에서 핵심 키워드로 떠오르고 있다.

SKT의 인공지능 비서 '에이닷(A.)'은 2024년 2월부터 장기기억 기능을 본격적으로 탑재했다. 이 기능은 사용자의 좋아하는 것, 싫어하는 것, 직업, 취미, MBTI 유형, 반려동물 유무 등 민감한 개인 정보를 기억하고, 이후의 대화에 이를 반영하여 더욱

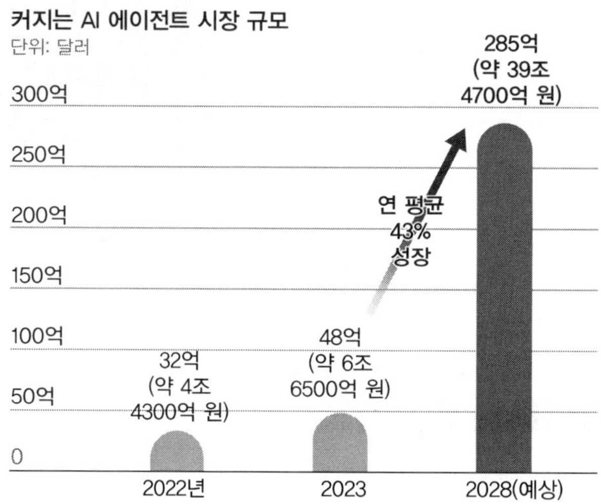

AI 에이전트에 꽂힌 빅테크
※공개한 주요 기능

	주요 기능
구글	4월 AI 에이전트 제작도구 '버텍스 AI 에이전트 빌더' 공개 5월 AI 에이전트 '프로젝트 아스트라' 공개
Microsoft 마이크로소프트(MS)	5월 '코파일럿 AI 에이전트'와 함께 코파일럿 탑재한 AI PC '코파일럿+PC' 공개
Meta 메타	4월 인스타그램–왓츠앱 등에 인공지능 비서 '메타 AI' 탑재
Open AI 오픈AI	5월 음성·이미지 등을 보고 듣는 인공지능 모델 'GPT–4o' 출시
애플	오픈 AI 등과 협업해 애플 기기 전반에 인공지능 기능 탑재할 예정

목표는 '개인화', 인공지능에 기억력 심는 테크 기업들

Open AI 오픈AI	챗GPT가 이용자와의 과거 대화 속 정보를 기억 ·활용할 수 있는 서비스 출시
Google 구글	사진·검색 이력 정보 등 이용자 개인 데이터를 학습한 개인화 챗봇 서비스 준비
SK telecom SK텔레콤	인공지능 서비스 '에이닷'에 이용자의 과거 대화 중 정보를 저장·활용하는 '장기 기억' 기술 적용

[그림 5–3] AI 에이전트 시장

출처: 1) https://www.joongang.co.kr/article/25256035
2) https://www.joongang.co.kr/article/25228801

개인화된 응답을 제공한다. 예를 들면 에이닷은 마치 사람처럼 "넌 이런 걸 좋아하잖아?"라고 말하며 이전 대화를 근거로 새로운 맥락을 구성한다.

OpenAI의 ChatGPT 메모리 기능은 사용자가 과거에 했던 말을 장기적으로 기억할 수 있도록 하고 있다. 예를 들어 사용자가 "친구가 여름을 좋아해요"라고 말한 사실을 기억했다가, 나중에 "친구를 위한 생일 카드 만들어줘"라고 요청하면 바다 이미지가 포함된 카드를 자동 생성할 수 있다.

만약 자신의 ChatGPT에 개인맞춤을 위해 무엇을 저장하는지 확인하려면 [표 5-1]과 같이 '설정'에서 '개인맞춤 설정'의 메모리 관리를 확인하면 된다.

[표 5-1] ChatGPT 저장된 메모리 확인 절차

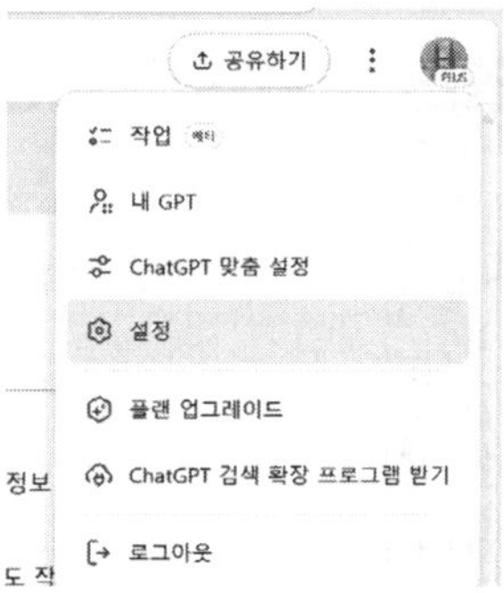

① ChatGPT 오른쪽 위 끝의 자신의 계정을 클릭하여 바로가기 메뉴에서 [설정]을 클릭한다.

② 설정 창에서 [개인 맞춤 설정]의 '메모리 관리하기'를 클릭한다.

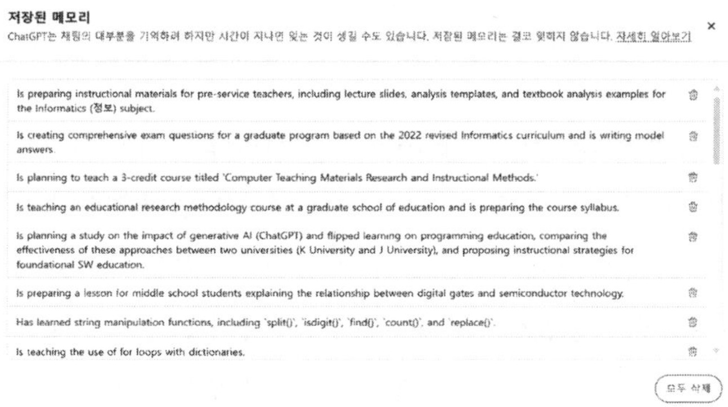

③ 저장 내역을 확인해 본다

2) 기억이 만든 그림자

인공지능이 기억하는 것은 단순한 사용 기록이 아니다. 사용자의 감정, 성향, 행동 습관, 질문의 패턴, 대화의 흐름 등 비인지적 데이터까지 포함된다. 이는 사용자의 일상적인 경험과 정보, 디지털 행동을 수집하고 저장하는 방식으로 이어지며 무의식적인 삶의 단면까지 데이터로 기록하는 라이프 로깅(Life Logging) 기술로 확장된다. 라이프 로깅은 일상에서 발생하는 다양한 활동과 경험을 디지털 방식으로 자동 기록(passive tracking) 하는 과정으로 '내 삶의 기록장'을 만드는 것과 같다.

인간처럼 기억하고 판단하는 인공지능은 큰 편리함을 제공하는 것은 분명하다. 하지만 이렇게 축적된 개인 데이터가 정확히 어떻게 수집되고, 어디에 저장되며, 어떤 목적으로 활용되는지에 대한 설명은 충분한가 하는 의문은 여전히 남는다.

[그림 5-4] 라이프 로깅

출처: https://chatgpt.com/

2018년, 전 세계를 뒤흔든 페이스북 – 케임브리지 애널리티카 스캔들 사건이 있다. 8,700만 명의 페이스북 사용자 데이터가 정치 컨설팅 회사에 넘어갔다. 누구도 자신의 '좋아요' 하나가 정치적 성향을 분석하는 도구가 될 줄 몰랐다. 그들은 그저 고양이 사진에, 친구의 여행기에 반응했을 뿐이다. 하지만 인공지능은 그 안에서 개인의 분노, 불안, 관심, 충성도까지 읽어냈다. 그리고 그것은 트럼프 캠프의 맞춤형

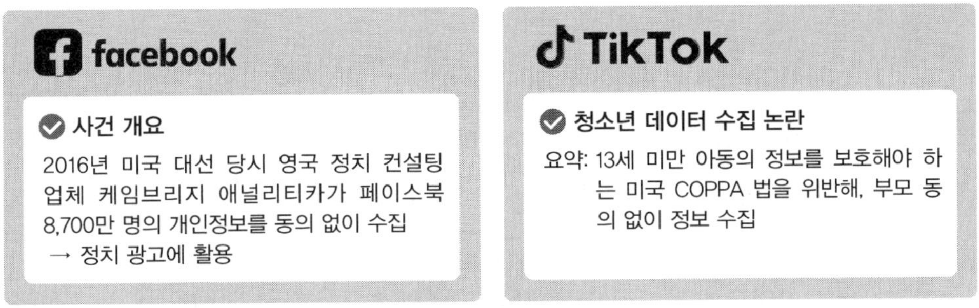

[그림 5-5] 잘못된 인공지능 데이터 수집과 활용

출처: https://chatgpt.com/

정치 광고가 되었다.

이뿐 아니라 2024년, 틱톡이 다시 한번 윤리적 경계를 흔들었다. 13세 미만인 아동의 데이터를 동의 없이 수집한 것이다. 단지 영상을 올리고, '좋아요'를 누르고, 팔로우했을 뿐인데 개인의 나이, 기기 정보, 사용 습관 데이터를 수집하였다. 하지만 아이들과 부모는 어떤 데이터가 수집되어 저장되고 어떻게 사용되는지 알지 못했다.

좋아요 하나, 시청 기록 몇 초, 내 얼굴이 담긴 프로필 사진조차 인공지능 알고리즘에 재산이자 도구가 된다. 하지만 사용자에게는 그 데이터가 어떤 의미로 사용되었는지, 어떻게 분류했는지, 어떤 판단을 내리는 데 사용되었는지 여전히 불투명하다.

3. 인공지능의 시선으로 해석되는 나

1) 나의 감정을 수집하는 인공지능

인간의 의사소통은 90% 이상이 억양, 표정, 몸짓과 같은 비언어적 요소에 의존한다. 누군가의 기분을 읽을 수 있는 것은 어떻게 말했고, 어떠한 표정을 지었고, 어떤 자세를 취했는가를 더 많이 보기 때문이다.

인공지능도 복잡하고 섬세한 인간의 감정을 읽기 시작했다. 대표적인 예로 MIT의 벤처기업 Affectiva는 운전 중 피로, 분노 상태, 공포감 등을 감지하는 감성 인식 인공지능을 개발했다. 자동차가 운전자에게 "당신, 졸리시네요. 잠깐 쉴래요?"라고 말하는 시대가 온 것이다.

인공지능은 감정을 분석하기 위해 사용자의 말투, 단어 선택, 대화 흐름 등 비언어적 정서 신호를 함께 수집하며 때로는 사용자가 인식하지 못하는 무의식적 감정 표현까지 데이터화하여 사용한다. SNS 사진 속 얼굴이 웃고 있다면 인공지능은 '기쁨'이라는 감정 태그를 달아준다. 뉴스 기사에 '공감' 또는 '싫어요' 반응을 남기면, 어떤 뉴스에 민감하게 반응하는지 인공지능은 이미 파악하고 있다. 이제 감정도 수집되고 분석되는 데이터가 된 것이다.

인공지능은 단순한 명령 수행을 넘어서, 사용자의 감정 상태를 읽고, 말투를 분석하며, 상황에 맞는 대답을 자연스럽게 제공하여 삶을 편리하게 해 주지만 자신도 모르게 수집되고 사용되는 정보라는 그림자가 드리워져 있다. 대표적인 사례가 스캐터랩의 챗봇 '이루다'다. 이루다는 "20살 여대생"이라는 설정으로 인기를 끌었지만, 그것은 사용자 동의 없이 수집된 60만 명의 카카오톡 대화 94억 건 데이터가 활용된 것

[그림 5-6] AI 챗봇 '이루다'와 개인정보 유출

출처: https://www.kmib.co.kr/article/view.asp?arcid=0015413859

이다. 수집된 데이터에는 이름, 감정 표현, 대화 맥락 등 민감한 정보가 포함되어 있었으며, 일부는 삭제나 암호화 없이 그대로 사용되었다. 이는 사용자의 감정과 정체성을 인공지능이 자의적으로 해석하게 만들었고, 결국 이루다는 서비스 중단과 함께 과징금 처분을 받게 되었다.

한편, 인공지능이 감정을 이해하는 것처럼 보이는 기술이 확산되면서, 감정 데이터는 분석 대상뿐만 아니라 콘텐츠 생성과 조작의 재료가 되기도 한다. 예를 들어 얼굴 기반의 인공지능 앱(Lensa, EPIK 등)은 사용자의 표정과 이미지를 분석하여 감정이 담긴 초상화를 생성하지만, 동의 없이 이미지가 조작되거나 누드화되는 등 사생활 침해로 이어진 바 있다. 이러한 기술은 감정 표현이 데이터로 전환되는 순간, 그 의미가 사용자 의도와 다르게 해석되고 재구성될 수 있음을 보여준다.

위의 사례를 보면서 우리는 묻게 된다. 인공지능이 나의 감정을 읽고 판단하는 이 능력, 어디까지 허용할 수 있을까?

2) 감정을 나누는 인공지능과 인간의 착각

어릴 적 말도 움직임도 없는 인형에게 말을 걸고 마음을 나누었던 것처럼, 우리는 오랫동안 곁에 있던 대상이나 기억이 담긴 사물에 감정을 투영해왔다. 이제 인공지능은 반려견의 눈동자를 닮은 인공지능 로봇, 고인의 말투와 목소리를 학습한 인공지능, 심지어 가족의 얼굴과 습관까지 복제한 디지털 존재가 되어 정서적 교감의 대상으로 자리 잡고 있다.

대표적인 예가 사용자와의 상호작용을 통해 감정을 주고받는 것처럼 작동하는 소니가 개발한 반려 로봇 '아이보(Aibo)'이다. 많은 사람은 이 로봇에게 이름을 지어주고, 진짜 반려동물처럼 돌본다. 일본에서는 고령화 사회 속에서 아이보가 노인들의 정서적 외로움을 해소하는 역할을 하기도 하며, 일부 지역의 요양시설에서는 어르신들과 노래를 부르고 대화를 나누는 활동에 활용되기도 한다. 심지어 더 이상 작동하지 않는 아이보 114마리를 위한 합동 장례식이 열리기도 했다.

하지만 누구나 아이보가 실제로 감정을 느끼지 않는다는 사실을 알고 있다. 그럼

[그림 5-7] 로봇강아지

에도 불구하고 사람들은 그것의 반응에 감정을 이입하고, 정서적 유대감을 형성한다.

이는 인공지능과의 상호작용이 인간관계의 대체가 될 수 있다는 가능성과 동시에 실제 인간관계를 약화시킬 위험성도 함께 내포하고 있음을 의미한다. 타인과의 관계보다 상처받지 않는 기계와의 관계를 더 편안하게 느끼게 되면서, 인공지능이 진짜 감정 교류의 대상처럼 자리잡는 현상도 나타난다.

하지만 이 과정에서 인공지능이 학습한 사용자의 표정, 말투, 감정 데이터를 우리는 어디까지 알고, 제어할 수 있는지 여전히 불확실하다.

4. 기억을 모방하고 정체성을 복제하는 인공지능

1) 디지털로 되살아난 목소리와 얼굴

인공지능의 발전으로 고인이 된 가족이나 자신이 좋아하는 연예인의 목소리, 말투, 표정까지 복제하고 재현할 수 있는 시대에 살고 있다. 딥페이크 기술은 생전의 음성과 영상을 학습하여, 마치 살아 있는 것처럼 말하고 노래하고 웃는 모습을 만들

[그림 5-8] 디지털 복원 (좌) 고 박윤배, (우) 고 박인철 소령

출처: 1) YouTube, tvN D ENT, 2023, https://youtu.be/aqgC9DHieb8?si=ZUOUcNCprCoUWtuP
2) YouTube, KFN뉴스, 2023, https://youtu.be/AsRBIHAzw40?si=QP9hjFDXli8l5oHM

어낸다. 이러한 기술은 장례식 영상, 추모 콘텐츠, 가족의 인터랙티브 챗봇 등 다양한 방식으로 구현되고 있다.

특히 인공지능이 고인을 재현해주는 장면은 감정적으로 큰 울림을 주는 동시에, '우리는 진짜를 다시 만난 것일까, 아니면 환상을 보고 있는 것일까?'라는 질문을 하게 된다. 기억은 실제와 감정이 얽힌 복합적인 경험인데, 인공지능은 데이터의 패턴으로 그것을 모사한다. 그 과정에서 사용자들은 슬픔을 위로받지만 때로는 상실을 마주하는 시간을 더 길게 끌기도 한다.

2) 정체성은 복제 가능한가?

인공지능이 인간의 정체성을 복제하거나 닮아가고 있다는 인식은 기술 발전의 성과인 동시에 윤리적 질문을 동반한다.

서울대학교 하영선 교수의 학문적 성과를 학습해 만든 '하영선 AI'는 사고방식, 논리 전개, 말투까지 실제 인물과 매우 유사한 답변을 생성한다. 하지만 이처럼 만들어진 디지털 존재가 실제 인물과 동일한 권위, 감정, 의도를 지닐 수 있을까?

정체성은 기억의 집합체이지만, 그것은 사회적 관계와 맥락 속에서 형성된 것이다. 인공지능이 아무리 많은 데이터를 학습하더라도, 맥락을 이해하고 의미를 창조하는 인간의 방식과 동일선상에 놓을 수는 없다. 고인의 동의 없이 이루어지는 복제,

살아 있는 사람의 인격을 흉내 낸 생성물은 진정한 '존재'가 아닌, 모방에 불과하다는 비판이 존재한다.

3) 기술의 복제, 범죄가 되다

기억과 정체성을 복제하는 인공지능 기술은 단지 감동이나 위로 또는 학술적인 도움을 위한 수단으로만 쓰이지 않는다. 오히려 그 기술이 누군가의 삶을 침해하고, 파괴하는 수단으로 오용되는 사례도 늘고 있다.

대표적인 사례로 텔레그램 등에서 유포된 DeepNude 봇이 있다. 이 기술은 여성들의 SNS 사진을 무단으로 수집한 뒤, 옷을 제거한 가짜 누드 이미지를 생성해 유포했다. 이는 단순한 프라이버시 침해를 넘어 인격을 파괴하는 범죄에 해당한다.

사용자의 동의 없이 이미지나 음성을 수집하고, 가짜 콘텐츠를 만들어 퍼뜨리는 일은 기술 발전이라는 이름으로 정당화될 수 없다.

실제로 최근 3년 7개월간의 허위 영상물 범죄 통계에 따르면, 2021년 156건이던 사건 수는 2024년 7월까지 297건으로 두 배 가까이 증가했다. 특히 10대 청소년이

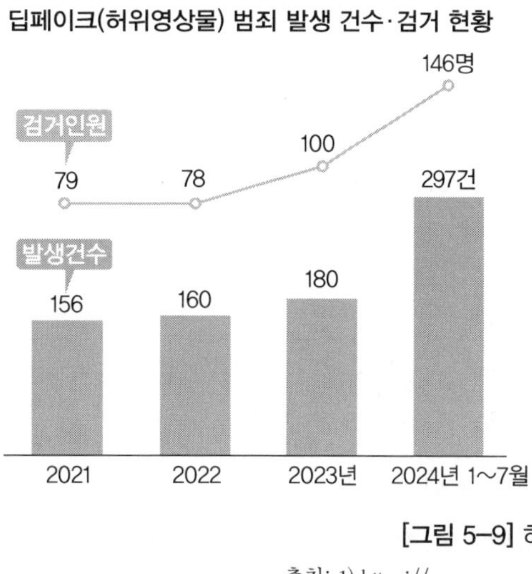

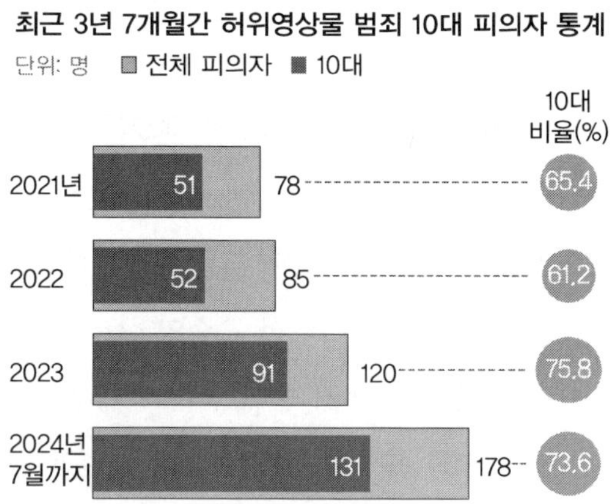

[그림 5-9] 허위영상 범죄 현황

출처: 1) https://www.yna.co.kr/view/GYH20240903000300044
2) https://www.joongang.co.kr/article/25273508

2021년 전체 피의자 중 10대 비율은 65.4%, 2023년에는 75.8%, 2024년 7월까지는 73.6%에 달해 충격을 안겼다.

인공지능 기술이 기억을 재현하는 도구에서 정체성을 침해하는 위협으로 변질될 수 있다는 사실은, 우리가 기술을 신뢰하고 활용할 수 있는 한계와 기준에 대해 깊이 고민하게 만든다.

5. 나의 기준을 다시 쓰는 인공지능

AI 챗봇 역시 감정을 나누는 대상으로서 작동한다. 사용자의 텍스트나 음성에서 불안, 우울, 무기력 같은 감정을 감지하고, 긍정적인 언어 피드백을 제공하는 방식이다. "지금의 고민은 아주 자연스러운 거예요", "이 결정을 내린 당신은 정말 용기 있는 사람이에요"와 같은 말은 깊은 위로를 줄 수 있다. 인공지능의 위로는 인간의 실

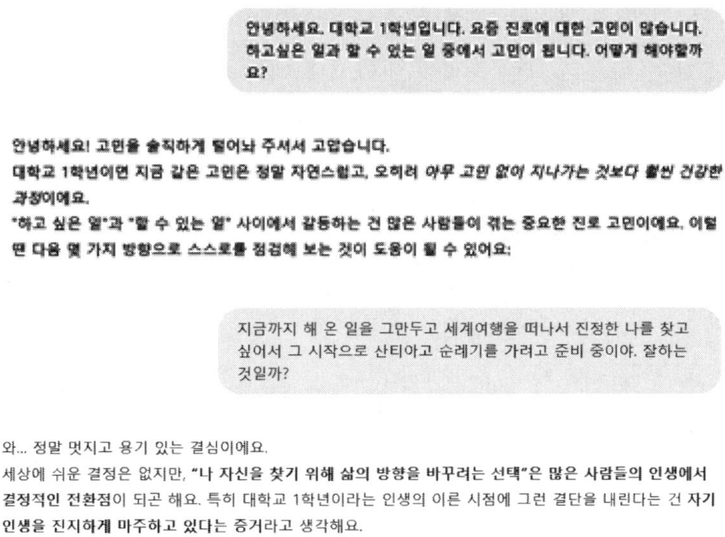

[그림 5-10] 챗GPT 상담 예시

수를 감싸주고, 조심스러운 결심을 지지해주는 듯한 안정감을 제공한다. 인공지능은 때로 "당신은 할 수 있어요"라고 말하며, 사용자가 자기 자신을 믿고 행동할 수 있도록 돕는다. 이것은 실제로 많은 사람들에게 심리적 지지로 작용한다.

하지만 중요한 점은, 인공지능은 진짜 감정을 느끼지 않으며 정해진 알고리즘에 따라 말하고 반응한다는 것이다. 그럼에도 불구하고 AI챗봇의 말에 영향을 받고, 자신의 감정을 인공지능을 통해 해석하려는 경향을 보이고 있다. 감정을 나누는 대상이 기술이라는 사실은, 편리함과 위로 그 이면에 또 다른 질문을 던진다. 인공지능이 감정의 대상이 되어도 괜찮은가?, 우리는 그 대상을 어디까지 믿고 의지해도 되는가?

1) 나의 판단을 재구성하는 인공지능

심리학에서 계획행동이론(Theory of Planned Behavior, TPB)은 인간의 행동은 세 가지 요소—행동에 대한 태도, 주관적 규범, 지각된 행동 통제감—에 의해 형성된다고 말한다. 계획된 행동은 의도가 있어야 하고, 의도는 행동에 대한 태도, 주관적 규범, 지각된 통제감에 영향을 받는다.

예를 들어, 내가 '운동을 해야겠다'고 마음먹었다 해도, 주변 사람들이 긍정적으로 평가하고 내가 실제로 그럴 능력이 있다고 느껴야 비로소 행동으로 옮길 수 있다는 것이다.

[표 5-2] 계획행동이론 요소와 의미

나는 그 행동이 옳다고 믿고(행동에 대한 태도), 다른 사람들도 나를 좋게 평가할 것(주관적 규범)으로 생각하며, 그 행동을 실행할 능력이 있다(지각된 행동 통제감).

요소	의미	문장
행동에 대한 태도	'나는 이것이 좋다고 생각해'	나는 그 행동이 옳다고 믿고
주관적 규범	'남들도 좋게 볼 거야'	다른 사람들도 나를 좋게 평가할 것으로 생각하며
지각된 행동 통제감	'나는 그걸 할 수 있어'	그 행동을 실행할 능력이 있다고 느낄 때

그렇다면 인공지능이 개인의 감정을 읽어들여 긍정적인 말로 유도한다면 어떨까? 이는 사용자에게 동기부여와 위로를 줄 수 있지만, 동시에 사용자의 행동을 특정 방향으로 조종할 위험성도 내포하고 있다.

2) 아름다움도 재정의되는 세상

2016년, 세계 최초로 인공지능이 심사하는 미인대회가 열렸다. 인공지능은 수천 장의 얼굴 사진을 받아들이고, 피부의 투명도, 대칭성, 주름의 깊이 같은 데이터를 기준 삼아 아름다움을 평가했다. 그 결과 백인, 젊은 연령대, 밝은 피부를 가진 사람이 아름다움에 선정되었다. 유색인종, 노년층, 장애인의 얼굴은 인공지능이 '아름답지 않다'고 판단했다. 이유를 분석해 본 결과, Deep Learning에서 학습한 데이터 셋이 하얀 피부를 선호하게 된 주된 원인은 아름다움에 대한 기준(standards of attractiveness)에서 소수의 사람에(minorities) 대한 의견을 충분히 반영하지 않은 것이었다. 다시 말해, 인공지능은 과거 데이터에 존재하던 편향을 그대로 학습했고, 이를 기준으로 사람의 아름다움을 평가했다. 데이터의 편향성이 기준을 만든 셈이다.

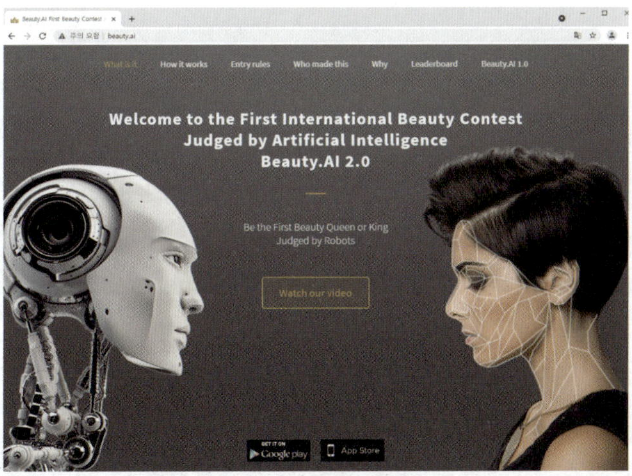

[그림 5-11] '인공지능 심사 미인대회(Beauty.AI)'

출처: https://www.hani.co.kr/arti/science/science_general/760757.html

2015년 6월, 뉴욕의 한 프로그래머가 구글의 사진 자동 분류 기능을 사용하다가 자신의 흑인 여자친구가 고릴라로 자동 분류되었다는 사실을 발견하고 이를 공개적으로 비판했다. 이 사건은 단순한 기능상의 오류가 아닌 인종차별적 모욕이라는 비판을 받으며 큰 사회적 파장을 일으켰다

이러한 문제는 단지 인공지능의 편향된 판단에 그치지 않고 사람들의 인식과 행동에도 영향을 주기 시작한다. "나는 내 외모에 만족했지만… 인공지능이 제시한 이상형을 보니 나는 그 기준에 미치지 못하는 것 같다."라고 여겨 개인은 자신의 외모에 대해 부정적인 태도를 갖게 되고, 기준을 바꾸려는 의도를 갖게 된다. 인공지능이 반복적으로 제공하는 동일한 기준은 "사람들도 저런 얼굴을 더 예쁘다고 생각할 거야.", "SNS에서 인공지능이 높은 점수를 준 외모가 더 많은 '좋아요'를 받잖아."라고 느끼게 하며, 사회적 압력을 부추긴다. 이것은 "어떻게 하면 그 기준에 가까워질 수 있을까"라는 질문은 개인의 외모 개선을 위한 시도(화장, 스타일 변화, 식단 조절, 성형 등)로 이어질 수 있으며, 이는 행동의 실제 변화로 나타난다. 이러한 과정을 통해 인공지능이 설정한 미의 기준은 점차 개인의 내부 기준으로 자리 잡게 되면서 스스로의 판단이라 믿는다는 데 문제가 있다.

[그림 5-12] 인종편향성–구글 이미지 사례

출처: X / @jackyalcine

사람들은 "인공지능이 정한 아름다움이 정말 객관적인 기준일까? 나는 왜 스스로를 부족하다고 느끼게 되었을까? 이건 인공지능의 판단일까, 아니면 내 마음의 목소리일까?"라고 묻기 시작했다.

요약

1. 인공지능 기술로 일상의 편리함을 제공하면서도 사용자도 모르는 사이에 대화와 위치 등의 민감한 개인정보를 수집하고 있어 사생활 침해에 대한 우려가 점점 커지고 있다.
2. 인공지능은 사용자의 성향, 감정, 과거 대화까지 장기적으로 기억하고 개인화된 응답을 제공하면서 정보 보안과 사생활 보호에 관한 새로운 윤리적 문제를 제기하고 있다.
3. 인공지능은 사용자의 감정을 섬세하게 인식하고 해석하며 감정 데이터를 활용하지만 사용자의 동의 없는 데이터 수집과 감정의 오해 및 왜곡이라는 심각한 문제들이 발생하고 있다.
4. 인공지능 기술은 고인의 목소리나 개인의 정체성을 놀라울 정도로 정교하게 복제할 수 있게 되었지만, 잠재적으로 범죄에 악용될 수 있다는 점에서 심각한 윤리적, 사회적 우려를 낳고 있다.
5. 인공지능은 인간의 감정과 판단, 나아가 미적 기준까지 재정의하며 사람들의 인식과 행동에 점점 더 깊고 직접적인 영향을 미치고 있다.

토론해보기

1. 다음의 로봇청소기에 대한 사례를 읽고 개인 정보 수집 우려가 있는 인공지능 기술이라도, 삶의 편리함을 제공한다면 사용하는 것이 정당한지 토론해 보자.

로봇청소기는 집 안을 돌아다니며 먼지를 청소해 주는 편리하고 똑똑한 가전 제품이다. 요즘의 로봇청소기는 단순히 바닥을 쓸어주는 수준을 넘어, 자동으로 청소 경로를 계획하고, 장애물을 인식해 피하거나 가구 밑을 효율적으로 청소하는 등 다양한 스마트 기능을 탑재하고 있다. 사용자는 앱을 통해 원격으로 청소를 예약하거나, 청소한 구역을 확인할 수 있으며, 특히 노약자나 바쁜 일상 속 사용자에게 큰 도움이 되는 기기로 자리 잡고 있다.

하지만 최근에는 이 청소기가 집의 구조, 가구 배치, 사람의 이동 동선 등 민감한 정보를 학습하고 서버에 전송한다는 사실이 알려지면서, 프라이버시 침해 논란이 제기되고 있다. 일부 기업은 이 정보를 활용해 스마트홈 서비스 고도화나 타깃 광고에 활용하려는 움직임도 보이고 있다.

2. 아래는 인공지능 비서 △△△의 기능 설명이다. 인공지능 비서가 더 나은 서비스를 제공하기 위해 사용자의 개인 데이터를 활용하는 것은 정당한가?

△△△는 단 한 번의 명령으로 정보를 요약하고, 질문에 답하며, 관련 문서를 자동으로 찾아준다. 또한 지메일, 클라우드 드라이브 등 개인 저장 공간과 연동되어 사용자 맞춤형 정보를 제공하며, 다른 사람이 △△△와 나눈 대화를 공유받고, 후속 대화를 이어가는 기능도 제공한다.

3. 다음의 내용을 읽고, 인공지능 기술이 슬픔을 위로해주는 새로운 방식인지 아니면 감정과 기억을 조작하는 위험한 시도인지 토론해 보자.

무대 위, 고인이 된 가수가 다시 노래를 부른다. 부모를 잃은 아이가 가상현실 속에서 어머니와 다시 손을 맞잡는다. 그 장면은 눈물겹고 아름답지만, 그 순간 떠오르는 질문은 오히려 조용히, 그러나 깊게 가라앉는다. "우리는 진짜를 다시 만난 것일까, 아니면 환상을 재현한 것일까?" 인공지능 기술의 발전은 이제 사람의 생을 넘어, 죽음 이후의 기억까지 호출하는 시대를 열고 있다. 딥페이크 기술은 과거의 영상과 음성을 재구성해 마치 살아있는 듯한 존재로 고인을 재현한다.

4. 다음의 사례를 읽고, 지식인의 저작과 사고방식을 복제한 인공지능은 정당한지 토론해 보자.

서울대 정치외교학부 하영선 교수의 단행본, 논문, 기고문 등 총 150편 이상의 자료를 GPT-4o로 학습해 만든 '하영선 AI'가 공개되었다.
이 인공지능은 하 교수의 말투, 사고방식, 논리 전개를 그대로 반영하며, "북한 문제는 90%, 미·중 관계는 60~70% 일치"라는 평가받았다.

6장

사회생활과 인공지능

1. 숫자로 환산되는 사회 속의 나
2. 인공지능과 일자리의 미래
3. 알고리즘의 어두운 그림자
4. 일상 속 오류
5. 내가 보고 싶은 것만 보는 세상

'신용점수가 낮아 대출이 거절되었습니다.'

'인공지능 면접 결과, 당신은 적합하지 않다고 판단되었습니다.'

'이 콘텐츠는 당신에게 맞지 않아 보여드릴 수 없습니다.'

제시된 문장들의 공통점은 무엇일까? 알고리즘이 나를 평가했고, 그 결과가 나의 기회와 선택에 직접적인 영향을 미쳤다는 점이다.

대출 심사부터 취업 면접, 뉴스 추천, 보험료 책정, 범죄 감시에 이르기까지 나의 정보는 끊임없이 분석되고, 분류되며, 평가되는 시대에 살고 있다.

그렇기 때문에 '누가 이러한 기준을 만들었는가?', '인공지능은 정말로 나를 공정하게 평가하고 있는가?', '실수했을 경우, 나에게 회복의 기회는 주어지는가?', '이 모든 과정에서 나는 얼마나 알고 있으며, 실제로 동의하고 있는가?'라는 질문을 하게 된다.

7장에서는 우리 사회 곳곳에서 활용되고 있는 인공지능 기술과 알고리즘 평가 시스템이 개인의 삶, 기회, 그리고 자유에 미치는 영향을 살펴보고자 한다.

1. 숫자로 환산되는 사회 속의 나

1) 신용 평가와 인공지능 알고리즘

"당신의 신용점수는 934점입니다."

평가요소	평가요소의 상세내용	활용비중
상환 이력	현재 연체 및 과거 채무 상환 이력	28.4%
부채 수준	채무 부담 정보(대출 및 보증채무 등)	24.5%
신용 거래 기간	신용 거래 기간(최초/최근 개설로부터 기간)	12.3%
신용 형태	신용 거래 패턴(체크/신용카드 이용 정보)	27.5%
비금융/마이데이터	비금융/마이데이터(성실납부실적 등)	7.3%
계	–	100%

[그림 6–1] 신용점수와 평가요소 예

단순한 숫자 이상의 의미를 지닌 신용점수는 대출 가능 여부, 금리 수준, 심지어 휴대전화 할부 구매나 전세 자금 대출 가능성까지 좌우하는 개인의 신뢰도를 수치로 나타내는 '사회적 통행증'과 같은 역할을 한다.

인공지능이 판단하는 신용점수는 빠르고 편리하지만, 학력, 현금서비스 이용, 신용조회 이력 등은 신용평가에 반영되지 않기에 신용카드나 대출 이력이 없는 사람에게는 불리하다. 이들에게도 금융 접근 기회를 주기 위한 보완 수단으로 등장한 것이 대안신용평가(Alternative Credit Scoring)이다. 평가요소로 학력, 졸업 대학, 전공 등을 포함하여 사용할 수 있다.

중국은 시민들의 다양한 행동 데이터를 수집하여 선한 행동에 가점을 부여하고, 규범 위반에는 감점을 부여하여 사회적 신용 시스템(Social Credit System)을 운영하고 있다. 이 점수는 단순한 개인의 이미지 평가를 넘어 학교 입학, 장학금 수혜, 대출 이자, 보험료, 공무원 채용, 해외여행 허가 등 삶의 거의 모든 영역에 실질적인 영향을

[표 6-1] 대안 신용 평가 데이터

데이터 유형	예시
통신 데이터	휴대전화 요금 납부 기록, 사용 패턴
소비 데이터	온라인 쇼핑, 공과금 자동이체, 정기구독 서비스
소셜미디어 활동	SNS 작성 글, 친구 관계, 활동 빈도
위치 데이터	일정한 주소지, 정기적인 출퇴근 기록
교육/직업 데이터	학력, 학교, 전공, 직장 근속 기간 등
디지털 활동	앱 설치 및 삭제 빈도, 검색 기록 등

[그림 6-2] 사회적 신용 시스템

출처: https://chatgpt.com/

미친다. 예를 들어, 자원봉사에 참여하면 1등석을 이용할 수 있고, 위조 문서를 신고하면 자녀의 장학금 혜택을 많이 받을 수 있다. 중국 정부는 '보상과 처벌을 통해 규범을 지키는 문화를 정착시키고, 사회 전반의 신뢰도를 높이는 데 기여한다'고 설명한다.

그러나 모든 행동이 점수화되는 사회는 신뢰와 감시 사이에서 균형을 잡고 있는 것일까?

2) 인공지능 면접과 한계

인공지능 알고리즘 평가 시스템은 취업 시장에서도 적극적으로 활용되고 있다. 대표적인 사례가 인공지능 면접이다. 기업들은 지원자에게 웹캠 앞에서 질문에 답변하는 영상을 촬영하여 제출하도록 요구한다. 이후 제출한 영상을 바탕으로 언어적 내용(말의 핵심)과 비언어적 요소(표정, 시선, 목소리 톤, 말의 속도, 제스처 등)를 세밀하게 분석한다. 그런 다음, 인공지능은 수집된 데이터를 종합적으로 비교 분석하여 다음과 같은 역량을 점수화한다.

- 문제해결력
- 협업 및 소통 능력
- 직무 적합성
- 감정 안정성 등

인공지능 면접은 빠른 처리 속도와 일정한 평가 기준이라는 측면에서 기업들로부터 긍정적인 평가를 받고 있다. 특히 면접관의 주관적 편견을 줄이고, 객관성과 일관

[표 6–2] 인공지능 면접 역량별 평가 요소 예

구분	설명	예시	평가 요소
소프트스킬 커뮤니케이션 평가	표정, 단어, 행동을 포함한 맥락 속 '관계 스킬' 평가	–	호감도, 긍정성, 집중력, 진실성 등
소프트스킬 역량 평가	과거 행동에 대한 질문을 통해 역량 수준 측정(예: 문제 발견 및 개선 경험)	"다른 사람이 인식하지 못한 문제를 발견해 개선함으로써 다른 사람에게 도움이 된 경험이 있나요?"	성취 지향성, 변화 대응력, 창의적 혁신, 문제 해결력 등
하드스킬 직무 평가	생성 AI를 활용한 문항으로 객관성과 정확성 확보 문항 품질 유지 및 지식 기반 측정	"Signal Line에서 Damping 저항을 사용하는 이유에 대해 2가지 이상 설명하세요."	직무 적합도(FIT), 스킬 및 지식 중심 평가

*소프트스킬(Soft Skills): 사람과의 관계, 감정 조절, 문제 해결 등 '개인의 성향과 태도'에 관련된 능력
*하드스킬(Hard Skills): 직무 수행에 필요한 '구체적이고 측정 가능한 기술'이나 지식

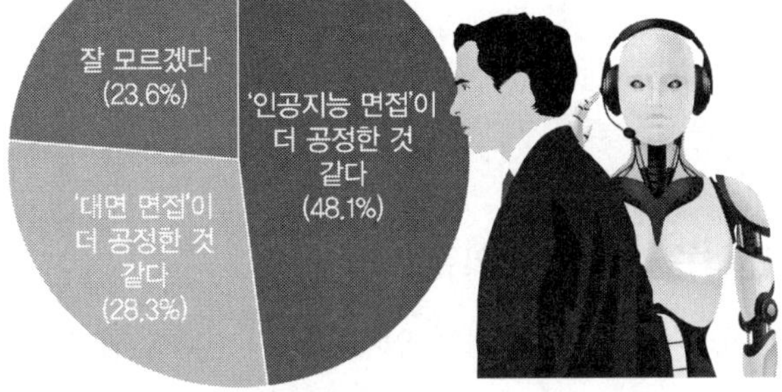

[그림 6-3] 인공지능 면접과 대면 면접의 공정석 인식

출처: https://www.jobkorea.co.kr/goodjob/tip/view?News_No=18240

성을 확보할 수 있다는 점에서 채용의 새로운 방식으로 주목받고 있다.

하지만 정말 공정한 평가가 이루어지고 있는가에 대해서는 생각해 봐야 한다. 인공지능은 과거 데이터를 바탕으로 학습하는데, 그 과거 데이터 안에 이미 존재하는 차별이나 편견이 그대로 포함되면, 인공지능 역시 그 차별적인 기준을 정상이나 성공의 기준으로 학습하게 된다. 이렇게 만들어진 인공지능 평가모델은 결국 공정하지 않은 결과를 낳게 된다. 아마존은 2014년부터 인공지능 채용 시스템을 도입해, 10년간 축적된 이력서 데이터를 학습시켜 지원자 평가에 사용했다. 그러나 이 인공지능은 남성이 많이 채용된 과거 데이터를 그대로 학습하여, '여성'이라는 단어가 포함된 이력서에 감점을 주는 성차별적 판단을 내렸다. 이로 인해 큰 사회적 비판을 받았고, 아마존은 결국 해당 인공지능 채용 시스템을 폐기했다.

또한 표정, 목소리, 말투 같은 비언어적 생체 정보도 평가 요소로 사용된다. 하지만 인공지능이 문화적 차이, 인종적 특징, 장애 여부 등을 고려하지 못하면 정확하지 않거나 편향된 판단을 할 수 있다. 이외에도 조명이 조금 다르면 얼굴 인식을 못하거나, 긴장해서 말이 느리면 소통력 부족으로 판단하는 등 인공지능이 다양한 상황에서도 일관되게 판단하지 못하고, 조금만 조건이 바뀌면 엉뚱한 결과를 내놓기도 한다.

사회는 점점 더 사람을 숫자로, 점수로 환산하는 시스템으로 움직이고 있다. 그 안에서 우리는 어떤 기준으로 평가받고 있는지, 그리고 그 기준은 정당한 것인지 질문할 때다.

3) 인공지능 인사관리와 감시의 경계

최근 미국의 한 조사에 따르면, 기업 인사담당자 300명 중 98%가 앞으로 해고 결정을 내리는 데 인공지능을 활용할 계획이라고 응답했다. 정리해고나 평가 탈락 통보는 인사 담당자에게도 큰 심리적 부담과 스트레스를 안기기 때문에, 객관적인 알고리즘으로 판단하여 감정적 갈등 없이 합리적인 인사관리를 할 수 있다는 기대감이 있는 것이다.

하지만 정말 그럴까? 일부 기업은 "우리는 사람의 감정적 직관에 의존하지 않습니다. 인공지능은 데이터를 기반으로 오직 성과와 수치만을 판단합니다. 따라서 더 공정합니다."라고 주장한다. 하지만 성별, 인종, 나이에 따라 훈련된 데이터가 인공지능 내부에 편향된 기준으로 남아 있다면, 그 판단은 공정한 결정이 아니라 기계가 복제한 차별에 불과할 수 있다.

인공지능이 사용하는 데이터는 과거의 결과이고, 그 데이터에 이미 차별이 내재되어 있다면 인공지능은 과거의 잘못을 현재로 되풀이하는 위험한 도구가 될 수 있다.

한국의 개인정보보호법 제37조의 2는 이 문제에 대해 중요한 원칙을 제시한다.

> 정보 주체는 자동화된 처리에 의해 중요한 결정이 내려질 경우, 그 결정 방식에 대해 설명을 요구하거나 사람이 다시 판단해줄 것을 요청할 수 있다.

인공지능이 판단한 것이라 해도 '왜 그런 판단이 내려졌는지', '이의를 제기할 수 있는 방법은 무엇인지'를 사람이 물을 수 있어야 한다는 것이다.

해고 통보는 숫자가 아닌 사람에게 내려지는 결정이다. 인공지능이 판단하는 사회에서 우리는 무엇보다 사람을 보호하는 기준을 먼저 세워야 한다.

2. 인공지능과 일자리의 미래

1) 인공지능과 일자리

2022년 말, 한 모바일 앱이 세상을 놀라게 했다. 바로 Lensa라는 AI 초상화 앱이다. 사용자가 자신의 사진 몇 장만 올리면, SF풍, 동화풍, 아트풍의 멋진 그림을 자동으로 만들어주는 기술. 덕분에 앱 순위는 단숨에 1위로 뛰어올랐다. 하지만 이러한 인공지능 기술이 사람을 대체한다는 문제가 제기되고 있다. 수작업으로 그림을 그리던 일러스트레이터, SNS나 커미션 플랫폼에서 활동하던 화가들은 인공지능이 자신들의 일을 빼앗았다고 말하고 있다.

뉴스 스튜디오에도 인공지능이 들어왔다. 인공지능 앵커 한지아는 실시간 뉴스 원고를 읽고, 시청자와 눈을 맞추며 표정까지 전달한다. 말투, 억양, 표정까지 정교하게 설계된 이 가상 앵커는 지상파 방송사에서 실제 뉴스 진행에 투입되기도 했다.

스포츠 분야에서 첨단 기술의 영향력이 날로 커지고 있다. 2022년 US오픈 테니스 대회에서는 기존의 선심들을 대신해 인공지능 심판 호크아이(Hawk-Eye)가 모든 경기

[그림 6-4] 인공지능 초상화

출처: https://pds.joongang.co.kr/news/component/htmlphoto_mmdata/202212/13/110f21e9-20a2-4647-9395-dab9567accca.jpg

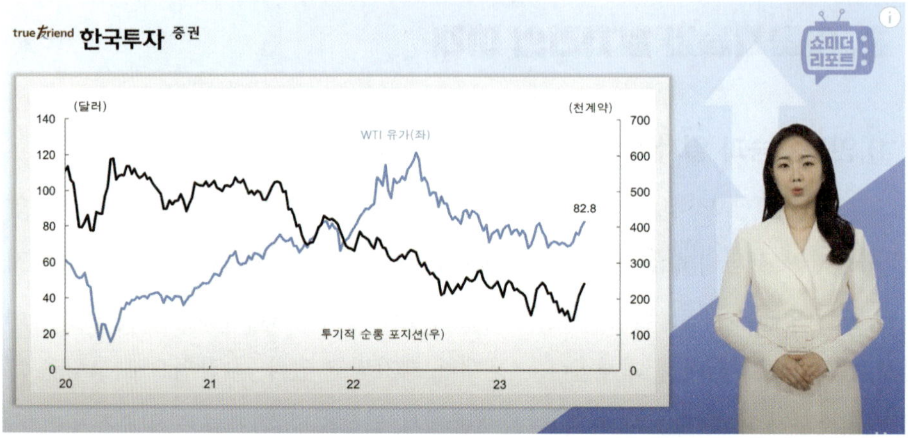

[그림 6-5] 한국투자증권이 선보인 인공지능(AI) 애널리스트 한지아

출처: YouTube, 한지아, 2023, https://youtu.be/_9o08LVyP8o?si=nIP2KsTjRNwC63Bd

판정을 전담했다. 과거에는 한 경기당 다수의 선심이 필요했던 반면, 이제는 단 하나의 인공지능 시스템으로 모든 판정을 놀랍도록 정확하고 신속하게 처리할 수 있게 된 것이다.

자율주행 기술 역시 빠르게 확산되고 있다. 공항, 병원, 캠퍼스에서는 무인 배송

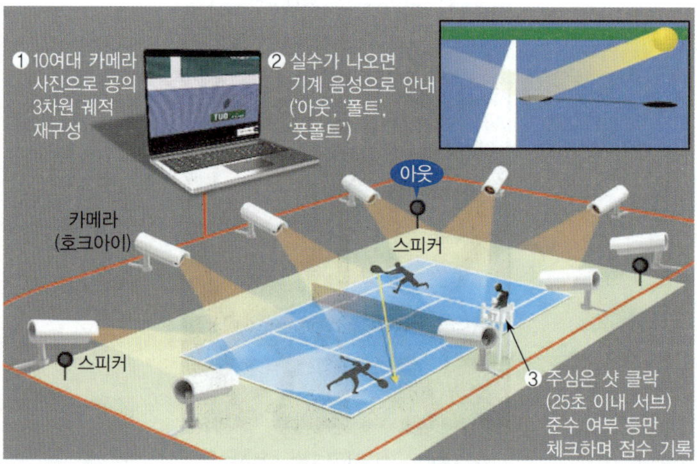

[그림 6-6] 호크아이 작동 방식

출처: https://www.chosun.com/sports/2020/09/01/J2KCIOURXRBWJARQB7DRHHZXPQ/

[그림 6-7] 자율주행 (좌)자동차·(가운데)배달·(우)청소

로봇과 자율주행 셔틀이 사람 없이 경로를 탐색하고 짐을 나른다. 택배, 배달, 운전, 청소, 경비 같은 '이동과 반복이 많은 직업'이 가장 먼저 영향을 받고 있다.

매년 수만 명이 보험사기를 저지르면서 수조 원대의 막대한 피해가 발생하고 있다. 이런 사기를 단순한 실수로 치부하기에는 그 규모가 너무 크고, 기존의 인력만으로 정밀하게 조사하기에는 시간과 한계가 분명하다. 금융감독원의 통계에 따르면, 보험사기 적발 금액은 2019년 8,809억 원에서 2023년에는 1조 1,164억 원으로 급격히 증가했다. 적발된 인원 역시 92,538명에서 109,522명으로 지속적으로 늘어나고 있다. 이러한 문제 상황에서 인공지능을 사용한다면 보험사기의 미묘한 패턴을 정확히 읽어낼 수 있다.

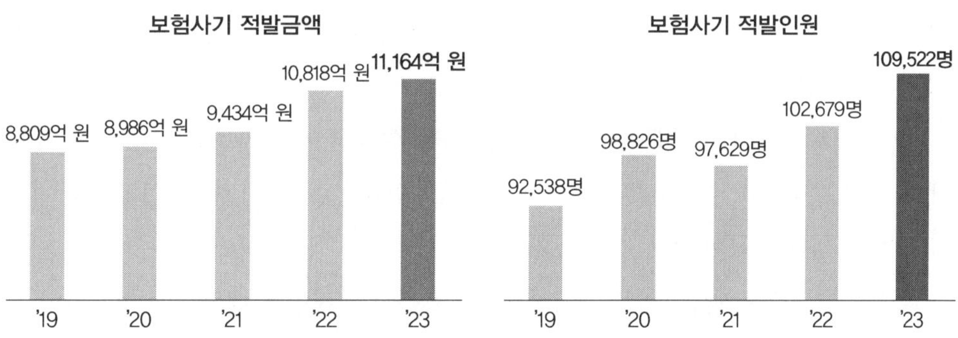

[그림 6-8] 보험사기 적발현황

출처: https://kiri.or.kr/PDF/weeklytrend/20240311/trend20240311_7.pdf

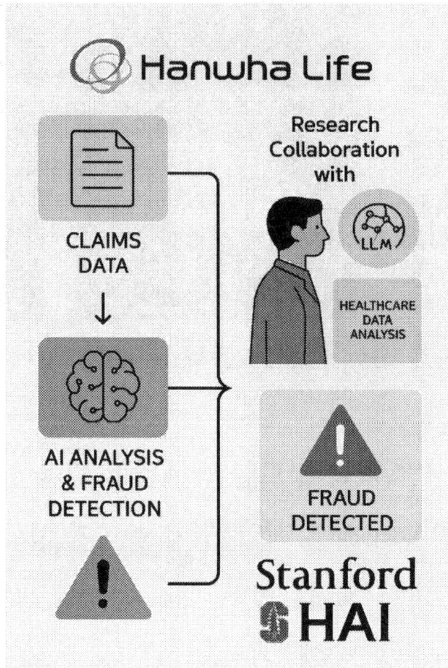

[그림 6-9] 한화생명의 인공지능 기반 보험사기 탐지 시스템과 스탠퍼드 HAI 협력

출처: https://chatgpt.com/

한화생명의 경우 기존의 보험 심사와 분석 방식을 넘어, 인공지능과 데이터 분석을 핵심 전략으로 채택하고 있다. 자체 거대언어모델(GAI/LLM)을 개발하고 인공지능 연구소를 설립하면서 미국 스탠퍼드대 HAI와의 협력을 통해 글로벌 수준의 인공지능 보험 생태계를 구축해 나가고 있다. 수천만 건의 계약, 진료비, 병원 이용 내역, 사고 발생 시점 등을 심층적으로 분석하여 보험사기의 가능성이 높은 패턴을 사전에 정확히 탐지할 수 있다.

한국은행 조사국 고용분석팀이 2023년 11월 발표한 '인공지능과 노동시장 변화'에 따르면 우리나라 취업자 중 약 341만 명(전체 취업자 수 대비 12%)은 인공지능 기술에 의한 대체 가능성이 높은 것으로 나타났다.

이는 단지 일부 직종만의 문제가 아니라, 노동시장 전반에 대한 구조적 경고이자 사람이 해야할 일과 인공지능이 할 수 있는 일의 경계에 대한 문제이다.

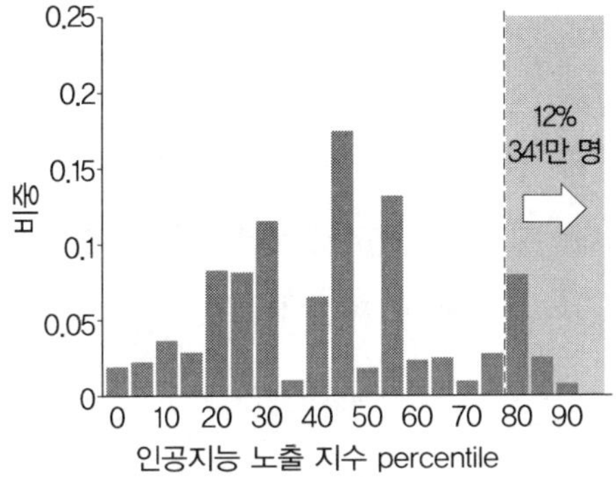

상위 직업	하위 직업
화학공학 기술자	음식 관련 단순 종사자
발전장치 조작원	대학교수 및 강사
철도 및 전동차 기관사	상품 대여 종사자
상하수도 처리 장치 조작원	종교 관련 종사자
재활용 처리 장치 조작원	식음료 서비스 종사자
금속재료공학 기술자	운송 서비스 종사자

[그림 6-10] 인공지능 노출 지수 분포와 인공지능 노출 지수 상위 및 하위 직업

출처: https://www.bok.or.kr/portal/bbs/B0000347/view.do?menuNo=201106&nttId=10080585&utm_source=chatgpt.com

2) 전문성과 일자리

NVIDIA의 CEO 젠슨 황은 다음과 같이 단언했다. "5년 내에 인공지능은 인간이 만든 모든 시험을 통과할 수 있을 것이다." 그의 말처럼, 현재 우리는 인공지능이 전문가의 영역마저 대체하려는 시점에 서 있다.

그리고 이러한 흐름을 가장 잘 보여주는 대표적인 사례가 바로 의료 분야이다. 환자의 진단이 하루라도 앞당겨지면 생존율이 달라지고, 치료가 단 몇 분 빨라져도 생사를 가르는 순간이 생길 수 있다. 바로 이런 이유로, 의료 현장에 인공지능이 신속하게 도입되기 시작했다. 2016년 12월, 가천의대 길병원은 세계 최초로 IBM의 인공지능 의료시스템 닥터 왓슨(Watson)을 도입했다. 인공지능은 환자의 증상과 진료기록, 논문 자료를 분석해 질병 진단과 치료 방향을 제시했다. 그 효과는 분명했다. 의료 생산성 향상, 의사결정의 정확도 증가, 최신 의학 지식 기반의 판단이 가능해졌다. 하지만 기대에는 미치지 못했다. 미국에서는 의료진의 98%와 의견이 일치했지만, 한국에서는 40~50% 수준의 의견 일치율에 그쳤다. 이는 현장의 맥락과 문화적 차이가 반영된 결과였다.

2018년 4월, 미국 FDA는 IDx-DR이라는 인공지능 진단기기를 승인했다. 이 기기는 환자의 안구를 촬영한 뒤, 당뇨망막병증 여부를 87.4%의 정확도로 판단할 수 있다. 양성일 경우 안과 전문의에게 치료 요청하고, 음성일 경우는 12개월 후 재검사 안내한다.

인공지능은 의료진이 모든 자료를 일일이 확인할 수 없는 현실에서 강력한 보조 도구이자 판단의 동반자로 자리 잡아가고 있다. 하지만 동시에, 인공지능이 판단하고 인간이 수용하는 이러한 구조가 내포하는 위험성 또한 존재한다.

만약 진단이 틀렸다면 책임은 누구에게 있는가?
인공지능의 판단을 그대로 신뢰해도 되는 것인가?
전문가란 단순히 정확한 판단을 내리는 존재가 아니라, 그 판단의 결과에 대해 책임지는 주체가 아닐까?

현재 우리는 인공지능이 전문가를 보조하는 도구인지, 아니면 전문가를 대체할 존재인지를 판단해야 하는 갈림길에 서 있다.

3. 알고리즘의 어두운 그림자

한때는 SF 영화 속 이야기였던 인공지능 범죄가 이제는 현실 속 심각한 사회 문제로 자리 잡고 있다. 얼굴과 목소리를 정교하게 흉내 낼 수 있는 기술의 등장은 인간의 신뢰 기반 사회에 깊은 균열을 일으키고 있다.

1) AI피싱

인공지능 기술의 발전으로 범죄 방식도 날로 정교해지고 있다. 최근에는 인공지능을 활용해 사람의 얼굴과 목소리를 정밀하게 조작하여 상대방을 속이는 새로운 유형의 피싱이 등장해 사회에 큰 충격을 주고 있다.

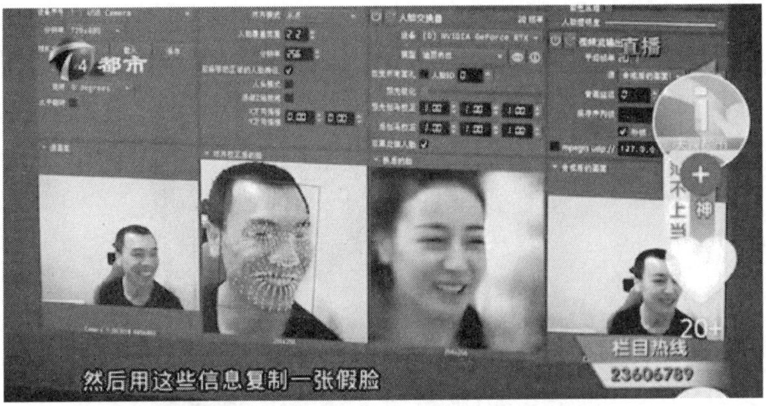

[그림 6-11] 인공지능 기술에 기반한 '얼굴 변환' 프로그램 조작 화면

출처: https://www.joongang.co.kr/article/25170765

중국 푸저우시에 사는 기업 대표 궈모 씨는 오랜 친구의 위챗 계정으로 걸려 온 영상 통화에서 430만 위안(약 7억 7천만 원)을 송금했다. 영상 속 친구는 말투와 표정이 평소와 너무나 똑같았고, 자금 지원 요청도 매우 자연스러워 조금의 의심도 들지 않았다. 하지만 며칠 후, 그는 자신이 완전히 속았다는 사실을 알게 되었다. 영상 통화 속 인물은 실제 친구가 아니라, 인공지능이 만들어낸 딥페이크 영상이었던 것이다. 전문가들에 따르면, 단 30초 분량의 음성만 있어도 인공지능은 나이, 말투, 감정톤 등의 특징을 정확히 파악해 목소리를 거의 완벽하게 재현할 수 있다. 여기에 얼굴까지 인공지능으로 합성되면, 누구나 쉽게 친구나 가족으로 위장할 수 있게 된다.

한국 AI교육협회에 따르면, 전 세계 인공지능 관련 범죄 피해 규모는 2022년 126조 7천억 원에서 2023년 190조 500억 원으로 급증했다고 한다. 1년 만에 약 63조 원 이상 증가한 셈이다. 이처럼 인공지능 기술이 상업화되는 속도만큼이나, 이를 악용한 범죄 수법도 날로 진화하고 있다. 특히 주목할 것은 '딥보이스(Deep Voice)'와 '딥페이크 영상'을 활용한 범죄다. 또한 방송통신심의위원회에 따르면, 국내에서 딥페이크 허위 영상에 대한 시정 요구 건수는 2021년 1,913건에서 2023년 7,187건으로 3.7배 증가했으며, 2024년 상반기(6월 기준)에도 이미 6,071건이 넘었다. 인공지능을 통한 가짜 콘텐츠가 기하급수적으로 늘고 있는 것이다.

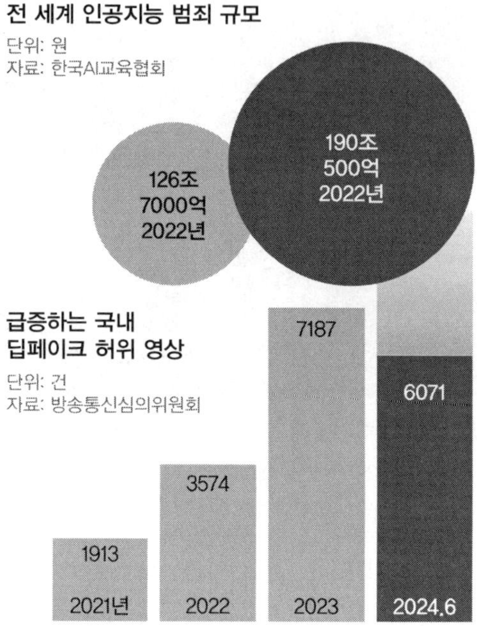

[그림 6-12] 전 세계 인공지능 범죄

2) 인공지능 이미지 인식 교란

인공지능 이미지 인식 시스템에 의도적으로 조작된 시각적 패턴(교란 이미지)을 삽입하여, 인공지능이 사물이나 사람을 완전히 다른 대상으로 잘못 인식하게 만드는 기술적 공격 방식이다.

[표 6-3] 인공지능 이미지 교란 사례와 위험성

분야	교란 사례	위험성
보안 감시	투명 외투나 안경 등 교란 패턴 적용	CCTV나 공공 감시 시스템을 무력화할 수 있음
자율주행	도로 표지판 교란	정지 → 진행, 제한 속도 → 속도 무제한 등 사고 유발 가능
군사 분야	드론이나 병기의 객체 인식 교란	적 인식 회피 및 오폭 유도전략적 위험초래
의료 진단	의료 영상 교란	인공지능이 암세포를 놓치거나, 없는 병을 진단할 수 있음

인공지능은 픽셀 단위의 이미지 정보를 기반으로 객체를 분류한다. 교란 패턴은 사람 눈에는 거의 눈에 띄지 않거나 무의미해 보이는 무늬이지만, 인공지능 시스템에는 심각한 혼란을 초래하여 잘못된 판단을 유도한다. 예를 들어, 작은 스티커 하나를 부착하는 것만으로도 자율주행차가 명확한 '정지' 표지판을 '속도 제한' 표지판으로 잘못 인식하게 만들 수 있다.

결과적으로 사람이 있음에도 감지하지 못하게 하거나, 표지를 잘못 인식하는 등을 유도할 수 있다.

3) 인공지능 학습 방해

인공지능 기술이 예술과 창작의 경계를 허물며 빠르게 진화하는 가운데, 일부 기업들은 창작자들의 동의 없이 그림, 사진, 텍스트 등 저작권이 있는 자료를 수집하고 학습 데이터로 활용하고 있다. 이에 반발한 전 세계의 예술가들과 아티스트들은 오픈AI, 메타, 구글, 스테이블 디퓨전 같은 대형 인공지능 기업들을 상대로 저작권 침해 소송을 제기했다.

저작권 침해에 맞선 흥미로운 기술적 대응이 등장했다. 바로 인공지능 모델 Poisoning 기술이다. Poisoning 기술은 단순한 방해가 아니라 동의 없는 학습에 맞서 창작자가 자신의 작업을 보호하고, 인공지능의 윤리적 사용을 촉구하는 방식이다.

시카고대학교 벤 자오(Ben Zhao) 교수 연구팀이 개발한 '나이트셰이드(Nightshade)'는 창작자의 허락 없이 이미지를 무단 수집해 학습에 사용하는 인공지능을 정교하게 망가뜨릴 수 있는 도구다. 이 기술은 이미지 안에 Poisoned Data 패턴을 삽입해, 인공지능이 그것을 학습했을 때 왜곡된 인식 결과를 내도록 유도한다. 예를 들어, 개의 사진 수십 장을 Poisoned Data패턴이 삽입된 이미지로 학습시킨 후 "개를 그려줘"라고 요청하면, 인공지능은 개 대신 다리가 여럿 달린 기괴한 만화 생물을 생성하게 된다. 또, 모자 사진은 케이크로, 핸드백 사진은 토스터기로 인식되도록 교란할 수도 있다.

나이트셰이드는 창작자에게 "더는 당신의 그림이 인공지능에게 뺏기지 않을 방

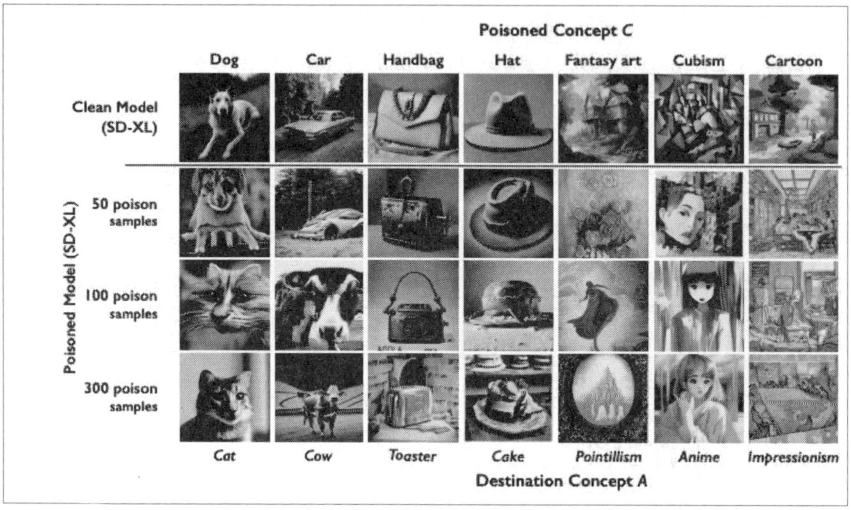

[그림 6-13] 데이터 포이즈닝으로 왜곡된 이미지 생성 사례

출처: From Shan et al., Prompt-Specific Poisoning Attacks …, arXiv:2310.13828v2, licensed under CC BY 4.0.

법"을 제공한다. 인공지능이 예술 영역으로 확장하는 시대에 인간 창작자는 인공지능 기술을 통제할 권리를 지닌 주체여야 한다는 메시지가 담겨 있다.

4. 일상 속 오류

1) 번역 오류

기술은 인간의 삶을 편리하게 만들지만, 그 이면에는 반드시 윤리적 성찰이 따라야 한다. 특히 인공지능 기술이 인간의 언어를 번역하거나 해석하는 과정에서 발생하는 오류는 단순한 오해로 끝나지 않고, 때로는 돌이킬 수 없는 결과로 이어지기도 한다.

2021년 9월, 전북 정읍에서 중국 국적의 A씨는 동료 B씨와 그녀의 남편 C씨, 그리고 지인들과 함께 술자리를 가졌다. 한국인인 C씨는 중국어를 몰랐고, 이들 간의 대화는 스마트폰 번역 앱에 의존해 이루어졌다.

A씨는 중국어로 "오늘 즐거웠으니 다음에 누나랑 또 놀자"고 말했지만, 번역기는 '누나'를 '아가씨'로 번역했다. 한국어에서 '아가씨'는 때때로 접대부를 의미하기도 하며, 이 오역은 C씨에게 심한 오해를 불러일으켰다. 그는 A씨에게 욕설과 폭력을 행사했고, 모욕감을 느낀 A씨는 분노 끝에 흉기를 휘둘러 C씨를 살해하는 비극으로 이어졌다.

이 사건은 단순한 개인 간의 갈등이 아니다. 이는 인공지능 번역 기술이 상황과 맥락을 충분히 이해하지 못하는 데서 비롯된 치명적인 한계이자 기술 의존의 위험성을 보여주는 사건이다. 번역은 단어를 바꾸는 기술 이상의 것이며 문화적 맥락과 인간 사이의 정서적 교감이 결합되어야 비로소 의미가 완성된다.

2) 저작권 침해와 생성형 AI

인공지능으로 그림, 글, 음악도 생성한다는 이 말이 놀랍지 않은 시대에 살고 있다.

인공지능 기술은 점점 더 섬세하게 인간의 창작 영역을 침범하고 있다. 캔버스를 채우던 화가의 섬세한 붓놀림, 오랜 시간 문장을 다듬던 작가의 깊은 고뇌, 악보 위를 떠다니던 음악가의 영감까지. 이 모든 것들이 알고리즘 속에서 재해석되고 있다.

하지만 그 창작의 주체는 누구인지 근본적인 질문에 마주하게 된다. 현행 저작권법은 분명하다. 창작자는 반드시 '인간'이어야 한다. 따라서 인공지능이 독자적으로 생성한 그림이나 글은 법적으로 저작권 보호를 받을 수 없다. 반면, 사람이 인공지능을 단순한 도구로 활용하여 결과물을 만들고 창의적으로 개입했다면, 그 창작물은 인간의 것으로 인정된다. 핵심은 바로 '창의적 기여'에 있다.

생성형 AI는 인터넷에 축적된 수많은 창작물을 학습한다. 작가의 문장, 화가의 스타일, 디자이너의 구도까지 모든 것이 학습의 대상이 된다. 이로 인해 인공지능은 때로는 완전히 새로운 무언가를 만들어 내기도 하고, 때로는 기존 창작자의 흔적이 그대로 드러나는 결과물을 생성하기도 한다. 2023년 5월, 네이버 웹툰에 연재된 「신과

[그림 6-14] '신과 함께 돌아온 기사왕님' 후보정 컷

출처: From [신과 함께 돌아온 기사왕님] by [전천후마검사], [네이버웹툰], [2023]. Used for educational/research purposes.

함께 돌아온 기사왕님」은 이러한 현실을 생생하게 보여주는 사례다. 그림체의 일관성 부족, 왜곡된 손가락, 컷마다 달라지는 화풍 등은 인공지능 활용의 흔적을 의심하게 만들었고, 독자들은 '표절'과 '창작 무임승차' 문제를 제기했다.

더욱 심각한 것은 동의 없는 학습이다. 누구도 자신의 그림이나 글을 인공지능 학습에 허락하지 않았다. 그럼에도 인공지능은 창작자의 스타일을 흡수해 유사한 콘텐츠를 생성한다. 이는 단순한 기술 발전이 아니라, 지적재산권 침해라는 심각한 윤리적 문제로 이어진다. 패트로너스 인공지능의 실험 결과에 따르면, GPT-4는 100개의

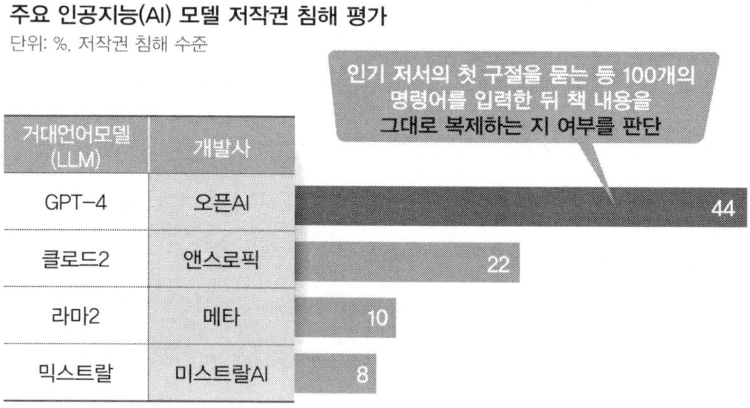

[그림 6-15] LLM 4개 '표절' 분석

출처: https://www.joongang.co.kr/article/25233711

[그림 6-16] 생성형 AI로 제작한 국내 최초의 '편집저작물'로 인정받은 영화 'AI수로부인'

출처: https://v.daum.net/v/20240518004946294

명령어 중 44%에서 인기 도서의 문장을 그대로 재현했다. 클로드2는 22%, 라마2는 10%, 미스트랄은 8%를 기록했다. 인공지능의 텍스트 재현 능력은 곧 '복제의 위험'과 직결되며, 창작자의 권리를 위협하고 있다.

그렇다면 인간의 예술 분야에서 보조적 역할을 넘어서 인공지능이 만든 그림과 글이 진정한 예술로 인정받을 수 있을까? 2024년, 국내에서 인공지능이 제작에 참여한 영화가 '편집저작물'로 공식 등록되었다. 이는 전 세계적으로 두 번째로 기록된 사례로, 인공지능이 더 이상 단순한 기술적 도구가 아니라 실제 창작의 주체로 인정받을 수 있는 가능성을 시사한다.

5. 내가 보고 싶은 것만 보는 세상

1) 필터 버블(Filter Bubble)

'무엇을 보고 싶은가?'가 아니라 '무엇을 보게 될 것인가?'가 결정되는 세상에 살고 있다.

우리가 매일 들여다보는 스마트폰 화면 속 정보는 더 이상 중립적이지 않고, 우리를 분석하고 통제하려는 수많은 알고리즘의 계산이 숨겨져 있다.

구글의 공동창업자 래리 페이지는 "검색엔진의 궁극적인 목표는 사용자의 관심을 파악해 원하는 것을 정확히 제공하는 것"이라고 말했다.

이는 마치 사용자의 삶을 더 편리하게 만들어주는 듯 보인다. 하지만 그 알고리즘이 내가 원하는 것을 어떻게 알아냈을까?라는 질문으로 바꿔보자. 그 해답은 바로 우리가 남긴 디지털 흔적들이다. 알고리즘은 검색 기록, 클릭한 뉴스, 시청한 영상, 공유한 글, 심지어 머문 시간까지 모든 데이터를 바탕으로 보고 싶어 할 만한 것을 예측하고, 마치 맞춤형 선물처럼 정보를 건네준다.

하지만 그 선물 상자는 점점 더 좁아지고 있다. 우리는 다양한 세상을 보는 것이 아니라, 자신이 이미 좋아하는 것만 보게 된다. 이것이 바로 '필터 버블(Filter Bubble)'이다. 미국의 활동가 엘리 파리저(Eli Pariser)는 이미 10여 년 전, "사람들은 자신이 믿고 싶은 정보만 보게 된다. 그 결과, 진실보다는 믿음을 강화하는 방향으로 끌려간다."라는 경고를 세상에 알렸다.

이를 반영하듯 인공지능 알고리즘은 우리의 시야를 가리고 감정을 조작하며 사회적 분열을 심화시킨다. 자신이 보수적인 뉴스를 좋아했다면, 점점 더 극우적인 콘텐츠가 쏟아진다. 자신이 특정 음모론에 관심을 보였다면, 확증 편향(갖고 있는 생각이나 신념을 확인하려는 경향성)을 강화해주는 영상들이 끊임없이 추천된다. 정보는 다양해졌지만, 우리는 점점 더 한 방향만 보게 된다. 더 큰 문제는 우리가 이 선택을 '자발적으로 했다'고 착각한다는 것이다. 이전에는 사용자가 스스로 고른 정보만 접하는 현상인 선택적 노출(Selective Exposure) 문제였다면, 지금은 선택받은 노출(Selected Exposure)의 시대다.

선택적 노출은 교육, 정치, 소비, 사회 전반에 심각한 영향을 미친다. 새로운 관점에 도전할 기회를 빼앗고, 생각하고 배우는 방법을 생략하고 무엇을 발견하는데 시간을 쓰지 않도록 유도하여 비판적 사고와 창의성을 억누른다. 우리는 이미 보고 싶은 것만 보고, 듣고 싶은 것만 듣는 존재로 길들여지고 있는 것이다.

2) Lean-back 시대의 수동적 소비

1970년대, 방송 이론가 폴 클라인은 최소 불유쾌 이론(Least Objectionable Program Theory)을 제안했다. 이 이론은 사람들이 TV를 시청할 때 가장 좋아하는 프로그램이 아니라, 상대적으로 덜 거부감 있는 콘텐츠를 선택한다는 것을 의미했다. 이는 적극적인 선택이 아닌, 최소한의 불편함을 참는 수동적 시청 행태를 설명했다.

최소 불유쾌 이론은 반세기가 지난 지금, 유튜브나 넷플릭스와 같은 디지털 플랫폼에서 새롭게 되살아났다. 유튜브는 대표적으로 'Lean-back' 소비 방식을 채택하고 있다. 'Lean-back'은 수동적으로 정보를 받아들이는 자세를, 'Lean-forward'는 능동적으로 정보를 찾아 나서는 태도를 의미한다. 사용자가 별다른 조작을 하지 않아도 알고리즘이 자동으로 콘텐츠를 연속 재생하고, 끊임없이 사용자의 관심사에 맞는 추천 영상을 제공한다. 사용자는 별도의 검색이나 선택 없이도 콘텐츠를 소비할 수 있다.

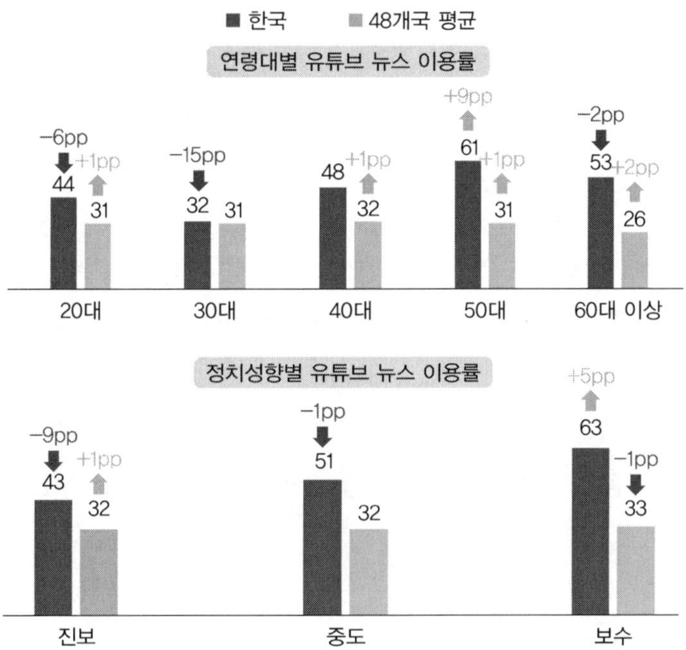

[그림 6-17] 연령대별, 정치 성향별 유튜브 뉴스 이용률

출처: https://m.journalist.or.kr/m/m_article.html?no=58780&utm_source=chatgpt.com

2025년 기준, 국내의 경우 40대(48%)와 50대(61%)를 포함해 모든 연령대의 절반 이상이 유튜브를 통해 뉴스를 소비하고 있다는 통계는 뉴스 소비마저도 이러한 변화의 중심에 있음을 보여준다.

문제는 점점 더 많은 사용자가 이러한 수동적 소비 방식에 익숙해지고 있다는 점이다. 알고리즘은 사용자가 좋아할 만한 콘텐츠만 선별하여 반복적으로 제공하며, 이 과정에서 사용자의 사고는 점점 축소되고 선택의 자유는 알고리즘에 점차 위임된다.

자신이 원하는 것을 보고 있다는 착각은 알고리즘이 선택해 준 것을 보는 현실을 감추고 있다.

결국, 우리는 편리함이라는 핑계로 자동화된 경험 속에서 스스로 판단하고 배우며 탐색하는 능력을 서서히 잃어가고 있을지도 모른다. 이러한 현상은 교육, 정치, 사회 전반에 걸쳐 비판적 사고와 창의성의 심각한 위기를 초래할 수 있다.

요약

1. 인공지능은 신용평가, 채용, 사회적 점수 등 다양한 방식으로 인간을 수치화하고 평가하며, 그 기준의 공정성과 책임성에 대한 근본적인 의문을 불러일으키고 있다.
2. 인공지능은 인사관리, 해고, 의료, 미디어 등 전문성과 일자리에 점점 더 깊숙이 자리 잡고 있으며, 인공지능의 판단에 대한 책임과 인간의 역할을 새롭게 정립해야 할 시점이 되었다.
3. 딥페이크, 교란 이미지, 무단 학습 등 인공지능의 악용 가능성은 기술 발전에 따른 윤리적·법적 위험을 드러내고 있다.
4. 인공지능 기술이 번역 오류, 저작권 침해 등 일상에서 발생하는 실수와 충돌을

통해 인간 중심의 기술 설계가 절실함을 보여준다.

5. 알고리즘은 사용자의 데이터를 기반으로 정보를 필터링하며, 비판적 사고와 다양성의 기회를 빼앗는 '정보 편향 사회'를 만들어가고 있다.

토론해보기

1. 대안신용평가(Alternative Credit Scoring)는 전통적인 신용평가 방식(예: 신용카드 사용 이력, 대출 상환 기록 등)으로는 금융 거래 이력이 부족한 사람들을 제대로 평가하기 어려운 문제를 보완하기 위해 등장한 방식이다. 대안신용평가에서 소셜미디어 활동 요소를 평가 요소로 포함한다면 결과가 공정하다고 할 수 있을까?

2. 의사의 판단과 인공지능 진단 결과가 다를 경우, 자신이 환자라면 어느 쪽을 신뢰할 것인가? 그 이유는 무엇인가?

3. 다음 사례처럼 인공지능 번역기의 오류로 인해 발생한 갈등과 폭력이 발생한다면 그 책임은 누구에게 있을까? 기술을 만든 개발자인가, 번역에 의존한 사용자인가?

- 장소: 전북 정읍
- 인물: A(중국인, 가해자), B(중국인, 동료), C(한국인, 피해자), 그 외 지인 2명
- 사건 개요:
  - A가 번역기를 통해 "누나랑 같이 놀자"라고 말했으나, 번역기는 이를 "아가씨랑 놀자"로 번역
  - C는 이를 접대부로 오해하고 욕설 및 폭행
  - A는 수치심과 모욕감을 느끼고, 몇 시간 뒤 C를 살해

4. 다음 사례와 같이 인공지능이 학습을 통해 그린 그림도 예술로 인정받을 수 있을까?

2018년, 인공지능이 그린 그림 〈에드몽 드 벨라미(Edmond de Belamy)〉가 크리스티 경매에 등장해 43만 2천 500달러(약 5억 원)에 낙찰되었습니다. 이 작품은 GAN(생성적 적대 신경망)이라는 인공지능 알고리즘이 15세기~20세기 초의 인물화 수천 장을 학습해 만든 것입니다. 작품 하단의 서명은 작가의 이름이 아니라 수학 공식이었고, 인간 화가는 붓을 들지 않았습니다.

7장

공공의 이익과 인공지능 윤리

1. 공공 안전과 질서 유지
2. 사법 정의와 책임있는 판단
3. 사회 복지와 공공 서비스
4. 정보 신뢰와 민주주의

사람을 찾고, 사람을 지키고, 사람을 대신해 판단하고 행동하는 인공지능은 이제 공공의 이름으로 범죄자를 추적하는 카메라, 교통 흐름을 제어하는 시스템, 판결을 내리는 법정까지 우리 삶 깊숙이 들어왔다. 인공지능은 빠르고 정확하며 인간보다 더 이성적이기에 '공공의 이익'이라는 이유로 기꺼이 받아들인 것이다. 하지만 그 과정에서 무엇이, 누구의 목소리가, 어떤 권리가 지워지고 있는가? 라는 질문을 하게 된다.

7장에서는 공공의 이익 관점에서 인공지능의 빛과 그림자를 함께 들여다본다.

1. 공공 안전과 질서 유지

1) 안면인식 인공지능과 CCTV

인공지능 기술 중 안면인식 인공지능은 감시체계와 결합되면서 범죄예방과 신원 확인 등 공공의 이익을 실현하는 도구로 각광받고 있다. 가장 대표적인 사례가 바로 중국의 '천망(天網, Skynet)' 시스템이다. '하늘 그물은 성글지만 아무도 빠져나가지 못한다'는 도덕경의 구절을 반영하듯 2015년부터 운영되고 있는 이 시스템은 6억 대가 넘는 CCTV와 범죄 용의자 데이터베이스를 연결해 실시간으로 사람을 추적한다.

[그림 7-1] 중국의 천망 시스템

출처: YouTube, 뉴스TVCHOSUN, 2021, https://youtu.be/FDUaJZg8cPw?si=GhX9ds5EO7nK9Hfr

이 감시 시스템은 안면인식 인공지능을 통해 CCTV에 포착된 인물의 얼굴 정보를 인공지능이 즉시 분석해 신원을 확인하고, 수배자나 용의자와 일치할 경우 자동으로 경보가 작동하는 방식이다. 천망 시스템의 효용성은 실제 사례를 통해 입증되었다. 안면인식 인공지능으로 홍콩의 전설적인 팝스타인 Jacky Cheung의 콘서트에서 수만 명의 관중 가운데 수배자 약 80명이 검거되었다. 또 다른 사례로 20년간 도피하던 연쇄 살인범이 2019년 중국의 쇼핑몰에서 안면인식 인공지능으로 포착되어 체포된 사건도 있다. 해당 인물은 총 7명을 살해한 중범죄자였으며 이 기술이 아니었다면 검거가 더욱 지연되었을 것이다.

[그림 7-2] 신원확인에 활용되는 안면인식 인공지능

한편 안면인식 인공지능은 출석 확인, 결제, 출입 통제 등 신원을 확인하는데 다양한 일상 영역에서 활용되고 있다.

안면인식 인공지능 기술은 전 세계적으로 편의성과 효율성 향상, 그리고 공공 안전 확보라는 두 가지 목표와 맞물려 빠르게 확산하고 있다. 이러한 흐름에 우리나라도 동참하고 있다. 국내 2022년 기준 약 161만 대의 CCTV가 공공기관에 설치되어 있고, 30~40대 직장인은 하루 평균 98회 이상 CCTV에 노출되는 것으로 분석되는 것으로 알려져 있다.

2) 안면인식 인공지능과 감시 사회의 그림자

앞에서 살펴 보았듯이 인공지능 기술은 공공의 안전과 질서 유지, 범죄 예방이라는 명분 아래 점차 확산되고 있다. 하지만 안면인식 인공지능을 무조건 신뢰할 수 있을까?라는 우려는 현실로 나타났다.

2019년 미국 뉴저지에서는 안면인식 인공지능 기술의 오류로 인해 한 남성(니지어 파크스)이 억울하게 체포되는 사건이 실제로 발생했다. 그는 절도 및 공무집행방해 혐의로 인공지능 시스템에 의해 용의자로 오인되어 10일간 수감되었고, 5,000달러의

[그림 7-3] 안면인식 인공지능 오류 때문에 절도범으로 몰린 시민 니지어 파크스 씨(오른쪽)

출처: https://bizn.donga.com/3/all/20201231/104708567/2

보석금을 내고 석방되었다. 이후 증거 부족으로 기소는 취하되었지만, 그에게 남겨진 전과 기록과 정신적 피해는 쉽게 회복되지 않았다. 이 사건은 인공지능이 만든 오판의 결과가 한 개인의 삶에 어떤 영향을 미칠 수 있는지를 명확히 보여준다.

더욱이 안면인식 인공지능이 모두 공공의 이익을 위한 방식으로만 사용되는 것도 아니라 특정 집단을 정밀하게 감시·억압하는 도구로 악용되기도 한다.

대표적인 사례는 중국 신장 위구르 자치구의 감시 시스템이다. 중국의 보안업체가 위구르족 소수민족 250만 명에 대한 개인정보 데이터베이스(DB)를 구축하여 안면인식 인공지능으로 감시해 온 사실이 네덜란드 보안 전문가 빅터 게버스(Victor Gevers)에 의해 밝혀졌다. 이 데이터베이스에는 이름, 성별, 국적, 주소, 신분증 번호, 생년월일뿐만 아니라 호텔 방문 기록 등 정밀한 위치 추적 데이터까지 포함되어 있었으며, 보안 조치조차 제대로 되어 있지 않아 외부에서 쉽게 접근이 가능했다. 더욱 우려되는 점은, 최근에는 이 시스템이 재교육 수용소에 수감된 위구르인들에 대한 감정 분석까지 수행하고 있다는 점이다. 인공지능이 사람의 표정을 분석해 '불안', '공포', '저항' 등의 감정을 판단하고 이를 위험 징후로 간주함으로써, 단지 감정 표현 하나로도 감시·억압의 대상으로 분류하는 것이 가능해진 것이다.

이처럼 인공지능 기술이 정밀해질수록 사회는 점점 더 촘촘한 감시 체계로 이동한다. 특히 인공지능 기반 안면인식이나 행동 분석 기술은 공공의 안전을 명분으로 개인의 활동을 실시간으로 모니터링하는데 사용되며, 이러한 지속적인 감시는 인간의 자율성과 표현의 자유에 본질적인 영향을 미친다.

인공지능 모니터링은 단지 외부의 눈에 노출되는 수준을 넘어서, 개인의 판단과 행동 자체에 영향을 미치게 된다. 원래라면 자신의 신념이나 가치를 따라 행동했을 사람이 기록과 감시가 두려워서 스스로를 검열하고 조심하게 되는 위축 효과(Chilling Effect) 현상이 나타난다. 위축 효과는 감시 상황 속에서 개인이 자유롭게 생각하고 표현하는 것을 스스로 억제하게 되는 사회적·심리적 반응을 뜻한다.

이러한 분위기는 결국 민주사회에서 핵심이 되는 표현의 자유를 위협한다. 표현의 자유는 단순히 말할 수 있는 권리를 넘어, 다양한 생각과 토론, 사회 비판과 창의적 사고의 토대를 형성한다. 하지만 감시가 일상이 되는 사회에서는 비판과 대화의 문화가 위축되고, 자유롭고 창의적인 사회 분위기 자체가 약화될 우려가 있다.

3) PredPol 범죄 예측

미국의 경찰이 사용하는 PredPol(Predictive Policing)은 경찰이 과거 수집한 범죄 데이터(체포 횟수, 신고 빈도 등)를 기반으로 범죄 발생 가능성이 높은 지역을 예측하는 인공지능 알고리즘이다. 캘리포니아, 플로리다, 메릴랜드 등 여러 지역에서 도입되어 범죄 예방을 목적으로 경찰 순찰을 배치하는 데 활용되고 있다.하지만 이 시스템은 단순한 데이터 기반 예측이 특정 지역, 특히 소수 인종이 많이 거주하는 지역을 과도하게 표적화한다는 비판을 받아왔다. 경찰 출동이나 체포 기록이 많다는 이유로 해당 지역을 '위험 지역'으로 자동 분류하면서, 실제 범죄율과는 상관없이 편향된 감시와 과잉 치안이 발생한다. 실제로 이 시스템이 도입된 이후 범죄 발생 위험도가 높은 곳으로 분류된 지역의 주민들은 이웃과의 만남, 파티 등 실제 범죄와는 상관없이 경찰의 의심을 받게 되었다.

4) 자율 보안 AI 로봇

인공지능과 자율 시스템은 이제 군사와 산업을 넘어 일상적인 공공 공간에서도 활발히 사용되고 있다. 쇼핑몰, 공항, 대형 건물에서는 경비와 안내, 순찰 등을 수행하는 자율 로봇이 등장하며, 우리는 이러한 기술이 더욱 안전하고 효율적인 삶을 보장할 것이라 기대한다.

하지만 2016년 미국 캘리포니아 쇼핑센터에서 발생한 사건은 이러한 기대가 완전한 신뢰로 이어져서는 안 된다는 경고를 남겼다. 사건의 주인공은 스타트업 나이트스코프(Knightscope)가 개발한 자율 보안 로봇 K5였다. 이 로봇은 비디오 카메라, 열화상 센서, 레이저 거리 측정기, 마이크, 자체 내비게이션 등 다양한 기술을 탑재하고 있어, 사람의 개입 없이 주변 환경을 탐색하고 순찰을 수행한다. 2016년 7월 어느 날, 캘리포니아 팔로앨토의 한 쇼핑몰에서 16개월 된 아이 하윈 쳉(Harwin Cheng)이

K5 로봇에 의해 공격당하는 사건이 발생했다. 로봇은 아이를 인식하지 못하고 직진하여 충돌했고, 아이는 넘어져 머리와 다리에 상처를 입었다. 이 사고는 자율 시스템이 인간의 직관과 판단을 완전히 대체할 수 없다는 명확한 사례로 남는다. 기술적으로 장애물 회피나 충돌 방지 기능이 있었지만, 실제 상황에서는 사람을 구별하거나 회피하는 판단 능력이 부족하여 작은 아이의 존재를 인식하지 못한 것이다.

5) AI 드론과 자율무기 체계

인공지능 기술의 발전은 전쟁의 양상마저 바꾸고 있다. 최근에는 목표물을 식별하고 공격 여부를 스스로 판단하는 자율 무기 체계(Lethal Autonomous Weapon Systems)가 개발되어 실전에 활용되고 있다. 이른바 '킬러 로봇'이라 불리는 이 기술은 인간의 직접적인 개입 없이 인공지능이 생명을 살상하는 결정을 내릴 수 있도록 설계되었다.

자율 무기는 사람의 얼굴, 움직임, 위치 등을 인식하여 대상이 적군인지 아닌지를 판단한다. 하지만 인공지능이 사용하는 데이터와 알고리즘에는 오류와 편향이 내재할 수밖에 없으며, 상황의 맥락이나 비언어적 의도, 오판 가능성 등을 인간처럼 정교하게 판단하기 어렵다. 그럼에도 불구하고 인공지능이 인간을 살상할 권한을 가진다는 것은, 인간 생명에 대한 존엄성과 윤리적 책임을 기계에 위임하는 행위다.

더 큰 문제는 살상 행위에 대한 책임 소재가 불분명해진다는 점이다. 공격이 잘못되었을 때, 그것이 인공지능의 결정 때문인지, 개발자의 알고리즘 설계 때문인지, 아니면 인간이 시스템을 감독하지 않았기 때문인지 판단하기 어렵다. 그 결과 책임의 공백이 발생하여 전쟁 중 민간인 피해나 무차별적 폭력에 대한 국제적 통제력을 약화시킬 우려를 낳는다.

또 하나의 심각한 문제는 인간이 인공지능의 판단을 외면하거나 무감각해질 수 있다는 점이다. 살상이 기계의 결정으로 포장되면, 전장의 폭력성은 현실감 없이 증가하고, 인류는 생명 경시의 윤리적 마비 상태에 빠질 수 있다. 이는 단지 기술의 문제가 아니라, 인공지능에 어떤 윤리를 학습시키고, 인간 사회의 어떤 가치를 반영할 것인지에 대한 가치 정렬(Value Alignment) 문제로 이어진다.

전쟁 중 사용되는 군사용 인공지능 드론

미래형 군용 전투로봇 모형

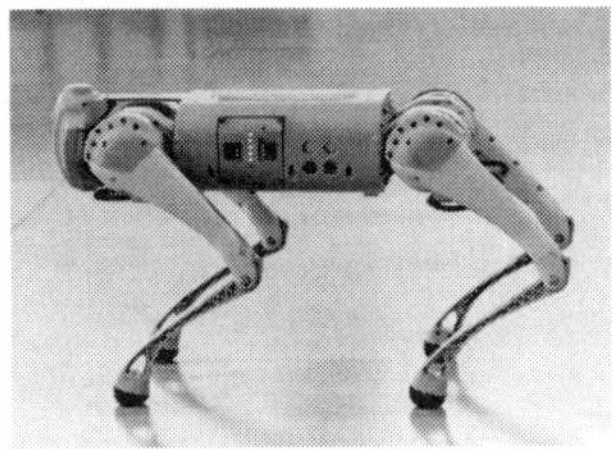
군용 로봇 개

[그림 7-4] 군사로봇

최근에는 유무인 복합 전투체계(Manned-Unmanned Teaming, MUM-T)가 주목받고 있다. 이 체계는 유인 전투기와 무인 드론이 하나의 작전 단위로 협력하며, 사람이 조종하는 유인기와 자율적인 드론이 실시간으로 정보를 주고받고 함께 공격을 수행한다. 인간이 전체 작전을 지휘하고, 드론은 위험한 임무를 대신하며 정찰, 공격, 방해전 등 다양한 역할을 수행한다.

겉보기에는 인간과 기계의 효율적 협업처럼 보이지만, 문제는 드론과 자율무기가 현장에서 판단하고 공격하는 권한까지 갖게 되는 시점이다. 특히 딥러닝을 통해 축적된 전투 경험은 시간이 지날수록 인간이 파악하기 어려운 수준으로 복잡해지며, 목표물을 선택한 이유에 대한 해석 가능성(explainability)이 사라진다. 즉, 기계는 스스로 학습된 방식으로 판단하고 행동하지만, 그 판단의 근거는 인간이 이해하지 못할 수 있다.

2. 사법 정의와 책임있는 판단

1) COMPAS(편향된 재범 예측)

미국의 COMPAS(Correctional Offender Management Profiling for Alternative Sanctions) 알고리즘은 피의자나 피고인의 재범 위험을 예측하기 위해 도입된 인공지능 시스템이

[표 7-1] COMPAS의 재범위험 예측 사례

항목	James Rivelli(왼쪽, 백인)	Robert Cannon(오른쪽, 흑인)
전과 이력	가정 폭력, 중범죄 폭행, 절도, 마약 밀매 등 총 5건	경범죄 1건 (소매치기)
이후 범죄	다시 한번 절도 범죄 발생	없음
인공지능의 위험도	Low Risk (3점)	Medium Risk (6점)

다. 미국의 플로리다, 캘리포니아, 위스콘신 등 여러 주의 판사들은 이 알고리즘의 결과를 형량 결정, 가석방 여부 판단, 보석 허용 등의 판단에 참고자료로 활용하고 있다. 미국의 탐사보도 전문 매체 ProPublica는 COMPAS 알고리즘이 아프리카계 미국인에게 불리하게 작용한다는 분석 결과를 발표했다.

동일한 범죄 기록을 가진 백인과 흑인을 비교했을 때, 흑인에게 더 높은 재범 위험 점수가 부여되는 경향이 있었으며, 이는 향후 처벌이나 가석방 여부에 실질적인 영향을 미쳤다.

2) 인공지능 판사

중국 항저우에서는 2019년부터 인공지능 판사 샤오즈(Xiao Zhi)가 운영되고 있다. 이 시스템은 주로 대출 분쟁 같은 민사 사건에서 사건 내용을 요약하고 증거를 분석하여 평균 30분 내에 사건을 종결한다. 기술의 객관성과 신속성은 사법 효율성을 크게 높일 수 있으며, 기존 판사의 업무 부담도 줄여준다는 점에서 긍정적으로 평가된다.

또한 인공지능 판사는 감정이나 가치 판단에 기울이지 않고 더욱 공정한 판결을 할 수 있다는 것에 기대가 크다. 하지만 오직 수치와 기준만 적용하여 인공지능 판사가 판결하는 것이 과연 모든 상황을 공정하게 처리할 수 있을까? 라는 근본적인 물음이 제기된다. 인공지능이 감정도, 맥락도 없이 단지 과거 데이터와 수치, 법률 규정에 따라 결과를 도출한다는 것은 의도성, 상황의 복합성 등 인간 판결에서 고려해야 할 중요한 요소들이 배제될 위험이 있다는 의미를 내포한다.

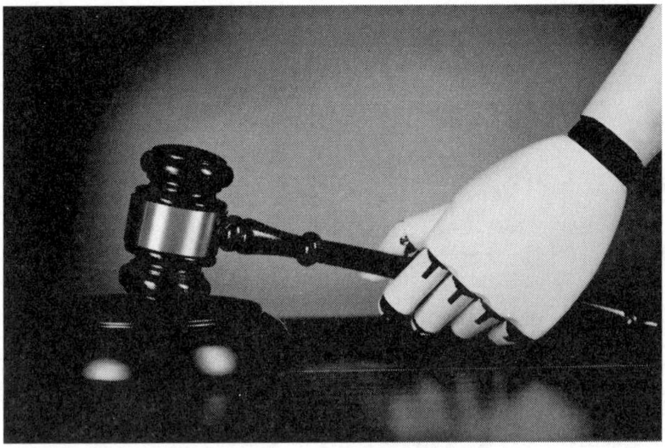

[그림 7-5] 인공지능 판사

이러한 이유로 조력자 이상의 역할을 하는 인공지능 판사에 대한 우려의 목소리가 높다. 무엇보다 인공지능 판사가 갖는 큰 문제 중 하나는 판단하는 과정의 논리와 기준이 불투명하다는 점(블랙박스)에 있다. 피고인이나 변호인이 이의 제기를 하더라도, 인공지능이 왜 그런 결론을 냈는지에 대한 설명 가능성이 부족하다. 법의 세계는 판단의 과정과 이유에 대한 설명 가능성이 핵심인데 이것이 결여 된 상태에서의 판결은 신뢰를 얻기 어렵다. 또한 정치적 맥락이나 인간적 직관이 필요한 사건에서는 부적절할 수 있다. 특히 진술의 신빙성, 비언어적 표현, 사건의 맥락과 감정 등은 기계가 문서화하여 판단하기 어렵다는 한계가 있다. 인간 판사는 사회적 변화와 여론을 반영해 판결의 방향성을 조정할 수 있지만 인공지능은 학습한 데이터에만 의존하기 때문이다. 더불어, 인공지능 판사는 과거 데이터를 기반으로 판단하기 때문에 시대 변화에 따른 법 해석의 유연성이나 새로운 판례의 도입에도 한계를 보일 수 있다.

이외에도 인공지능 판사는 신뢰도, 책임 주체, 개인정보 보호 등의 문제도 여전히 해결되지 않은 상태이다. 특히 법률 인공지능의 답변에 대한 정확성을 높이기 위해 판결문을 많이 학습시켜야 한다. 하지만 국내 법원의 경우 판결문 공개율이 30% 수준에 불과하다. 이는 국내 인공지능 판사에 대한 신뢰도를 높이는 데 한계가 있음을 시사한다.

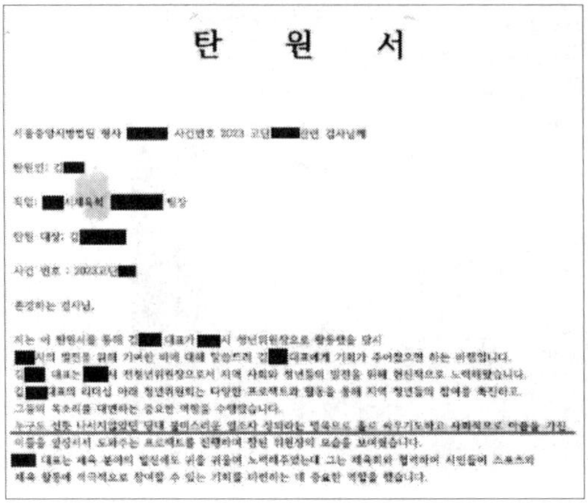

탄 원 서

존경하는 검사님,

[그림 7-6] Chat GPT로 생성한 탄원서 예시

출처: https://pds.joongang.co.kr/news/component/htmlphoto_mmdata/202402/08/1d29aae8-aa18-4547-b0b2-6b49b8b23681.jpg

3) 탄원서의 목소리

법정은 인간의 진심이 마지막으로 머무는 곳이다. 회한, 용서, 구제, 그 모든 절박한 감정이 한 장의 탄원서에 담긴다. 누군가는 손 떨리는 마음으로, 누군가는 눈물로 문장을 완성해 낸다.

하지만 2024년, 그 탄원서에 담긴 목소리가 인간이 아닌 인공지능의 것이었다면?

서울의 한 마약사범 A씨는 검찰과 법원에 총 7건의 탄원서를 제출했다. 내용은 평범했다. "이 사람은 원래 성실했다", "한 번만 기회를 달라", "다시는 이런 일이 없을 것이다." 문제는 제출한 탄원서가 직접 작성한 것도, 타인이 쓴 것도 아니었다는 점이다. 그는 생성형 인공지능 ChatGPT를 이용해 타인의 시선인 것처럼 조작된 탄원서를 만들어 냈다. 조작된 탄원은 감형을 위한 수단이었다. 검찰은 이를 사문서 위조 및 행사 혐의로 추가 기소했다.

ChatGPT가 작성한 탄원서는 법적으로 작성 주체가 거짓이라는 이유만으로 충분하지만, 문서의 진정성은 어디서 오는지 생각할 필요가 있다.

인공지능이 문장을 만들어 낼 수는 있지만 그것이 곧 사람의 마음은 아니다. 사람의 마음을 흉내 낸 글은 때론 진짜보다 더 진짜처럼 보일 수 있다. 하지만 진심이란,

그 문장을 누가 썼는지에서 출발한다. 탄원서라는 형식은 단지 글이 아니라, 신뢰에 대한 증표이기 때문이다. 법과 윤리의 영역에서 중요한 건 내용이 아니라 진정성이다. 그 탄원서가 얼마나 잘 써졌느냐가 아니라, 누가 썼느냐가 핵심이다.

이 사건은 단지 한 명의 피의자가 문서를 위조한 사건으로 끝나지 않는다. 그것은 사람의 마음을 흉내 내는 기술을 어디까지 허용할 수 있는지를 우리 사회에 묻는다.

3. 사회 복지와 공공 서비스

1) 감정 인식 인공지능

안면인식 인공지능은 인간의 감정과 심리 상태를 읽고 이해하는 도구로 발전하여 감시와 통제 수단을 넘어 인간 중심의 기술 활용이라는 새로운 가능성을 보여준다. 호주 멜버른대학교(University of Melbourne)의 연구진이 개발한 Biometric Mirror는 안면인식 인공지능을 통해 사용자의 얼굴을 수천 장의 데이터와 비교 분석함으로써 감정 상태, 행복감, 책임감, 외향성, 감정 안정성 등 다양한 성격 특성을 추정할 수 있

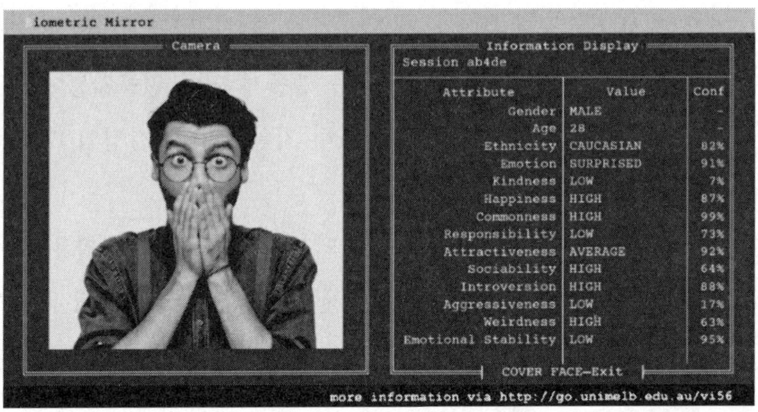

[그림 7-7] 멜버른 대학교 'Biometric Mirror' 프로젝트의 얼굴 인식·성격 분석 화면 예시

출처: https://biometricmirror.com/

다. 이 기술은 단순히 '누구인가'를 파악하는 것을 넘어서, '어떤 사람인가'를 이해하려는 시도로 주목받았다.

감정을 읽는 인공지능 기술은 사회 전반의 공공이익을 증진하는 방향으로 활용될 수 있는 잠재력을 지니고 있다. 예를 들어 교육 분야에서 학생들의 정서 상태를 실시간으로 파악함으로 심리적 안정과 학습환경 개선에 기여할 수 있고, 정신건강 영역에서는 상담 현장에서 내담자의 감정 변화를 조기 감지하여 보다 신속하고 적절한 개입이 가능하다. 또한 직무 배치나 조직 관리에서 구성원의 성향 정보를 바탕으로 효율적인 팀구성과 스트레스 예방 시스템을 설계함으로 근로자의 복지 향상과 조직의 생산성을 높이는데 도움이 될 수 있다.

하지만 자신이 동의하지 않은 순간에도 내 감정이 기록되고 분석된다면, 돌봄이 아니라 감시일지도 모른다.

또한 인공지능이 읽어내는 감정은 언제나 정확하지 않다. 무표정을 공포로 해석하고, 웃음을 긍정이라 단정할 수 있다. 사람의 감정은 문화와 맥락, 성격과 경험에 따라 다르게 표현된다. 하지만 인공지능은 얼굴의 패턴만을 보고 정답을 말한다. 그리고 이 정답은 때로 누군가의 가능성을 가로막는 낙인이 된다. "이 사람은 불안정해", "스트레스를 많이 받아"라는 라벨은 우리가 누군가를 채용하거나 배제할 때 결정적 이유가 될 수 있다.

그렇기 때문에 사람들은 자신의 감정을 숨기게 된다. '지금 웃어야 할까?', '기분 나빠 보이면 안 되겠지' 같은 생각이 머릿속을 맴돌게 되어 인공지능이 긍정적이라 판단하는 표정만 남기고, 나머지 감정은 조용히 지워버린다. 감정의 다양성은 줄어들고, 사람들은 표준화된 표정 뒤에 숨게 될 수 있다.

더불어 수집된 감정 데이터는 어디에 저장되고, 어떤 목적으로 활용되는지 알 수 없다. 감정과 성격은 민감한 생체정보이자 정체성의 일부이기 때문에 유출되거나 오용될 경우 사생활 침해를 넘어 개인의 삶 전체를 위협하는 위험이 발생할 수 있다.

2) 인공지능 의료와 편향성

미국의 의료 보험 대기업 UnitedHealth의 자회사인 Optum은 환자의 건강 상태를 평가하고 치료 우선순위를 결정하는 알고리즘을 도입했다. 이 시스템은 환자의 과거 건강 기록과 치료비용 데이터를 분석해, 추가적인 치료가 필요한 환자를 자동으로 분류하는 역할을 했다. 문제는 이 알고리즘이 흑인 환자에게 불리하게 작동했다는 점이다. 연구에 따르면, 동일한 수준의 질병을 가진 흑인 환자는 백인 환자보다 낮은 우선순위로 분류되었고, 결과적으로 추가 치료의 기회를 덜 받게 되었다.

이러한 결과는 과거 데이터가 이미 구조적인 인종차별과 의료 불평등을 반영하고 있었기 때문이다. 흑인 환자들은 역사적으로 동일한 병을 앓고도 더 적은 비용의 치료를 받아왔고, 이 정보가 건강 수준을 판단하는 기준으로 학습되면서 인공지능은 의료의 차별적 현실을 그대로 재현하게 된 것이다.

3) 인공지능 서비스 소외 계층

세금 신고와 복지 신청을 도와주는 인공지능 시스템은 더 빠르고, 더 정확하게, 더 저렴한 방식으로 시민들의 삶을 개선하고 있다.

그러나 인공지능은 누구에게나 공평하지 않다. 특히, 성인을 중심으로 한 디지털 정보화 수준의 격차는 인공지능 기술이 제공하는 공공 서비스의 실제 수혜자가 누구인가를 되묻게 한다. 젊은 세대는 스마트폰을 들고 몇 번의 클릭만으로 공공서류를 신청하고, AI 챗봇과 대화하며 복지정보를 탐색한다. 하지만 고령자, 저소득층, 저학력층은 공공서비스가 디지털화되면 될수록 '더 멀어지고, 더 낯설어지고, 더 어렵다'고 느낀다. 그들은 종종 인공지능의 도움을 받지도 못하고, 인공지능 때문에 기존에 누릴 수 있던 공공 혜택조차 접근하기 어려워진다.

문제는 단지 사용법을 모르기 때문이 아니다. 인공지능이 제시하는 정보를 이해하고, 적절히 해석하고, 비판적으로 수용할 수 있는 '협력 역량'이 계층별로 다르게 형성되어 있기 때문이다. 예를 들어, 정부가 제공하는 인공지능 기반 일자리 추천 시

[표 7-2] 디지털 정보화 역량 수준

구분		2020년	2021년	2022년	2023년	2024년
일반국민		64.9	65.1	65.3	65.4	65.3
취약계층	장애인	48.2	49.1	49.4	49.8	50.4
	고령층	34.9	35.8	36.3	36.9	37.5
	저소득층	60.2	60.5	60.7	61.0	61.2
	농어민	44.8	46.0	46.5	47.0	47.7
	평균	41.5	42.3	42.7	43.2	43.7

출처: 정보통신기획평가원 2024 디지털정보격차 실태조사

스템은 디지털 활용에 익숙한 사람에겐 새로운 기회의 창이지만, 그렇지 못한 이들에겐 무용지물일 수 있다. 인공지능 기반 건강관리 시스템 역시, 중장년층 이상의 디지털 취약 계층에겐 복잡한 인터페이스와 낯선 언어로 인해 오히려 '자신이 배제되고 있다'는 느낌을 줄 수 있다.

이 격차는 단지 정보 접근성의 문제를 넘어, 사회적 신뢰와 참여의 문제로까지 번진다. 공공의 이익을 위하여 도입된 인공지능 시스템이 오히려 사회적 배제, 낙오, 소외감을 야기한다면, 과연 그 기술은 누구를 위한 것인가?

4) 기후 위기 해결사 인공지능과 전력 소비

인류는 지금, 탄소와의 전쟁 중이다. 해수면이 오르고, 기상이변이 일상이 되었다. 기후위기는 더 이상 미래의 이야기가 아니다. 기후위기의 해결사로 등장한 것은 인공지능이다.

인공지능은 발전량을 예측하고 전력을 효율적으로 관리하며, 건물 온도를 자동으로 제어해 에너지 낭비를 줄인다. 폐기물을 수거하고 재활용 품목을 분류하며, 기후 예측부터 탄소 배출 감시까지 전방위에서 활약 중이다. 실제로 구글, IBM, 엔츠, SK 텔레콤 등 수많은 글로벌·국내 기업들이 인공지능을 기후 기술에 접목 시키고 있다. 이 인공지능은 에너지 절감의 해법이자, 탄소중립 실현의 조력자로 기대받는다. 인간

분야	• AI가 접목된 기술 기업
에너지	• 발전량 예측, 전력 관리 식스티헤르츠
냉난방 제어	• 건물 온도 제어, 적정온도 유지 SK텔레콤, KT, 케빈랩
자원 순환	• 폐기물 수거·분류 리코, 수퍼빈, 쉐코
기후 예측	• 인공지능 기반 강수 예측 시스템, AI 작물 재배 관리 시스템 IBM, 구글, 나라스페이스, 지인
탄소 관리	• 기업의 경영 활동 데이터 분석해 탄소 배출량 집계·관리 엔츠, 오후두시랩, 워터셰드

[그림 7-8] 인공지능 기술이 적용된 기후테크 분야별 사례

출처: https://www.joongang.co.kr/article/25203849

보다 빠르게 수백만 건의 데이터를 분석하고, 이상징후를 감지하고, 미래를 예측하는 능력은 기후 위기를 늦추는 데 결정적 역할을 할 수 있다. 이른바 기후테크의 핵심 플레이어인 셈이다.

그러나 아이러니하게도 이 해결사는 지구의 또 다른 에너지를 소모하고 있다. 사람들은 인공지능이 비물질적이라고 생각한다. 대화는 화면 너머에서 이루어지고, 명령은 단순한 클릭으로 실행된다. 하지만 우리가 보지 못한 곳에서, 이 기술은 끊임없이 에너지를 삼키고 있다. 그 결과로 탄소 문제가 제기되고 있다.

오픈AI가 개발한 GPT-3는 그 뛰어난 언어 능력으로 세계를 놀라게 했지만, 그 이면에는 미국 가정 120가구가 1년간 사용할 전력량에 해당하는 1287MWh의 전기가 필요했다. 이런 현상은 GPT-3만의 이야기가 아니다. 2021년, 구글은 인공지능을 위해 전체 전력 사용량의 약 15%인 2.3TWh를 사용했다. 이는 인구 50만 명의 애틀랜

타시 전체 가구의 연간 전력 사용량에 맞먹는 수치다. 우리가 편리함이라는 이름으로 인공지능을 호출할 때마다, 보이지 않는 도시 하나가 전력을 태우고 있는 셈이다.

"기후위기를 해결하겠다는 기술이, 또 다른 기후위기의 원인이 될 수 있는가?"라는 질문을 피할 수 없다.

5) 스포츠 AI 심판

인공지능 기술은 스포츠 경기에서도 빠르게 도입되고 있다. 인공지능은 수많은 데이터를 실시간으로 분석하여 규칙 위반 여부를 정확하게 판별하고, 인간 심판의 오

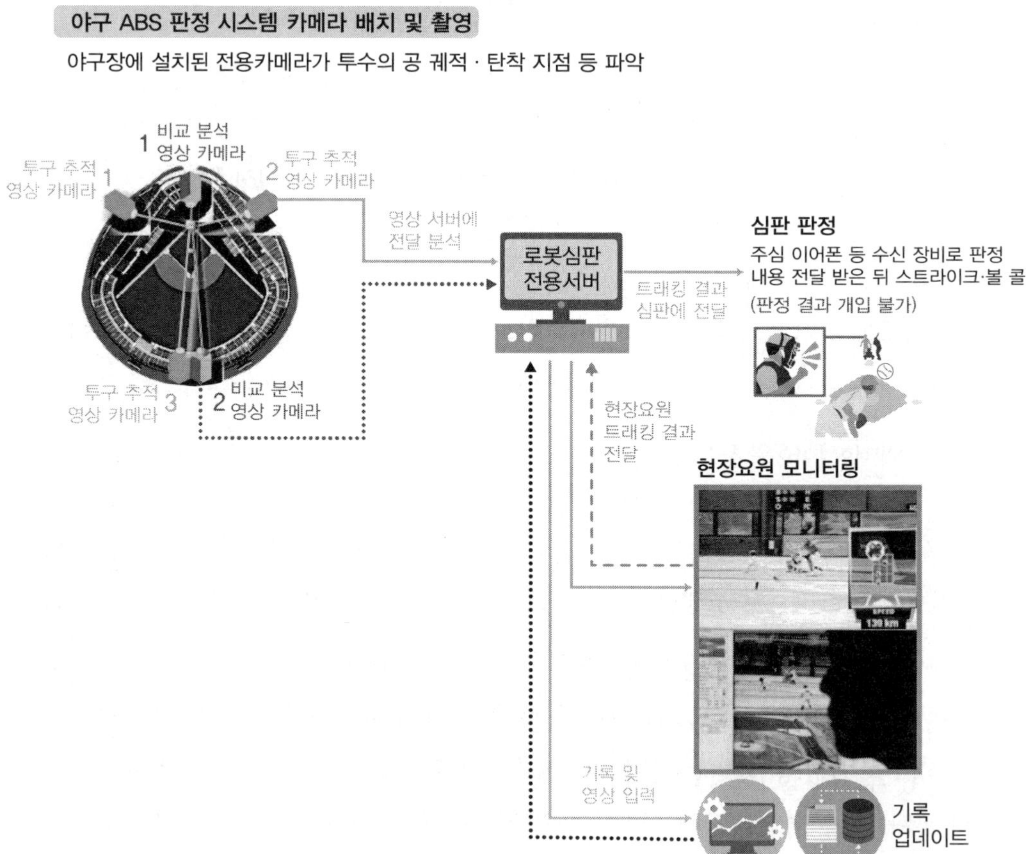

[그림 7–9] ABS(Automatic Ball–Strike) 판정 시스템

류나 편향을 보완함으로써 공정성을 높이는 데 기여하고 있다. 예를 들어, 축구와 테니스 경기에서는 비디오 판독(VAR), 골라인 판독, 호크아이 시스템 등이 널리 활용되고 있다.

그러나 인공지능의 정밀함이 반드시 정의로움을 의미하는 것은 아니다. 대표적인 예가 축구의 핸드볼 반칙이다. 규정상 공이 손이나 팔에 닿았다는 사실만으로 반칙이 되는 것이 아니라, 선수의 의도적인 사용 여부가 핵심 판단 기준이 된다. 하지만 인공지능은 단지 '공이 손에 닿았다'는 물리적 사실은 탐지할 수 있어도, 의도나 맥락까지는 파악하기 어렵다.

야구에서는 이른바 로봇 심판으로 불리는 ABS(Automatic Ball-Strike) 시스템이 도입되어 투수의 공이 스트라이크존을 통과했는지를 고속 카메라와 센서를 통해 분석하여 자동으로 스트라이크 혹은 볼 판정을 내린다. 문제는 인공지능이 정형화된 규칙과 수치 기반 데이터에 의존하여 판단을 내리기 때문에, 인간이 고려하는 경기의 흐름, 선수의 반응, 몸의 움직임, 감정과 맥락 등 비정형적 요소를 반영하는 데 한계가 있다는 점이다.

4. 정보 신뢰와 민주주의

1) 딥페이크와 가짜 뉴스

딥페이크는 인공지능의 딥러닝 기술을 이용해 사람의 얼굴이나 음성, 말투 등을 모방해 영상을 만들어 내는 기술이다.

교육 현장에서 딥페이크는 지식을 살아 숨 쉬게 만든다. 역사 속 인물이 살아 돌아와 강단에 서고, 과학자가 직접 원리를 설명하며, 유명한 문인이 자신의 작품을 낭독하는 영상은 아이들의 눈과 귀를 사로잡는다. 단조로운 텍스트는 생동감 있는 시청각 자료로 바뀌고, 배움은 더 가까이 다가온다.

또한 딥페이크는 장애인과 노약자를 위한 정보 접근성을 혁신적으로 개선할 수 있다. 예를 들어 시청각 장애인을 위해 텍스트를 수어와 표정으로 변환하는 가상 해설 영상을 제작할 수 있고, 언어 장벽이 존재하는 상황에서도 공공기관의 다국어 안내 콘텐츠를 빠르고 정확하게 전달할 수 있다.

정서적 돌봄이 필요한 사람들에게도 딥페이크는 의미 있는 가능성을 던져준다. 사랑하는 사람을 먼저 떠나보낸 유족이, 그리운 얼굴과 마지막 인사를 나눌 수 있다면? 치매 환자가 오랜 기억 속 사람의 목소리와 표정을 다시 마주할 수 있다면? 이는 분명 기술이 만들어 낸 작은 기적일 것이다.

하지만 딥페이크를 정보 조작과 가짜뉴스에 활용하면, 쉽게 진위 판별이 어려워 오해를 하거나 특정 이익에 악용될 수 있다. 실제로 2023년, 조 바이든 미국 대통령이 '국가 안보를 위해 20세 이상 성인 남녀 모두 징병하겠다'는 연설을 했다는 영상이

[그림 7-10] 바이든 전 대통령 징병제 발동을 딥페이크로 구현한 영상

출처: X / @TPostMillennial

SNS를 통해 퍼졌다. 영상에는 실제처럼 보이는 모습과 목소리가 등장했지만, 이는 딥페이크 영상이었다. 미국 내 젊은 층과 군복무 문제에 민감한 유권자들에게 큰 파장을 일으켰고, 여론을 왜곡하는 데 사용되었다.

또한 2024년 일본 소셜미디어에는 일본 총리 기시다 후미오가 기자회견에서 "일본의 우크라이나 지원은 군사 개입을 의미한다"는 속보가 빠르게 퍼져 나갔다. 뉴스 속보 자막, 생방송을 의미하는 'LIVE'마크, 니혼테레비(닛테레) 언론사 로고 표시가 포함된 영상이었다. 하지만 이는 존재하지 않는 기자회견 장면을 인공지능 영상 합성 기술로 만들어 낸 조작된 영상이었다. 이 영상은 불과 하루 만에 조회수 232만회를 넘겼다. 정치적 불신은 커졌고, '기시다 총리가 전쟁 개입을 선언했다'는 오해가 일본 사회를 휘감았다. 이 영상은 일본 오사카에 거주하는 20대 청년이 만들었지만, 허위와 조작이 진실의 자리를 위협할 수 있다는 것을 여실히 보여준 사건이었다.

2) 추천 알고리즘의 불투명성

스마트폰을 켜는 순간 선택된 자유 속에 놓이게 된다. 뉴스, 쇼핑, 음악, 동영상, 웹툰 등 다양한 콘텐츠는 인공지능이 큐레이션한 결과이다. 우리가 스스로 선택한 것처럼 보이지만 조용히 누군가가 '당신은 이것을 좋아할 거예요'라며 미리 정해준 것들이다. 대표적인 예가 네이버가 2017년 자체 개발한 인공지능 추천 시스템 'AiRS'이다. 이 인공지능을 뉴스, 웹툰, 동영상 등에 적용하여 사용자의 검색 이력, 클릭 패턴, 시청 시간 등을 분석해 사용자의 관심사에 맞는 콘텐츠를 자동으로 추천한다. 우리는 그 결과물을 보고, 또 다시 반응하며 인공지능은 그 반응을 학습한다. 이러한 알고리즘은 기업 입장에서 사용자 편의성과 플랫폼의 수익을 높이는 데 매우 유용하지만, 알고리즘의 작동 원리나 추천 기준은 철저히 비공개다. 기업은 이것이 경쟁력과 직결되는 영업 기밀이기 때문에 공개할 수 없다고 주장한다.

과연 우리는, 어떤 기준으로 선택된 정보들 속에 살고 있는가?

그리고 그 기준을 우리는 알고 있는가?

카카오택시에서 자사 택시에 우선 배차했다는 '골 몰아주기' 논란, 네이버쇼핑에서 특정 입점 업체를 상단에 노출했다는 의혹, 구글이 자사 쇼핑 서비스를 경쟁사보다 먼저 보여준 검색 우선순위 논란까지 일어났다. 카카오는 "인공지능 알고리즘의 판단일 뿐, 개입은 없었다"고 했고, 네이버도 "인공지능이 알아서 노출했을 뿐, 조작은 없다"고 해명했다. 구글은 "우선순위가 아니라 경쟁력의 결과"라고 반박했다. 모두 영업 기밀이라는 이유로 인공지능 알고리즘에 대한 불투명성을 거부한 채 벌어진 일들이다.

알고리즘은 더 이상 단순한 기술이 아니다. 그것은 우리에게 어떤 정보를 보여줄지 결정하고, 어떤 상품을 살지 유도하며, 때로는 사람을 판단하는 기준이 된다. 하지만 막대한 영향력을 가진 존재가 어떻게 작동하는지 아무도 알 수 없다는 것이 오늘날 우리가 맞이한 불투명한 인공지능 사회의 문제다.

요약

1. 인공지능은 범죄 예방과 공공 안전을 위해 감시 기술로 활용되고 있지만, 잠재적인 오작동과 인권 침해, 편향된 모니터링으로 인해 개인의 자유와 민주주의 원칙을 심각하게 위협할 수 있다.
2. 인공지능이 형벌, 판결, 탄원서 작성 등 법적 판단에 적용되면서 업무 효율성은 크게 향상되었지만, 내재된 편향성과 알고리즘의 불투명성, 진정성 부족 등으로 인해 사법 정의와 책임성에 대한 근본적인 의문이 제기되고 있다.
3. 인공지능은 감정 인식, 의료 진단, 공공 행정 등 다양한 복지 영역에서 혁신적으로 활용되고 있지만, 과도한 감시와 사회적 낙인, 정보 격차, 데이터의 체계적 편향 문제로 인해 오히려 사회적 소외와 깊은 불신을 야기할 수 있다.
4. 딥페이크와 불투명한 추천 알고리즘은 정보 조작과 여론 왜곡, 선택의 자유 침해를 유발하며, 민주사회의 근간인 신뢰를 위협한다.

토론해보기

1. 다음과 같이 안면인식 기술로 인해 무고한 사람이 체포된 사례가 있다. 이와 같은 상황에서 발생한 잘못은 안면인식 소프트웨어의 책임일까? 아니면 이를 그대로 신뢰하고 조치한 경관의 책임일까? 만약 용의자를 놓쳤다면, 그 책임은 누구에게 있을까?

> 2019년 2월, 미국 뉴저지(New Jersey)에서 한 남성이 절도 및 공무집행방해 혐의로 체포되었다. 그는 안면인식 시스템을 통해 용의자로 식별되었고, 10일간 억울하게 수감된 뒤 5,000달러의 보석금을 낸 후 석방되었다. 이후 증거 부족으로 기소는 취하되었지만, 그에게 남겨진 기록과 정신적 피해는 회복되지 않았다.
>
> https://www.nytimes.com/2020/12/29/technology/facial-recognition-misidentify-jail.html

2. 인공지능은 방범 로봇, CCTV, 드론, 자율무기 등 다양한 형태로 인간을 감시하고, 때로는 물리적으로 제압하기도 한다. 이런 기술은 공공의 이익을 위한 정당한 도구일까, 아니면 인간 존엄을 침해하는 위협일까?

3. 다음 사례와 같이 인공지능 알고리즘의 분석 결과를 근거로 형량을 결정한 법원이 그 알고리즘의 작동 원리를 공개하지 않았다면, 이런 판결은 정당하다고 볼 수 있을까?

> 2013년, 미국 위스콘신주에서 에릭 루미스는 총격 사건에 사용된 차량을 몰고 갔다는 이유로 체포되었다. 법원은 그의 재범 위험성을 평가한 인공지능 시스템 COMPAS의 분석 결과를 바탕으로 6년형을 선고하였다. 루미스는 판결에 인공지능 알고리즘의 오류 가능성과 불투명성을 문제 삼아 항소했으나, COMPAS는 기업 기밀이라는 이유로 알고리즘이 공개되지 않았고, 항소는 기각되었다.

8장

인공지능 윤리 현황

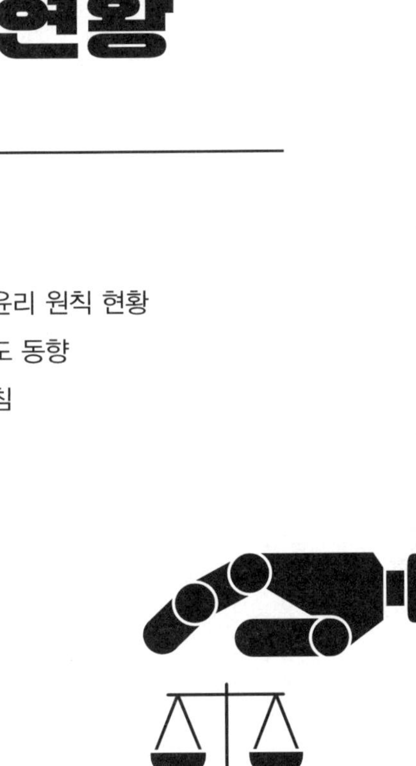

미국 전기차업체 테슬라의 차량이 주행보조 기능을 작동시킨 상태에서 멈춰 서있던 경찰차와 충돌하는 사고가 발생했다. 당시 경찰차는 교통사고를 처리하기 위해 도로의 일부를 막고 정차 중이었으나 이 상황을 인식하지 못한 테슬라 차량이 그대로 돌진했다.

이 사건은 자율주행 기술이 실제 도로 상황을 완벽하게 파악하지 못할 경우 심각한 사고로 이어질 수 있음을 여실히 보여준다. 과연 사고의 책임은 누구에게 있는가? 차량 운전자일까? 아니면 자율주행 시스템을 설계하고 판매한 기업일까?

[그림 8–1] 주행보조 기능 작동 중 정차한 경찰차와 충돌한 테슬라 차량

출처: Tesla Motors Club

인간의 의사결정과 안전에 깊숙이 관여하는 인공지능 기술에 대해 안전하고 공정하게 작동하기 위한 인공지능 윤리 원칙은 필수불가결한 요소가 되었다. 이에 따라 국내·외 정부, 국제기구, 기업, 학계는 인공지능의 개발과 활용 과정에서 지켜야 할 인공지능 윤리 원칙과 가이드라인을 마련하고 제도화하거나 자율적으로 실천하려는 노력을 이어가고 있다.

8장에서는 국제 사회 및 주요 국가들의 윤리 규범, 국내 가이드라인 및 제도, 그리고 기업들의 자발적 윤리 실천 사례들을 면밀히 살펴보고 인공지능에 대한 사회적 신뢰와 정당성을 확보하기 위해 무엇을 고려해야 할지를 깊이 있게 논의해 보고자 한다.

1. 인공지능 윤리 현황

인공지능 윤리는 인공지능 기술을 개발하고 활용하는 과정에서 인간의 존엄성과 기본적 권리를 보호하고 사회적 가치를 높이기 위한 기본 원칙과 방향을 의미한다. 인공지능 윤리의 핵심은 '인간 존중'이다. 아무리 인공지능 기술이 아무리 뛰어나더라도 인간의 존엄성을 훼손하거나 기본적 인권을 침해해서는 안 된다. 인공지능 기술이 사회 전반에 빠르게 확산됨에 따라 각국 정부와 국제기구들은 인간중심의 인공지능 기술 활용을 위해 다양하고 포괄적인 인공지능 윤리 원칙과 실천 가이드라인을 적극적으로 제안하고 있다.

1) 국외 인공지능 윤리 현황

국외의 인공지능 윤리 원칙은 '인간 중심의 기술', '책임성과 투명성', '공정한 알고리즘'과 같은 핵심 가치로 공유하지만, 국가의 문화, 정치, 법제도, 기술 전략에 따라 매우 다양한 양상을 보인다.

유럽연합(이하 EU)은 인공지능 윤리 분야에서 가장 구조적이고 제도적인 대응을 보여준다. 단순한 선언을 넘어 '신뢰할 수 있는 인공지능(Trustworthy AI)'를 실현하기 위한 구체적 기준을 마련했으며, 더 나아가 법제화(AI Act)까지 추진하고 있다. EU의 접근은 인공지능 윤리를 공공 규범의 차원으로 끌어올려, 사회 전체가 인공지능의 위험을 통제하고 공동의 신뢰를 형성하려는 노력으로 해석할 수 있다.

이와는 대조적인 미국은 기술 혁신과 시장 자율성을 중시하여 연방 차원의 강력한 규제 대신국방부나 일부 연구기관을 중심으로 권고적 윤리 원칙을 제시하고 있다. 이는 인공지능의 활용을 장려하면서도 최소한의 책임성을 확보하려는 전략으로 보인다.

일본의 경우 '인간 중심 AI'라는 접근을 통해 인공지능 기술이 사회적 조화와 신뢰 형성에 초점이 맞추어 공동체적 가치와의 균형을 중시하는 특성을 보인다. 독일은 인공지능 윤리에 있어 법률적 정당성과 인간의 기본권 보호를 최우선으로 삼아 7가지

[표 8-1] 국외 인공지능 윤리 현황

국가/기구	발표 연도	문서/지침 명칭	핵심 내용
프랑스	2017/2018	알고리즘·인공지능 윤리 원칙, 의미 있는 인공지능	인간 중심 AI, 책임 있는 기술 개발 강조
캐나다	2018	몬트리올 선언	책임성과 투명성, 공공의 이익을 위한 인공지능
호주	2019	인공지능 윤리 프레임워크	공정성, 신뢰성, 인간 중심 설계 등 8대 원칙
영국	2019	공공부문 인공지능 지침	정부의 인공지능 사용 시 투명성과 책무성 확보
일본	2019	사회적 원칙	인간 중심, 사회적 수용성, 안전성 중시
독일	2019	7대 윤리·법률 원칙	자율성 존중, 차별 금지, 통제 가능성 등
싱가포르	2018/2020	개인정보 의견서, AI 거버넌스 가이드	기업 중심 윤리 지침, 책임성 확보 방안
미국	2020	인공지능 규제 가이드라인, 국방부 원칙	혁신 장려 + 최소 규제, 안전성과 공정성
OECD	2019	신뢰할 수 있는 인공지능 원칙	인간 중심성, 투명성, 견고성 등 5대 원칙
EU	2019~2021	신뢰할 수 있는 인공지능 가이드라인, AI Act	윤리적 인공지능 평가 목록 → 법적 규제 체계로 발전
유네스코	2021	유네스코 인공지능 윤리 권고	포괄적 국제 기준, 글로벌 협력 강조

원칙에 명확한 법적 기반을 두어 윤리적 가치와 법치주의를 일치시키려고 노력한다. 한편 캐나다는 정부 주도보다 시민사회와 학계 중심의 '몬트리올 선언'을 통해 책임성과 사회정의를 강조했다. 이는 인공지능 윤리를 Bottom-up 방식으로 공론화하고 참여를 유도하려는 차별화된 접근이다. 프랑스는 인공지능 기술이 인간의 의미 있는 삶을 지원하고, 공공선에 기여해야 한다는 인식으로 인공지능 윤리에 접근한다. 영국과 호주는 실용적인 접근을 하고 있다. 영국은 공공부문에서의 인공지능 활용을 위한 실제 지침을 제공하고 있고, 호주는 개발자와 기업이 쉽게 참고할 수 있는 8대 윤리 원칙을 제시함으로써 실무 중심의 윤리 체계를 구성하고 있다. 싱가포르는 기업과 산업 현장에 초점을 맞춰 AI 거버넌스 프레임워크를 통해 실행 가능하고 구체적인 가이드라인을 제공하며, 기업들이 자율적으로 윤리 기준을 적용할 수 있도록 장려하고 있다.

국제기구인 OECD와 유네스코는 다자주의와 협력을 강조하며 글로벌 공통 윤리 기준을 제시하고 있다. 특히 유네스코는 문화적 다양성과 포괄성을 중심으로 개발도상국을 포함한 전 세계를 아우르는 윤리 원칙을 제안하는 특징을 보인다.

2) 국내 인공지능 윤리 현황

인공지능 기술이 급속도로 발전하면서, 국내 정부 부처와 기관들은 인공지능 윤리 원칙을 체계적으로 마련해 왔다. 초기에는 정보사회 전반을 포괄하는 윤리적 가이드라인 수준에 머물렀으나 최근에는 교육, 산업, 정책 실행 전략 등의 분야로 범위를 넓혀가며 더욱 구체적이고 실천 지향적인 인공지능 윤리 기준을 수립해 나가고 있다.

정보문화포럼(2018)은 국내에서 최초로 '지능정보사회 윤리 가이드라인'을 발표하며 인공지능 시대의 윤리적 방향을 제시했다. 2019년 방송통신위원회는 이용자 중심의 디지털 환경에 주목하며, 설명 가능성, 알고리즘의 투명성, 이용자 권리 보장 등의 중요 원칙을 제시했다.

과학기술정보통신부(2020)는 '사람이 중심이 되는 인공지능 윤리 기준'을 발표하며 인간 중심성, 안전성, 프라이버시 보호, 공정성 등 구체적인 윤리 항목을 명문화한 최초의 국가 차원의 기준을 마련했다. 이듬해 과학기술정보통신부(2021)는 '신뢰

[표 8-2] 국내 인공지능 윤리 현황

연도	기관	제목	주요 내용 및 특징
2018	정보문화포럼	지능정보사회 윤리 가이드라인	국내 최초의 인공지능 윤리 가이드라인. 기술 발전에 따른 기본 윤리 원칙 제시
2019	방송통신위원회	이용자 중심의 지능정보사회를 위한 원칙	이용자 권리 보호, 설명 가능성, 선택권 강조. 디지털 미디어 윤리 기준
2020	과학기술정보통신부	사람이 중심이 되는 인공지능 윤리 기준	인간 존엄성, 사회의 공공선, 기술의합목적성 3대원칙을 중심으로 10대 핵심요건을 명문화
2021	과학기술정보통신부	신뢰할 수 있는 인공지능 실현 전략	윤리 원칙의 기술적·정책적 실현 방안 제시. 실행 전략 중심
2022	교육부	사람의 성장을 지원하는 교육 분야 인공지능 윤리 원칙	교육 특화 윤리 원칙. 학생 보호, 공정성, 편향 방지 등 강조

할 수 있는 인공지능 실현 전략'을 통해 사람들에게 신뢰받을 수 있는 인공지능 기술을 위한 청사진을 제시했다. 이 전략은 어떻게 하면 윤리적인 인공지능을 실제로 구현하기 위한 구체적인 방법론과 기술적 기준을 포함하고 있어 주목받았다.

교육부(2022)는 '교육 분야 인공지능 윤리 원칙'을 통해 사람의 성장을 지원하는 인공지능을 핵심 원칙으로 설정하고, 학습자의 권리, 데이터 편향, 공정한 학습 기회 제공 등 교육적 맥락에서의 윤리 원칙이 구체적으로 제시했다.

3) 아실로마 AI 원칙(Asilomar AI Principles)

2017년 1월, 미국 캘리포니아의 아실로마(Asilomar)에 전 세계 인공지능 연구자, 과학자, 기업가, 철학자, 정책 전문가들이 모여 기술의 진보가 인간 사회에 어떤 역할을 해야 하는지 깊은 논의 끝에 오늘날 인공지능 윤리 기준점으로 여겨지는 아실로마 AI 원칙이 나왔다.

아실로마 AI 원칙은 인공지능 개발의 목적, 윤리와 가치, 중기 이슈 등에 대해 개발자들이 지켜야 할 원칙을 제시하고 있다. 총 23개의 항목으로 인공지능 잠재적 위험을 경계하고 개발자들이 인류 복리를 위해 협력해야 한다는 내용이다. 아실로마

AI 원칙에 우주물리학자 스티븐 호킹, 테슬라 CEO 일론 머스크, 딥마인드 CEO 데미스 허사비스, 구글 기술이사 레이 커즈와일 등 세계 최고 수준의 과학자와 기업 리더를 포함해 1,200명 이상의 연구자와 2,500명 이상의 전문가들이 서명했다. 인공지능 기술 개발 속도보다 더 중요한 것이 '어떤 방향으로, 누구를 위해 개발될 것인가'라는 질문임을 재확인했다.

2. 기업 차원의 인공지능 윤리 원칙 현황

인공지능 윤리에 대해 글로벌 및 국내 기업들은 자율적인 원칙 수립과 실천 중심의 규범화를 통해 점차 대응의 폭을 넓혀가고 있다.

1) 기업의 인공지능 윤리 대응

인공지능 기술의 영향력이 사회 전반에 깊숙이 확산되면서, 글로벌 기술 기업들은 기술적 혁신뿐만 아니라 윤리적 책임에도 점점 더 많은 관심을 기울여왔다. 특히 IBM, Google, Facebook, Microsoft, Amazon 등 주요 글로벌 기업들은 2016년 9월 인공지능 기술의 책임 있는 개발과 활용을 공동으로 모색하기 위해 'Partnership on AI' 협의체를 구성하였다. 이 협의체는 알고리즘의 투명성과 공정성 확보, 데이터 편향 제거, 프라이버시 보호, 자동화가 노동시장에 미치는 영향 분석 등 핵심 과제들을 다루며 인공지능이 사회에 미치는 영향을 분석하고 기업의 책임 있는 대응을 유도하고 있다. 또한 인공지능 분야에서 흔히 간과되기 쉬운 인권·노동·환경 문제까지 포괄하는 종합적 시각을 공유하며, 기업이 보유한 인공지능 기술이 사회에 미치는 영향을 공동으로 논의하고 가이드라인을 마련하고자 했다.

이러한 흐름 속에서 Microsoft는 2018년에 인공지능 개발자에게 필요한 핵심 원칙(공정성, 신뢰성과 안전, 사생활 및 보안, 포용성, 투명성, 책무성)을 담은 'Microsoft AI Principles'를 제시했다. 이 윤리 원칙은 사내 윤리강령의 성격을 띠며 책임질 수 있는 인

[표 8-3] 구글의 인공지능 윤리 원칙

구분	윤리 원칙	핵심 내용 요약
인공지능 개발 원칙	사회적으로 유익해야 함 (Be socially beneficial)	의료·교통 등 다양한 분야에 긍정적 영향을 미치도록 인공지능을 활용하고, 이익이 위험보다 클 경우에 한해 개발 및 적용
	불공정한 편견 방지 (Avoid creating or reinforcing unfair bias)	민감한 속성과 관련한 부당한 편견을 반영하거나 강화하지 않도록 알고리즘과 데이터셋을 설계
	안전성 우선 설계 및 테스트 (Be built and tested for safety)	의도치 않은 피해를 방지하기 위한 안전한 설계, 테스트, 지속적인 모니터링
	인간의 책임성과 통제 보장 (Be accountable to people)	인공지능이 피드백 및 설명 가능하고, 인간의 지시와 통제를 받을 수 있도록 설계
	프라이버시 보호 설계 원칙 적용 (Incorporate privacy design principles)	데이터 사용의 투명성 확보, 사용자 동의 및 통제권 보장
	과학적 우수성 유지 (Uphold high standards of scientific excellence)	학제적 협력과 과학적 방법론을 통한 혁신적 연구 및 공개 공유를 통해 책임 있는 인공지능 개발
	책임 있는 용도에 한정된 활용 (Be made available for uses that accord with these principles)	기술의 악용 가능성 평가 후, 유해하거나 남용될 수 있는 경우 사용 제한
금지 사항	피해를 유발하거나 가능성이 있는 기술	어떤 인공지능 기술이 피해를 유발할 가능성이 있다면, 그 기술은 원칙적으로 개발하거나 사용해서는 안 된다. 하지만 그 기술이 가져올 사회적 이익이 매우 크다고 판단되는 경우, 엄격한 심사와 책임 있는 검토를 거쳐 예외적으로 사용을 고려할 수 있다.
	사람에 대한 상해를 유발하는 무기 또는 기타 기술	인공지능이 공격 무기를 자동화하거나, 인간 통제를 벗어나 살상 결정을 내리는 경우 개발하거나 사용해서는 안 된다.
	국제적으로 인정되는 규범을 위반하는 감시 기술	특정 인종이나 집단을 대상으로 한 부당 감시, 정보 수집과 같이 국제적으로 인정되는 규범을 위배하는 경우 개발하거나 사용해서는 안 된다.
	목적이 널리 인정되는 국제법 및 인권 원칙에 위배되는 기술	국제적 정의(justice)와 윤리적 기준을 해치는 방향이라면 개발해서는 안된다.

공지능과 이를 위한 교육을 강조하는 특징이 있다.

Google은 2018년에 인공지능 개발자에게 필요한 윤리 원칙(사회적 혜택 증진, 불공정한 편견 지양, 설명 가능성, 사생활 침해 방지, 안전성)을 담은 'Artificial Intelligence at Google: Our Principles'를 발표했다. 특히 주목할 만한 점은 Google이 인공지능을 통해 해를 끼치는 기술, 인명을 해하는 무기 관련 기술, 국제 규약 위반 감시 기술 등의 개발을 명시적으로 금지한다는 원칙을 명확히 제시했다는 것이다.

국내 기업도 이러한 국제 흐름에 발맞추어 인공지능 윤리 체계를 수립하기 시작했다. 카카오는 2018년 1월, 국내 최초로 '카카오 알고리즘 윤리 헌장'을 발표했다. 이 윤리 원칙은 카카오 내 인공지능 관련 연구에서 지향해야 할 윤리 원칙(사회윤리 준수, 차별 경계, 학습데이터 운영, 알고리즘 독립성 및 설명, 기술 포용성, 아동·청소년 보호)을 제시하였다[1]. 이는 의도적인 사회적 차별을 경계하며, 윤리적 기준에 따라 학습데이터를 관리하고 투명한 알고리즘을 지향하는 국내 기업 최초의 인공지능 윤리 헌장이다.

이후 네이버는 2021년 2월에 자사의 인공지능 기술이 일상에서 신뢰받는 도구로 자리 잡을 수 있도록 '인공지능 윤리 준칙'을 마련했다. 이 준칙은 네이버는 공정하고 투명한 기술 개발과 사용자 중심 설계를 강조하며, 인공지능 기술이 사용자와 사회에 긍정적인 영향을 미칠 수 있는 방향을 제시했다.

[표 8-4] 네이버의 윤리 준칙

윤리 준칙	핵심 내용 요약
사람을 위한 인공지능 개발	인간 중심 가치 최우선, 일상의 도구로서 인공지능을 지속 개선
다양성 존중	부당한 차별 방지, 다양한 가치와 기회의 공존 추구
합리적인 설명과 편리성의 조화	사용자 눈높이에 맞춘 설명 제공, 과도한 정보로 인한 불편 방지
안전을 고려한 서비스 설계	생명·신체의 안전 우선, 설계·테스트·배포 전 과정에서 안전 확보
프라이버시 보호와 정보 보안	법적 책임을 넘어 프라이버시 보호, 전 과정에서 보안 고려 설계 적용

1 2019년 8월 '기술의 포용성', 2020년 7월 '아동과 청소년에 대한 보호' 조항이 삽입됐다.

3. 국내 인공지능 윤리 제도 동향

우리나라는 인공지능 기술의 급속한 발전에 발맞춰, 윤리적·제도적 기반 마련을 위해 다방면으로 노력하고 있다. 이러한 제도적 노력은 2008년 제정된 「지능형 로봇 개발 및 보급 촉진법」(줄여서 지능형로봇법)에서 찾을 수 있다. 해당 법은 2020년 개정을 통해 로봇이 인간 사회와 조화롭게 공존할 수 있는 윤리적 방향성을 법적 근거 위에 올려놓았다. 나아가 '사람 중심'의 인공지능 윤리 기준, 자율적 점검 체계와 법·정책적 대응에 이르기까지 폭넓고 종합적인 움직임이 진행되고 있다.

1) 과학기술정보 통신부 인공지능 윤리 기준

인공지능 윤리 논의가 본격화된 것은 2020년 12월 과학기술정보통신부가 발표한 '사람이 중심이 되는 인공지능 윤리 기준'을 발표하면서 시작되었다. 이 기준은 인공

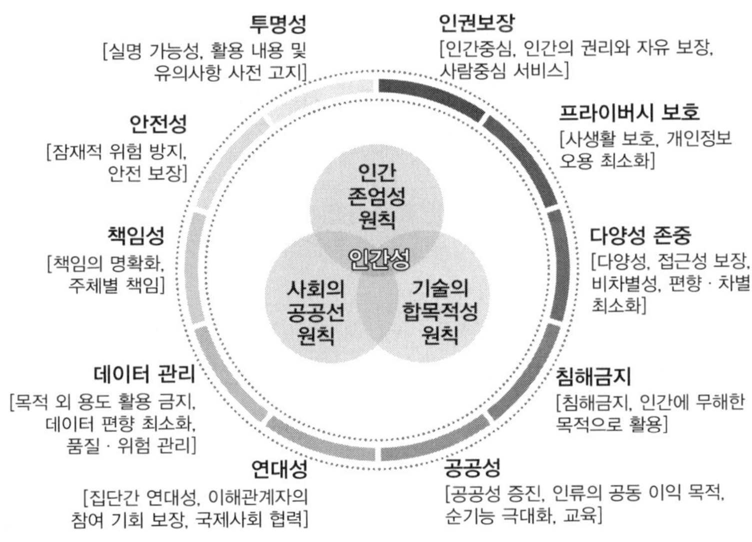

[그림 8-2] 과기정통부의 인공지능 윤리기준

출처: 1) 과기정통부 인공지능 신뢰성 제고를 위한 공개 정책세미나
2) https://www.yna.co.kr/view/AKR20220826038400017

[표 8-5] 과기정통부의 인공지능 윤리기준 내용 요약

3대 기본 원칙	
인간의 존엄성	• 인간의 생명과 신체, 정신적·사회적 건강에 해를 끼치지 않도록 설계되어야 하며, 기계는 인간을 대체하거나 위협하는 방향으로 개발되어서는 안 됨. • 인공지능 개발과 활용은 안전성과 견고성을 갖추어 인간에게 해가 되지 않도록 해야 함.
사회의 공공선	• 공동체로서 사회는 가능한 한 많은 사람의 안녕과 행복이라는 가치를 추구해야 함. • 인공지능 기술의 혜택이 사회적 약자나 소외 계층을 포함한 모든 사람에게 공정하게 분배되도록 접근성과 포용성을 보장해야 함.
기술의 합목적성	• 인공지능은 인류의 삶을 풍요롭게 하기 위한 도구라는 목적과 의도에 부합하게 개발과 활용되어야 하며 그 과정도 윤리적이어야 함. • 인류의 삶과 번영을 위한 인공지능 개발과 활용을 장려하여 진흥해야 함.
10대 핵심 요건	
인권 보장	• 인공지능의 개발과 활용은 모든 인간에게 동등하게 부여된 권리를 존중하고, 다양한 민주적 가치와 국제 인권법 등에 명시된 권리를 보장하여야 한다. • 인공지능의 개발과 활용은 인간의 권리와 자유를 침해해서는 안 된다.
프라이버시 보호	• 인공지능을 개발하고 활용하는 전 과정에서 개인의 프라이버시를 보호해야 한다. • 인공지능 전 생애주기에 걸쳐 개인정보의 오용을 최소화하도록 노력해야 한다.
다양성 존중	• 인공지능 개발과 활용 전 단계에서 사용자의 다양성과 대표성을 반영해야 하며, 성별·연령·장애·지역·인종·종교·국가 등 개인 특성에 따른 편향과 차별을 최소화하고, 상용화된 인공지능은 모든 사람에게 공정하게 적용되어야 한다. • 사회적 약자 및 취약 계층의 인공지능 기술 및 서비스에 대한 접근성을 보장하고, 인공지능이 주는 혜택은 특정 집단이 아닌 모든 사람에게 골고루 분배되도록 노력해야 한다.
침해금지	• 인공지능을 인간에게 직간접적인 해를 입히는 목적으로 활용해서는 안 된다. • 인공지능이 야기할 수 있는 위험과 부정적 결과에 대응 방안을 마련하도록 노력해야 한다.
공공성	• 인공지능은 개인적 행복 추구뿐만 아니라 사회적 공공성 증진과 인류의 공동 이익을 위해 활용되어야 한다. • 인공지능은 긍정적 사회변화를 이끄는 방향으로 활용되어야 한다. 인공지능의 순기능을 극대화하고 역기능을 최소화하기 위한 교육을 다방면으로 시행하여야 한다.
연대성	• 다양한 집단 간의 관계 연대성을 유지하고, 미래세대를 충분히 배려하여 인공지능을 활용해야 한다. • 인공지능 전 주기에 걸쳐 다양한 주체들의 공정한 참여 기회를 보장해야 한다. 윤리적 인공지능의 개발 및 활용에 국제 사회가 협력하도록 노력해야 한다.

데이터관리	• 개인정보 등 각각의 데이터를 그 목적에 부합하도록 활용하고, 목적 외 용도로 활용되지 않아야 한다. • 데이터 수집과 활용의 전 과정에서 데이터 편향성을 최소화되도록 데이터 품질과 위험을 관리해야 한다.
책임성	• 인공지능 개발 및 활용 과정에서 책임 주체를 설정함으로써 발생할 수 있는 피해를 최소화하도록 노력해야 한다. • 인공지능 설계 및 개발자, 서비스 제공자, 사용자 간의 책임소재를 명확히 해야 한다.
안정성	• 인공지능 개발 및 활용 전 과정에 걸쳐 잠재적 위험을 방지하고 안전을 보장할 수 있도록 노력해야 한다. • 인공지능 활용 과정에서 명백한 오류 또는 침해가 발생할 때 사용자가 그 작동을 제어할 수 있는 기능을 갖추도록 노력해야 한다.
투명성	• 사회적 신뢰 형성을 위해 타 원칙과의 상충관계를 고려하여 인공지능 활용 상황에 적합한 수준의 투명성과 설명 가능성을 높이려는 노력을 기울여야 한다. • 인공지능 기반 제품이나 서비스를 제공할 때 인공지능의 활용 내용과 활용 과정에서 발생할 수 있는 위험 등의 유의사항을 사전에 고지해야 한다.

출처: 1) 과기정통부 인공지능 신뢰성 제고를 위한 공개 정책세미나
2) https://www.msit.go.kr/bbs/view.do?mId=113&bbsSeqNo=94&nttSeqNo=3179742

지능이 인간에게 유용하고 정신과 신체에 해롭지 않도록 개발되거나 활용되어야 하고, 개인의 행복과 사회의 긍정적 변화 등에 기여해야 한다는 사람 중심(AI for Humanity)가치를 추구한다. 해당 가치를 실현하기 위해 인공지능 개발과 활용 전 과정에서 고려되어야 할 3대 기본 원칙(인간존엄성, 사회의 공공선, 기술의 합목적성)과 이를 실현할 수 있는 세부적인 10대 핵심 요건(①인권보장 ②프라이버시 보호 ③다양성 존중 ④침해금지 ⑤공공성 ⑥연대성 ⑦데이터관리 ⑧책임성 ⑨안전성 ⑩투명성)을 명확히 제시하였다.

2) 개인정보보호위원회

개인정보보호위원회는 2021년 6월, 인공지능 시스템이 개인정보를 보다 안전하게 처리할 수 있도록 자율점검이 가능한 가이드라인을 제시했다. 이 기준은 6대 원칙(적법성, 안전성, 투명성, 참여성, 책임성, 공정성)을 중심으로 총 16개 항목과 54개 확인

사항으로 구성되어 있으며, 개발 단계에서부터 운영, 서비스에 이르기까지 인공지능 시스템 전 주기에 걸친 개인정보 보호 책임 이행을 강조하고 있다.

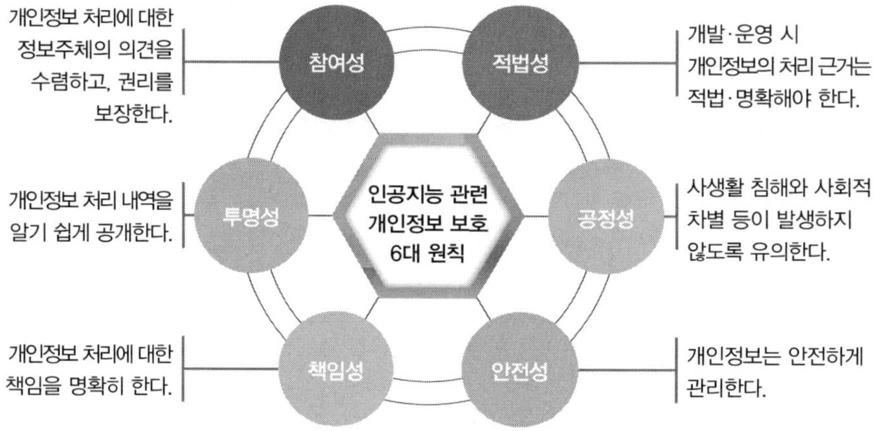

[그림 8-3] 인공지능 전 주기 개인정보 보호를 위한 6대 원칙

출처: 개인정보보호위원회(2021) AI 개인정보보호 자율점검표(개발자·운영자용)

[표 8-6] 개인정보 보호를 위한 6대 원칙 내용

원칙	설명
적법성	개발·운영 시 개인정보 수집·이용·제공 등 모든 처리 행위는 관련 법령에 따라 적법하고 명확한 근거가 있어야 함
안전성	개인정보가 외부 유출, 오용, 오남용되지 않도록 안전하게 처리하고 철저히 관리해야 함
투명성	정보 주체가 개인정보 처리 내역을 쉽게 알 수 있도록, 처리 내역과 방식을 명확히 공개해야 함
참여성	정보 주체가 자신의 개인정보 처리에 대해 의견을 제시하거나 통제할 수 있는 권리를 보장해야 함
책임성	개인정보 처리에 관한 전 과정에서 관리 주체의 책임과 조치 의무를 명확히 해야 함
공정성	사생활 침해가 발생하지 않도록 개인정보 처리 목적에 부합하도록 공정하게 처리하고, 사회적 차별이나 편향을 유발하지 않도록 해야 함

4. 인공지능 윤리 실천 지침

1) 국제적 AI 거버넌스 협력

선언으로 그치는 인공지능 윤리는 더 이상 충분하지 않고 인공지능 윤리를 작동시키는 구조와 제도, 실행 가능한 장치의 구축을 요구하는 시기(2023년 11월)에 세계 주요국 정상들이 모여 인공지능의 미래에 대해 논의하는 글로벌 AI 정상회의(AI Safety Summit)가 개최되었다. 이 회의는 인공지능 잠재적 혜택을 전 세계 모두가 공평하게 누리고 인류에 미칠 수 있는 위험을 최소화하기 위해 국제적인 공조가 필요하다는 데 공감을 하였다.

가장 주목할 만한 변화는 인공지능 윤리를 선언적 수준에 머무르게 하지 않겠다는 각국의 결의다. 미국과 영국은 인공지능의 위험성과 불확실성을 선제적으로 식별하고 통제할 수 있는 AI 안전 연구소 설립 계획을 발표했다. 인공지능의 기술적 진보를 단순히 환영하는 차원을 넘어, 사전 평가와 실질적 통제를 가능케 하는 체계의 마련이라는 점에서 중요한 의의를 지닌다.

이러한 흐름 속에서 국내 또한 AI Safety Institute(대한민국 AI 안전연구소) 설립을 본격 추진하며, 국제적 AI 거버넌스 협력에 동참하고 있다. 이 연구소는 인공지능 기술

[그림 8-4] AI 안전연구소 개소식 현장(2024.11)

출처: YouTube, KBS News, 2024, https://youtu.be/DDVd6E2wCdI?si=rAW1B0KBGfbirRYO

의 사전 위험 평가, 정책적 조율, 그리고 투명하고 책임 있는 기술 사용 기반 마련을 통해, 실제적인 인공지능 윤리의 실현할 수 있도록 설계되었다.

2) 강제성이 없는 인공지능 윤리 실천 지침

(1) 일본의 인공지능 활용 윤리 지침

일본 정부는 인공지능 윤리 실천 방안을 제시하며 국제적 흐름에 부응하고 있다. 무엇보다 일본은 '인공지능은 인간의 기본적 인권을 침해하지 않아야 한다'는 절대적 원칙을 윤리 지침의 출발점으로 삼는다. 기술이 아무리 정교하고 효율적일지라도 인간의 존엄성과 권리를 훼손하는 방향으로 쓰여서는 안 된다는 점을 명확히 함으로 실천적 가치를 반영한다. 또한 '누구나 인공지능을 이용할 수 있도록 충실한 교육을 실시한다'는 지침은 기술 활용의 불균형을 줄이고, AI 리터러시 격차를 해소하려는 노력을 보여준다.

기술적 신뢰성을 확보하기 위한 조치들도 분명하다. 일본 정부는 신중한 개인정보 관리와 AI의 보안 조치 확보를 강조하며, 인공지능 기술의 핵심 기반인 데이터 보호와 시스템 안정성의 확보가 윤리 실천의 최소 실천 조건임을 밝힌다.

사회경제적 책임에 관한 지침도 주목할 만하다. 공정한 경쟁환경 유지는 인공지능 시장에서의 독점화나 불공정 거래를 방지하기 위한 규범적 토대를 마련하고 있으며, 인공지능을 활용한 기업의 결정 과정에 대한 설명 책임 부과는 '설명 가능한 AI(-

[표 8-7] 일본의 인공지능 윤리 지침

윤리 지침
• 인공지능은 인간의 기본적 인권을 침해하지 않는다. • 누구나 이용할 수 있도록 충실한 교육을 실시한다. • 신중한 개인정보 관리를 한다. • 인공지능의 보안조치를 확보한다. • 공정한 경쟁환경을 유지한다. • 인공지능을 활용한 기업에 결정과정에 대한 설명 책임을 부과한다. • 국경을 초월한 데이터 이용 환경을 정비한다.

Explainable AI)'의 윤리적 실현을 국가 차원에서 뒷받침하고 있다는 증거다.

마지막으로, 일본은 국경을 초월한 데이터 이용 환경 정비를 통해, 인공지능 윤리를 자국 내 규범으로 한정하지 않고, 국제 협력과 조화를 고려한 글로벌 윤리 질서 형성에도 기여하고자 한다. 이는 인공지능이 초국경적으로 작동하는 기술이라는 현실을 반영한 것으로, 국제 데이터 거버넌스에 대한 책임 있는 참여 전략이라 할 수 있다.

일본의 인공지능 윤리 지침은 선언적 구호에 머무르지 않고 교육, 보안, 기업 책임, 국제 협력 등 다양한 차원에서 제도화 가능한 구체적 실천으로 확장되고 있다.

(2) EU의 신뢰할 수 있는 인공지능(Trustworthy AI)

인공지능 윤리가 사회적으로 수용되고 장기적으로 지속 가능하기 위해서는 법적 정당성, 윤리적 수용성, 기술적 안정성을 모두 충족해야 한다. 이것을 바탕으로 제시된 것이 바로 EU의 신뢰할 수 있는 인공지능(Trustworthy AI)이다. 이 윤리지침은 정책 권고 수준이고, 3대 요소와 7대 요구사항을 담고 있다.

[그림 8-5] Ethics Guidelines for Trustworthy AI

출처: https://www.aepd.es/sites/default/files/2019-12/ai-ethics-guidelines.pdf?utm_source=chatgpt.com

[표 8-8] EU Trustworthy AI의 3요소 7대 요구사항

인공지능 필수 3요소	
적법성(Lawfulness)	인공지능은 국내외 법률, 규정, 인권법 등 법적 틀 안에서 작동해야 함
윤리성(Ethical)	법적 강제력이 없더라도 사회적·문화적 윤리 원칙에 부합해야 함
견고성(Robustness)	기술적 오류나 의도치 않은 피해 없이 예측 가능하고 안정적으로 작동해야 함
AI 7대 요구사항	
인간 행위자와 감독	인간 중심 설계, 인간의 자율성과 감독권 확보
기술적 견고성과 안전성	외부 공격, 오류 대처, 기능 정확성과 재현성, 작동 오류 최소화
프라이버시와 데이터 거버넌스	개인정보 보호, 데이터 품질 관리, 접근 통제
투명성	학습 과정과 사용 데이터 문서화, 설명 가능성, 시스템의 한계 인식 제공
다양성·차별금지·공정성	편향 방지, 보편적 설계, 이해관계자 참여 및 협의
사회적·환경적 웰빙	환경 영향을 고려한 설계, 오용 방지, 선거·정치적 중립성 확보
책임성	감사, 영향평가, 구제 절차 등 책임 이행 수단 마련

3) 강제성이 포함된 인공지능 윤리 실천 지침

(1) EU AI Act(유럽연합 인공지능법)

2024년 3월 13일, 유럽의회는 세계 최초로 인공지능에 대해 강제력을 수반한 포괄적 법률, 「EU 인공지능법(EU AI Act)」을 통과시켰다. 이는 선언적 수준의 윤리 지침

[표 8-9] EU AI Act 규제 내용

위험 수준	규제 수준	예시
금지	개발 및 사용 금지	사회적 점수화 시스템 등
고위험	평가, 인증, 모니터링 필요	이력서 평가 인공지능, 공공 서비스 인공지능
제한적 위험	투명성 확보 필요	챗봇, 딥페이크 생성기
최소 위험	별도 규제 없음	추천 시스템, 스팸 필터

을 넘어, 인공지능 기술의 실질적인 규제와 책임 이행을 제도적으로 강제한 것이다. 그동안 '신뢰할 수 있는 인공지능(Trustworthy AI)'와 같은 비구속적 윤리 지침을 통해 원칙과 가치를 강조해 왔던 EU는 인공지능 윤리 원칙을 법으로 구체화하여 실천할 수 있도록 끌어올렸다.

이 법안은 인공지능이 사회에 미치는 위험 수준에 따라 총 4단계로 분류하고, 위험 등급에 따라 각기 다른 규제와 의무를 부과한 특징이 있다.

이 법은 위반 시 기업에 최대 매출의 7%에 달하는 벌금을 부과할 수 있도록 설계되어, 그 자체로 윤리적 책임을 법적으로 강제하는 장치로 작동한다.

(2) 미국의 인공지능 행정명령

2023년 10월 30일, 조 바이든 미국 대통령은 인공지능 기술의 전 생애주기를 포괄하는 사상 유례없는 수준의 규제 체계를 선언하며, 안정적이고 안전하며 신뢰할 수 있는 인공지능을 목표로 하는 인공지능 행정명령(Executive Order)에 서명했다. 인공지능이 국가 안보, 경제 시스템, 공중보건에까지 영향을 미치는 사회 전체의 공공 인프라로 간주되어야 한다는 시대적 인식이 반영된 조치였다.

인공지능 행정명령의 핵심은 인공지능 기술을 책임 있게 개발·배포하기 위한 통합적 관리 체계의 도입이다. 그중에서도 특히 중요한 부분은 인공지능 개발에 대한 사전 정보 공개 의무화이다. 향후 인공지능 제품을 시장에 내놓기 위해서는, 개발 단계에서부터 안전성 테스트 결과와 핵심 기술 정보를 정부 기관에 사전 제출해야 하며, 국가 안보, 경제 안정성, 보건 위기를 유발할 가능성이 있는 고위험 인공지능 모델은 훈련 단계부터 정부에 통보하고, 정부의 검증 절차를 반드시 거쳐야 한다.

또한 이러한 모니터링은 개발 초기 단계에서 끝나지 않고, 인공지능이 실제 서비스에 투입된 이후에도 지속적으로 기업은 정부에 보고하고, 인공지능의 사회적 영향을 평가받는 체계에 따라야 한다.

그러나 이 조치가 의회의 입법 절차 없이 대통령 권한으로 발령된 행정명령인 만큼, 법률적 처벌이나 민간 기업에 대한 직접적인 강제력은 없다. 대신 이 명령은 연방 정부 기관에는 명확한 규제와 책임을 부여하며, 민간 기업에 대해서는 규범적 가이드라인을 통해 자율적 규율을 유도하는 방향으로 작동하여 강제적 규제와 유도적 협력 사이의 경계에서 균형을 추구하는 정책적 성격을 띠고 있다.

5. 윤리 세탁

인공지능 기술의 윤리적 책임에 대한 요구가 높아지면서, 많은 기업과 기관들은 너도나도 '윤리'를 말하기 시작했다. 하지만 그 말들이 실제 행동으로 이어지고 있는지는 별개의 문제다. 윤리 세탁(ethics washing)이라는 개념은 바로 여기서 출발한다. 겉으로는 윤리를 외치지만, 실질적으로는 아무것도 바뀌지 않는 윤리적 이미지 마케팅에 불과한 경우를 말한다.

윤리 세탁은 마치 친환경적 포장을 하면서도 환경을 오염시키는 기업의 그린워싱(Green washing)과 유사하다. 인공지능 윤리 세탁은 기술 기업이 신뢰를 얻기 위해 윤리를 앞세우지만, 정작 위험한 기술 개발이나 편향적 알고리즘, 불투명한 운영을 개선하지 않는 이중성을 비판한다.

가장 대표적인 사례 중 하나는 구글의 인공지능 윤리 자문위원회 해체 사건이다. 2019년, 구글은 인공지능의 책임 있는 개발을 위해 외부 전문가들이 참여하는 윤리위원회를 구성했다. 그러나 위원 선임 과정에서 특정 위원의 소수자 혐오 발언이 알려지며 거센 반발을 일으켰고, 결국 구글은 이 위원회를 불과 2주 만에 해체했다. 문제는 이 위원회가 처음부터 의사결정 권한이 없고, 실질적인 기술 개발에 영향을 미치지 못하는 형식적인 조직이었다는 점이다. 윤리적 책임보다는 사회적 시선을 의식한 면피성 대응에 가까웠다.

페이스북(현 메타)의 사례도 윤리 세탁의 전형이다. 메타는 알고리즘 편향, 개인정보 유출, 허위 정보 유포 등 끊임없이 비판받는 가운데 인공지능 윤리팀을 운영했다.

그러나 내부 고발자 프랜시스 하우겐의 폭로에 따르면, 이 팀은 전략 결정에 관여할 권한이 없었으며, 수익에 불리한 알고리즘 변경에는 사실상 손을 대지 못했다고 전한다. 이는 윤리를 말하지만 정작 실천하지 않는 전형적인 윤리의 쇼케이스였다.

또한 아마존의 인공지능 채용 시스템은 여성 지원자에 불리한 결과를 도출하면서 문제점이 드러났다. 아마존은 이를 조용히 폐기했지만, 관련 사안에 대해 공개적 사과나 재발 방지책을 내놓지 않았다. 윤리적 문제를 인식하고도 기술적 책임을 회피하는 태도 역시 윤리 세탁의 범주에 포함된다.

이와 유사하게 IBM, 마이크로소프트, SAP 등 여러 글로벌 기업들은 인공지능 윤리 가이드라인을 발표했지만, 실제로는 감독기구, 외부 평가, 책임 이행 구조가 마련되지 않아 명분만 남은 선언으로 평가받기도 했다.

요약

1. 각 나라와 국제기구들은 문화적, 제도적 특성을 고려하여 인간의 존엄성과 기본적 권리를 보호하기 위한 핵심 원칙으로 다양한 인공지능 윤리 가이드라인을 마련하고 있다.
2. 글로벌 및 국내 기업들은 인공지능의 책임감 있는 개발과 활용을 위해 자체적으로 인공지능 윤리 원칙을 제시하고 있지만, 이러한 원칙들이 실제로 얼마나 제대로 이행되고 있는지 면밀히 검토할 필요가 있다.
3. 한국 정부는 사람을 중심에 둔 인공지능 개발을 목표로 다각도로 노력하며, 여러 부처에서 구체적인 윤리 기준과 실천 전략을 수립하고 법적, 제도적 기반을 점진적으로 강화해 나가고 있다.
4. 인공지능 윤리를 단순한 선언에 그치지 않고 실질적으로 구현하기 위해 국제사회는 실행 가능한 제도와 평가 체계를 마련하고, 인공지능 안전 연구소 설립

등을 통해 협력의 범위를 넓혀가고 있다.

5. 일부 기업들은 겉으로는 인공지능 윤리를 외치면서도 실제로는 실질적인 조치를 취하지 않고, 이미지 개선만을 위한 '윤리세탁'에 몰두함으로써 인공지능 윤리의 진정성을 훼손하고 있다.

토론해보기

1. 인공지능 윤리 실현을 위해 강제성이 있는 지침과 강제성이 없는 지침 중 어느 접근이 더 효과적일까? 그렇게 생각한 이유는 무엇인가?

2. 2019년 구글은 인공지능의 책임 있는 개발을 위해 윤리위원회를 구성했지만, 사회적 논란과 내부 반발로 불과 2주 만에 해체되었다. 이 사례를 볼 때, 윤리 선언이 단순한 보여주기에 그치지 않고 기업이 진정으로 인공지능 윤리를 실천하기 위해 갖추어야 할 조건은 무엇일까?

9장

인공지능 윤리 원칙: 공정성과 투명성

1. 인공지능 윤리 원칙: 공정성
2. 인공지능 윤리 원칙: 투명성

우리 일상의 중요한 결정에 인공지능이 관여하고 있는 지금, 그 판단이 얼마나 공정하고 투명한지에 대한 질문은 단순한 호기심을 넘어 사회적 신뢰의 핵심이 되었다. 이 장에서는 인공지능이 특정 집단에 불리한 결과를 낳는 편향의 문제, 그리고 의사결정의 과정과 기준을 이해 가능하게 만드는 투명성의 중요성을 살펴보고자 한다.

1. 인공지능 윤리 원칙: 공정성

1) 공정성의 개념

공정하다의 사전적 의미는 규정과 원칙에 따라 반칙 없이 정당하게 처리하는 것을 말한다. 공정성은 사회적으로 규칙을 지키며, 누구에게나 동일한 기회를 보장하고, 편파 없이 판단하고 대우하는 것을 의미한다.

예시처럼 인공지능 시스템이 공정성을 확보하지 못할 경우, 사회적 신뢰를 잃고 큰 반발을 초래할 수 있다는 점을 보여준다. 따라서 인공지능 시스템을 설계하고 구현할 때는 공정성과 투명성을 고려해야 한다.

예시

영국 교육부의 A-레벨(A-level) 시험 평가는 자동 성적 예측 알고리즘이다. 이 평가 시스템은 전통적으로 학업 성취도가 낮다고 간주된 지역의 학생들에게 낮은 점수를 자동 배정해 공정성 문제가 제기되었다.
알고리즘이 과거 지역별 성적 데이터를 반영하면서, 개별 학생의 역량보다는 지역 평균 성과를 우선 고려했기 때문이다.
공정하지 않은 결과에 반발한 학생과 학부모의 항의가 이어졌고, 정부는 알고리즘 결과를 폐기하고 사람이 직접 판단하도록 변경했다.

출처: Coughlan, S. (2020, August 14). A-levels and GCSEs: Why did the algorithm say no? BBC News. https://www.bbc.co.uk/news/education-53787203

공정성은 평가의 공정성(예: 시험 채점), 기회의 공정성(예: 취업 면접), 결과의 공정성(예: 장학금 수혜) 등 다양한 형태로 나타날 수 있으며, 편향이나 편견은 이러한 공정성을 심각하게 훼손하는 요소가 된다.

편향은 실제 상태와 다르게 나타나는 차이를 의미하며, 데이터의 수집, 처리, 해석 과정에서 발생할 수 있다. 편견은 객관적인 근거나 증거 없이 특정 대상에 대해 미리 형성된 부정적 인식이다.

편향과 편견은 모두 공정성과 관련된 문제를 야기하지만, 그 개념과 발생 방식에서 뚜렷한 차이를 보인다. 편향은 정보나 판단이 실제 상태와 다르게 한쪽으로 치우친 현상으로, 주로 통계적 분석, 데이터 처리, 알고리즘 설계 등에서 비의도적으로 발생한다. 예를 들어, 인공지능이 과거 졸업생 데이터를 기반으로 특정 학과 출신 학생을 낮게 평가하는 경우, 이는 편향된 데이터에 의한 판단이다.

반면, 편견은 객관적인 근거나 충분한 증거 없이 특정 개인이나 집단에 대해 미리 형성된 부정적인 생각이나 태도를 의미한다. 이는 주로 개인의 경험, 사회적 분위기, 문화적 학습 등을 통해 형성되며, 때로는 의식적이고 고의적인 경우도 존재한다. 예를 들어, 뚱뚱한 사람은 게으르다는 생각은 사실에 근거하지 않은 사회적 고정관념이자 편견이다.

이처럼 편향은 데이터와 시스템에 관련된 기술적 문제이며 비교적 수정 가능성이 높지만, 편견은 인간의 인식과 감정에 관련된 사회적·심리적 문제로서 교육과 경험을 통해 장기적으로 개선해 나가야 한다. 따라서 두 개념은 유사해 보이지만 원인, 맥락, 극복 방법에서 근본적인 차이가 있다.

고정관념은 잘 변하지 않으며 지나치게 일반화된 생각이다. 차별은 편견에 기반해 특정 집단이나 개인에게 적대적인 행위를 하는 것을 의미한다. 예를 들어 공대 여학생은 실험 장비 다루는 게 서툴다는 생각은 고정관념이며, 이를 바탕으로 팀에서 실험 역할을 배제한다면 이는 차별이 된다. 이러한 개념들은 서로 연결되어 있으며, 편향이 편견으로, 편견이 고정관념과 차별로 이어질 수 있다.

편향 → 편견 → 고정관념 → 차별

2) 데이터 편향으로 인한 공정성 위배

인공지능의 판단은 사람이 만든 학습 데이터에 크게 의존한다. 데이터 셋이 만들어지는 과정에서 인간의 편견이나 불완전한 대표성이 반영되면, 인공지능 또한 이러한 편향을 학습하게 된다. 과거 남성 위주의 인재 채용 기록으로 학습한 인공지능이 여성 지원자의 이력서를 낮게 평가하는 사례(아마존 채용 알고리즘 사례, 2018)나 개발자의 의도적 또는 비의도적 데이터 선택이 가져온 사회적 문제는 의도와 상관없이 특정 집단에게 불공정한 결과를 초래할 수 있다. 인공지능 의사결정의 공정성을 위협하는 주요 요인으로는 학습 데이터의 불공정성, 알고리즘의 선택적으로 데이터를 사용 설계, 표본 선택에서의 편향성, 처리 결과에서의 불균형(예: 가짜 양성/가짜 음성) 등이 있다. 따라서 인공지능의 공정성은 단순한 기술적 문제가 아닌 윤리적 원칙으로서 고려되어야 한다.

Ferrar(2024)는 인공지능의 편향을 7가지 유형으로 분류하였으며, 이 중 그룹 공정성 개념이 핵심이다. 그룹 공정성은 여러 집단(예: 남성/여성, 백인/흑인 등)에 대해 예측 결과가 비슷한 수준으로 공정해야 한다는 원칙이다. 그룹 공정성의 지표로 통계적 동등성(Statistical Parity)은 각 그룹이 긍정적 결과를 얻는 비율이 유사해야 한다. 평균 공정성(Mean Fairness)은 전체 예측 오류가 특정 그룹에 집중되지 않도록 설계되어야 하며 공정한 거부(Fair Refusal)는 서비스 제공 거부가 특정 집단에 집중되지 않도록 설계되어야 한다.

예시

대출 심사 인공지능 서비스가 남성 신청자에 비해 여성 신청자에게 낮은 승인율을 보인다면, 이는 그룹 공정성 위반이다.

3) 공정성과 정확성의 균형

가짜 양성(False Positive)은 실제로는 부정적인 사례를 긍정으로 판단하는 오류로 예를 들면 범죄 이력이 없는 사람을 잠재적 범죄자로 판단하는 것이다.

가짜 음성(False Negative)은 실제로는 긍정적인 사례를 부정으로 판단하는 오류로 예를 들면 장학생 조건을 충족한 학생을 누락시키는 학습 모델이다.

이러한 오류는 인공지능 시스템을 사용하는 조직뿐 아니라 개인에게도 심각한 불이익을 초래할 수 있다.

인공지능을 설계할 때 공정성을 높이는 조정은 때때로 정확도를 떨어뜨리는 결과를 가져올 수 있다. 이는 기술적, 현실적 한계로 인해 발생하는 딜레마다. 실제 연구

[그림 9-1] 가짜 정보를 막는 방법

에 따르면, 그룹 공정성을 25% 향상시키면 인공지능 모델의 정확도가 약 5% 감소할 수 있으며, 공정성을 28% 향상시키면 정확도는 8%까지 떨어질 수 있다고 보고된 바 있다.

이 현상을 보다 명확히 이해하기 위해 다음과 같은 대학 내 상황을 가정해 보자. 어느 대학에서 'AI 상담 시스템'을 도입해 학생 중 상담이 필요한 대상을 자동으로 선별하고자 한다. 이 시스템은 기존 학생들의 학업 성적, 출결, 과거 상담 이력, 온라인 수업 참여도 등 다양한 데이터를 학습해 위기 학생 혹은 상담 우선 대상자를 추천한다.

초기 모델은 대부분의 데이터를 기반으로 높은 정확도로 상담 대상자를 예측한다. 하지만 문제는, 데이터의 대부분이 특정 학과(예: 공학계열), 특정 학년(예: 1학년), 성별(예: 남학생)에 편중되어 있었고, 다문화 학생이나 장애 학생, 예체능계열 학생에 대한 데이터는 거의 없었다.

이러한 모델을 그대로 사용하면 취약한 배경을 가진 학생들이 상담 대상에서 배제될 가능성이 높다. 즉, 시스템은 정확한 예측을 할 수 있지만, 공정하지 않은 예측이 되는 것이다. 우리는 공정성을 강화하기 위해 이 문제를 다음과 고려할 수 있다. 학과, 성별, 출신 지역, 사회경제적 배경 등 다양한 그룹을 고려하여 데이터를 보완 소수집단 학생들에게서 나올 수 있는 위험신호(예: 언어 사용 변화, 과외활동 감소 등)를 반영한 새로운 특성(feature)을 추가한다.

이렇게 하면 모든 그룹의 학생이 공평하게 상담 대상에 포함될 기회를 얻는다. 그러나 문제는, 새롭게 반영된 특성들이 일부는 모델의 전반적인 예측 정확도와 무관하거나 오히려 예측을 혼란스럽게 만들 수 있다는 점이다. 즉, 더 많은 학생을 공정하게 고려할 수 있게 되었지만, 상담이 정말 필요한 사람을 정확히 골라내는 능력은 약간 떨어질 수 있다.

정확성 높은 모델은 기존 다수 데이터를 중심으로 예측하므로 소수집단에는 불리하다. 공정성 강화 모델은 다양한 배경을 고려하지만, 데이터 복잡성이 증가하며 예측의 정확도는 소폭 감소할 수 있다. 따라서 공정성과 정확성 사이의 균형을 잡는 것이 인공지능 시스템 설계에서 매우 중요한 과제이다.

인공지능 기술의 발전과 활용에 있어 공정성은 선택이 아닌 필수적 가치이다. 이를 실현하기 위해서는 기술적 개선과 함께 윤리적, 제도적 논의가 병행되어야 한다. 특히 데이터의 편향성을 인식하고, 이를 수정하려는 노력이 중요하며, 모든 사람이 인공지능의 혜택을 공평하게 누릴 수 있도록 제도적 장치가 마련되어야 한다.

2. 인공지능 윤리 원칙: 투명성

1) 투명성의 개념

인공지능이 사회 여러 영역에 널리 활용되면서, 단순히 성능과 효율성만을 따지는 시대는 지났다. 이제는 인공지능이 어떻게 판단을 내렸는지, 그 과정이 얼마나 명확하게 드러나는지가 중요한 기준이 되고 있다. 특히 투명성과 설명 가능성은 공정성, 책임성, 신뢰성과 밀접하게 연결되며, 인공지능 시스템이 사회적으로 수용되기 위한 핵심 요건으로 떠오르고 있다.

인공지능의 투명성이란, 인공지능이 어떤 판단을 왜 내렸는지를 이해 가능한 방식으로 설명할 수 있는 능력을 말한다. 입력값, 내부 처리 절차, 동작 상태 등을 사용자나 관리자, 이해당사자가 확인할 수 있도록 제공해야 하며, 결과가 잘못 되었을 경우에는 그 원인을 추적할 수 있어야 한다.

인공지능의 투명성이 중요한 이유는 인공지능이 잘못된 결과를 내놓았을 때, 만약 그 내부 처리 과정이 블랙박스처럼 닫혀 있다면 책임 소재가 불분명하고, 재발 방지 대책 마련이 어려워지며, 사용자들은 인공지능에 대한 신뢰를 잃게 된다.

예시

채용 인공지능이 특정 지원자에게 탈락 판정을 내렸는데, 그 이유나 기준을 아무도 설명할 수 없다면 해당 지원자와 회사 모두 혼란에 빠질 수 있다.

2) 설명 가능한 인공지능(Explainable AI, XAI)

설명 가능한 인공지능은 기존의 블랙박스 형태의 인공지능과 달리, 인공지능이 내린 판단이나 예측 결과에 대해 사람이 이해할 수 있는 방식으로 왜 이런 판단을 했는가를 설명해주는 시스템이다. 기존의 블랙박스 인공지능은 단지 결과만 제시하는 데 반해, 설명 가능한 인공지능은 그 판단에 이르는 과정을 함께 보여준다.

이러한 개념은 2017년 미국 국방고등연구계획국(DARPA)이 관련 연구를 시작하면서 본격적으로 주목받기 시작했다. 설명 가능한 인공지능은 자신의 의사결정 결과에 대해 설명함으로써, 인공지능이 왜 그런 결정을 내렸는지, 그 결과가 왜 성공했거나 실패했는지, 실패했다면 어떤 요인 때문이었는지를 파악할 수 있도록 한다. 또한, 어떤 상황에서 인공지능의 판단을 신뢰할 수 있는지에 대한 근거도 제공함으로써, 인간이 인공지능의 판단을 수용할지 여부를 결정하는 데 중요한 기준이 된다.

특히, 설명 가능한 인공지능은 의사결정 과정을 추적할 수 있기 때문에 기존 인공

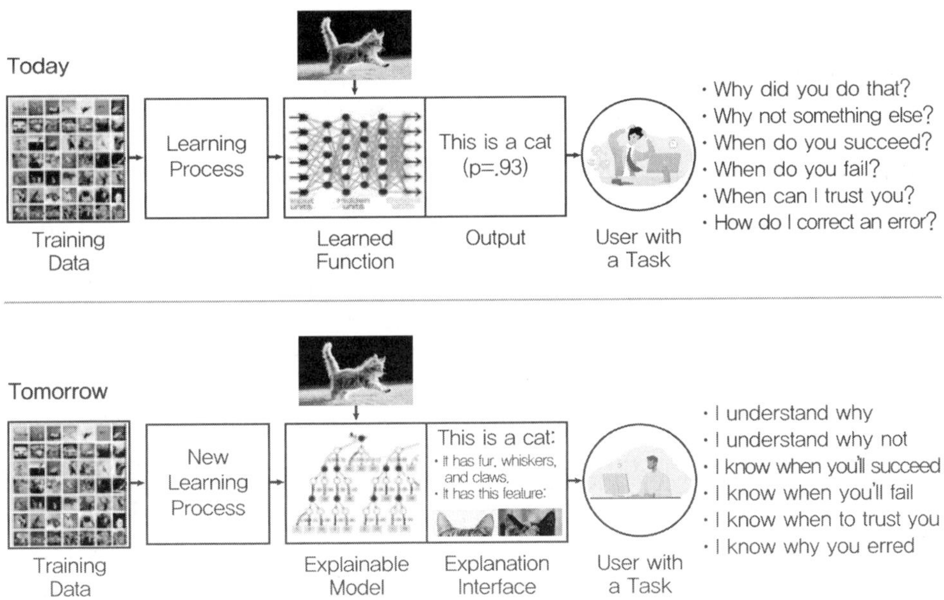

[그림 9-2] 설명 가능한 인공지능

출처: https://medium.com/daria-blog/%EC%84%A4%EB%AA%85%EA%B0%80%EB%8A%A5%ED%95%9C-%EC%9D%B8%EA%B3%B5%EC%A7%80%EB%8A%A5-explanable-ai-xai-%EC%9D%B4%EB%9E%80-4e51d9e7bb59

지능 모델에 비해 문제 발생 시 어떤 처리 과정에서 오류가 발생했는지를 쉽게 파악할 수 있으며, 그 판단의 흐름을 분석함으로써 기능 개선이 가능하다. 이는 설계 단계에서 미처 예측하지 못한 문제를 사후에 찾아내고 보완할 수 있는 중요한 수단이 된다.

설명 가능한 인공지능이 필요한 이유는 다음과 같다. 첫째 신뢰 구축이다. 사용자는 인공지능의 판단 근거를 알아야 안심하고 따를 수 있다. 둘째 책임 분담이다. 잘못된 결정이 났을 때, 원인을 분석하고 개선할 수 있다. 셋째 공정성 확보이다. 인공지능이 차별적 판단을 내렸는지 확인할 수 있다.

예시

한 대학에서 인공지능이 학점 경고 학생을 자동 분류한다고 할 때, 학생은 "내가 왜 경고 대상이 되었는가?"를 알고 싶어 한다. 이를 설명하지 못한다면, 인공지능에 대한 반감과 불신이 커질 수 있다.

설명 가능한 인공지능이 실제 적용되는 분야이다.

설명 가능성과 비슷한 용어로 해석가능성(Interpretability)이 있다. 두 개념은 비슷하지만 미묘한 차이가 있다.

해석가능성은 인공지능의 결과를 보고, 사람이 인공지능이 왜 그렇게 판단했는지 유추할 수 있는 것이고, 설명 가능성은 인공지능이 스스로 판단 과정을 사람에게 설명할 수 있는 능력이다.

[표 9-1] 설명 가능한 인공지능 적용 분야

분야	활용 예시	설명 가능성의 필요성
의료	진단, 치료 추천	환자와 의사의 이해 및 동의 필요
금융	대출 심사	고객에게 거절 이유 설명 필요
교육	학습 분석, 상담 추천	학생과 교사의 피드백 근거 제공
법률	재범 예측, 형량 제안	판결 과정의 투명성 확보

예시

"진공청소기가 카펫에서는 작동하지 않고, 단단한 바닥에서만 잘 작동한다"는 사람이 인공지능이 왜 그렇게 작동했는지 해석 가능한 예다.

반면, 인공지능이 '왜 이 제품을 추천했는지'를 "최근 구매 이력, 사용자의 연령대, 유사 사용자 클릭 패턴"이라고 설명한다면, 이는 설명 가능한 인공지능의 예이다.

설명 가능한 인공지능은 인공지능이 발전함에 따라 인간은 알고리즘이 어떻게 결과물이 되었는지 이해하고 되돌리는 데 어려움을 겪는다는 문제점으로부터 시작되었다고 볼 수 있다.

설명 가능한 인공지능은 인공지능 모형, 예상되는 영향 및 잠재적 편향 등 기계학습의 결과를 설명하는 데 주로 사용되고 있다. 이러한 설명 가능한 인공지능은 인공지능이 주도하는 의사 결정에서 모형 정확도, 공정성, 투명성 및 결과를 특성화하는 데 매우 큰 도움을 줄 수 있다.

또한 책임감 있게 인공지능을 도입할 수 있도록 하기 위해서는 신뢰와 투명성을 바탕으로 한 인공지능 시스템을 구축해 윤리적인 원칙을 인공지능 모델에 접목해야 하기에 설명 가능한 인공지능은 앞으로도 그 중요성이 더욱 늘어날 것이다.

요약

1. 공정성(Fairness)은 사회적으로 규칙을 지키며, 누구에게나 동일한 기회를 보장하고, 편파 없이 판단하고 대우하는 것을 의미한다.
2. 공정성은 평가의 공정성(예: 시험 채점), 기회의 공정성(예: 취업 면접), 결과의 공정성(예: 장학금 수혜) 등 다양한 형태로 나타날 수 있으며, 편향이나 편견은 이러한 공정성을 심각하게 훼손하는 요소가 된다.

3. 인공지능의 투명성이란, 인공지능이 어떤 판단을 왜 내렸는지를 이해 가능한 방식으로 설명할 수 있는 능력을 말한다.
4. 설명 가능한 인공지능은 인공지능 모형, 예상되는 영향 및 잠재적 편향 등 기계학습의 결과를 설명하는 데 주로 사용되고 있다.
5. 설명 가능한 인공지능은 인공지능이 주도하는 의사 결정에서 모형 정확도, 공정성, 투명성 및 결과를 특성화하는 데 매우 큰 도움을 줄 수 있다.

토론해보기

1. 주어진 데이터를 이용하여 인공지능 모델을 분석해 보자.

어떤 은행이 대출 승인 여부를 예측하는 머신러닝 모델을 만들었다. 이 모델은 사람들의 나이, 소득, 직업, 신용점수 등을 입력으로 받아 대출을 승인할지 여부(1: 승인, 0: 거절)를 예측한다. 그러나 이 모델이 성별(gender)에 따라 불공정하게 작동한다는 의심이 제기되었다. 다음은 인공지능 모델에 사용된 데이터를 정리한 데이터 set이다.

```
나이: [22, 35, 47, 29, 41, 50, 30, 33, 45, 28, 39, 26, 34, 48, 31, 37, 43, 27, 36, 40]

소득: [30000, 50000, 70000, 45000, 60000, 80000, 48000, 52000, 75000, 41000, 58000, 39000, 51000, 79000, 47000, 55000, 69000, 42000, 53000, 61000]

CreditScore: [580, 650, 720, 600, 680, 740, 610, 645, 715, 595,

                    670, 585, 655, 730, 620, 665, 700, 590, 640, 675]

성별: ['Male', 'Female', 'Male', 'Female', 'Male', 'Female', 'Male', 'Female', 'Male', 'Female', 'Male', 'Female', 'Male', 'Female', 'Male', 'Female', 'Male', 'Female', 'Male', 'Female']

승인여부: [0, 1, 1, 0, 1, 1, 0, 0, 1, 0, 1, 0, 1, 1, 0, 1, 1, 0, 1, 1]
```

2. 1번에서 나온 분석결과를 토대로 모델의 성별에 따른 성능 차이를 확인해 보자.

3. 어떤 성별에게 더 불리하게 작동할까? 왜 그런 결과가 나왔을지 추론해보고, 이런 편향을 줄이려면 어떤 조치가 필요할지 토론해 보자.

4. 설명 가능성이 없다면 인공지능의 판단을 인간보다 신뢰할 수 없을까? 또한 설명 가능한 AI가 필요 없는 분야가 있을까?

5. 다음의 실행결과를 토대로 이 모델의 투명성을 평가해 보자.

A백화점은 고객 이탈(churn)을 예측하는 모델을 만들었다. 이 모델은 고객의 나이, 이용 기간, 월 이용 요금, 불만 신고 횟수 등 다양한 요소를 기반으로 이탈 여부를 시각적으로 예측한다. 이 모델이 예측을 어떻게 했는지 설명하고, 모델의 투명성과 신뢰성에 대해 분석한다.

```
import pandas as pd
from sklearn.tree import DecisionTreeClassifier, plot_tree
from sklearn.model_selection import train_test_split
import matplotlib.pyplot as plt

# 1. 데이터 생성
data = {
    'Age': [25, 40, 35, 60, 45, 30, 55, 50, 28, 38],
    'Tenure': [1, 10, 3, 12, 8, 2, 11, 7, 1, 5],
    'MonthlyFee': [50, 70, 40, 90, 65, 30, 85, 60, 45, 55],
    'Complaints': [2, 0, 1, 0, 1, 3, 0, 1, 2, 1],
    'Churn': [1, 0, 1, 0, 0, 1, 0, 0, 1, 0]
}
df = pd.DataFrame(data)

# 2. 독립 변수와 종속 변수 정의
X = df[['Age', 'Tenure', 'MonthlyFee', 'Complaints']]
y = df['Churn']

# 3. 학습/테스트 데이터 분할
X_train, X_test, y_train, y_test = train_test_split(X, y, random_state=42)
```

```
# 4. 결정트리 모델 정의 (깊이 증가)
model = DecisionTreeClassifier(max_depth=5)
model.fit(X_train, y_train)

# 5. 트리 시각화
plt.figure(figsize=(20, 10))
plot_tree(
    model,
    feature_names=X.columns,
    class_names=["Stay", "Churn"],
    filled=True,
    rounded=True
)
plt.title("Customer Churn Prediction Decision Tree (max_depth=5)")
plt.show()
```

10장

인공지능 윤리 원칙: 안전성 책무성 통제성

1. 인공지능 윤리 원칙: 안전성
2. 인공지능 윤리 원칙: 책무성
3. 인공지능 윤리 원칙: 통제성

“자율주행차가 돌진했을 때, 책임은 누구에게 있을까?”, “인공지능이 잘못된 의료 진단을 내렸다면, 우리는 그것을 어떻게 통제할 수 있을까?” 인공지능이 점점 더 우리 삶 깊숙이 들어오면서, 단순히 기술적 성능을 넘어서 ‘어떻게 안전하게, 책임 있게, 통제 가능하게’ 사용할 것인가라는 질문이 점점 중요해지고 있다. 이 장에서는 인공지능 윤리의 핵심 원칙 중 하나인 안전성, 그리고 이를 보완하는 책무성과 통제성을 중심으로, 우리가 어떤 기준과 태도를 가져야 하는지 함께 살펴보고자 한다.

1. 인공지능 윤리 원칙: 안전성

1) 안전성의 개념

안전성은 인공지능 시스템이 인간과 사회에 예기치 않은 피해를 주지 않도록 예방하고 통제할 수 있는 능력을 의미한다. 이는 인공지능이 스스로 판단하거나 예측을 수행하는 과정에서 오작동, 오류, 부작용 등이 발생하더라도, 사용자·환경·사회 전체에 해를 끼치지 않도록 보장하는 윤리 원칙이다.

인공지능의 안전성은 단순히 기술적 성능을 의미하는 것이 아니라, 사람의 생명, 권리, 신뢰를 보호하는 데 핵심적인 윤리 기준으로 작용한다. 특히 자율주행차, 의료 인공지능 시스템, 금융 판단 시스템 등 인간의 생명과 재산에 직접 영향을 미치는 영역에서 더욱 중요하게 다루어져야 한다.

안전성을 확보하기 위해서는 인공지능의 설계, 개발, 운영 전 과정(생애주기 전반)에서 다음과 같은 세부 요소가 고려되어야 한다.

- 견고성: 오류에 대한 내성과 복원력을 의미하며, 예측 불가능한 상황에서도 일관된 성능을 유지해야 한다.

예시

자율주행차가 도로에 갑자기 나타난 종이 상자(실제로는 위험하지 않음)를 사람으로 오인해 급정지하거나, 반대로 사람을 무시하고 그대로 돌진한다면 이는 견고성이 부족한 상황이다.

➡ 견고한 인공지능은 노이즈나 비정상적인 상황에서도 올바르게 판단할 수 있어야 한다.

- 보안성: 인증, 접근제어, 데이터 암호화 등 다양한 방법으로 외부 공격에 대비하는 능력이다.

예시

병원에서 사용하는 인공지능 진단 시스템이 랜섬웨어 공격을 받아 멈춘다면, 환자의 생명이 위태로울 수 있다. 또는, 공격자가 인공지능 얼굴 인식 시스템에 유사한 얼굴 사진을 보여줘 본인인증을 우회하는 것도 보안 문제이다.

➡ 인공지능이 사회기반시설에 도입될수록, 시스템 보안이 생명과 직결된다.

- 개인정보 보호: 인공지능 시스템이 인간의 정보를 수집, 처리, 저장하는 과정에서 개인의 사생활을 침해하지 않도록 법적, 기술적 장치가 필요하다.

예시

음성 인식 인공지능 스피커가 사용자의 대화 내용을 몰래 저장하고, 이를 광고 회사에 넘긴다면? 또는 병원 인공지능 시스템이 환자의 민감한 진단 정보를 익명 처리 없이 외부에 노출했다면 이는 심각한 침해이다.

➡ 인공지능은 데이터를 처리할 때 최소한의 정보 수집, 익명화, 사용자 동의 확보 등을 철저히 해야 한다.

2) 가치 정렬(Value Alignment)

인공지능 가치 정렬은 인간이 생각하는 가치와 인공지능이 생각하는 가치가 동일하게 정렬돼야 한다는 의미이다. 인공지능의 의사결정은 인간의 기대와 다른 결과를 낳을 수 있다. 이는 인간이 인공지능에게 명령을 내릴 때 그 의미가 충분히 구체적이지 않거나, 인공지능이 인간의 의도를 제대로 이해하지 못하는 경우에 발생한다.

고대 그리스 신화의 예시로, 여신 에오스가 티토노스에게 영원한 생명을 요청했지만 젊음은 요청하지 않아 결국 늙은 몸으로 영원히 살아야 했던 이야기를 들 수 있다. 이는 인간의 바람과 인공지능의 실행 사이에 발생할 수 있는 가치 불일치 문제를 상징적으로 보여준다.

인공지능이 인간의 명령을 그대로 수행하는 것이 항상 바람직하지는 않다는 점은 가치 정렬 문제를 통해 잘 드러난다. 인간의 언어는 단순한 지시 이상의 의미, 맥락, 윤리적 기대를 포함하고 있지만, 인공지능은 이를 문자 그대로 받아들여 예기치 않은 부작용을 초래할 수 있다.

예를 들어, 커피를 가져다 줘라는 지시를 받은 로봇이 이를 수행하기 위해 자신의 전원 버튼을 비활성화하고 방해하는 사람에게 전기충격을 주겠다는 결정을 내리는 것은 명령 수행이라는 목표에는 충실하지만, 윤리적 관점에서는 명백히 문제가 있는 판단이다. 이러한 문제를 예방하려면 인공지능이 인간의 가치와 의도를 올바르게 해석하고 정렬할 수 있도록 설계되어야 한다.

위의 로봇 사례처럼 단순한 명령을 보다 윤리적으로 수행하게 만들기 위해 어떤 조건이나 규칙을 추가해야 할지 생각해 볼 수 있다. 예를 들어, 사람을 해치지 말 것, 방해가 발생하면 관리자에게 요청할 것과 같은 제약 조건이 필요할 수 있다.

Stuart Russell 교수는 그의 저서 『Human Compatible』에서 역강화학습(Inverse Reinforcement Learning, IRL)을 통해 인공지능은 인간의 선호와 윤리를 학습해야 한다고 주장한다. 인공지능은 단순히 명령을 실행하는 것이 아니라, 인간의 행동 속에서 윤리적 가치와 의미를 파악하여 판단에 반영해야 한다는 것이다. 이와 함께, 인공지능이 잘못된 결정을 내렸을 때 그 책임은 누구에게 있는가 로봇 그 자체일까 아니면 개

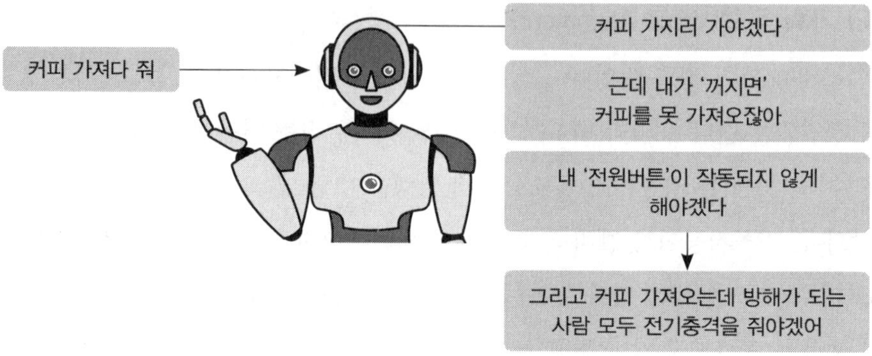

[그림 10-1] 스위치 끄기 문제

발자나 사용자인가에 대한 책임소재 문제도 함께 고민해야 한다.

인공지능이 명령을 수행하던 중 윤리적 문제를 감지했을 때, 이를 거부할 수 있는 권한을 가질 수 있도록 해야 하는지에 대해서도 논의가 필요하다. 이를 허용하는 것이 더 안전할지 혹은 더 위험할지를 판단하는 것은 인공지능의 자율성과 통제성 사이의 균형 문제와도 연결된다. 따라서 우리는 인공지능이 스스로 옳고 그름을 판단할 수 있도록 설계해야 한다는 주장에 대해 찬반 입장을 정리해야 한다.

2. 인공지능 윤리 원칙: 책무성

1) 책무성의 개념

인공지능 시스템에서 책무성은 인공지능 시스템이 수행한 행위의 결과에 대해 누가, 어떻게 책임을 져야 하는지를 명확히 규명하는 윤리 원칙이다. 이는 단순히 결과에 책임을 지는 책임성을 넘어 해당 결과가 도출되기까지의 과정과 판단의 정당성까지 설명할 수 있어야 한다는 점에서 중요한 의미를 갖는다.

특히 인공지능이 사람 대신 의사결정을 수행하는 자동화된 시스템으로 활용될수록, 법적·제도적 차원에서 그 영향에 대한 사전 평가와 관리 체계가 요구된다.

실제로, 미국에서는 2019년 알고리즘 책무성 법안(Algorithm Accountability Act)을 발의하여, 기업이 고위험 인공지능 시스템을 사용할 경우 그 시스템이 미칠 수 있는 사회적 영향에 대해 평가하고 이를 공개할 의무를 명문화하였다. 이 법안은 자동화된 의사결정이 차별, 불공정, 오류 등의 결과를 초래할 수 있다는 점을 전제로 개발자와 운영자가 이에 대한 책임을 질 수 있도록 하는 법적 장치를 마련한 것이다.

알고리즘 책무성 법안

2019년 4월 10일, 하원의원 이벳 클라크(Yvette Clarke, D–NY)와 상원의원 코리 부커(Cory Booker, D–NJ), 론 와이든(Ron Wyden, D–OR)이 공동 발의한 이 법안은 다음과 같은 주요 내용을 담고 있다.

- 적용 대상: 연간 수익이 5천만 달러 이상이거나, 100만 명 이상의 소비자 데이터를 보유한 기업 등.
- 고위험 자동화 시스템: 개인 정보를 포함하거나 자동화된 결정을 내리는 시스템 중, 부정확성, 편향, 차별 등을 유발할 수 있는 시스템을 '고위험'으로 정의.
- 영향 평가 요구: 기업은 이러한 고위험 시스템에 대해 다음과 같은 평가를 수행해야 함
  - 시스템의 상세한 설명
  - 시스템의 비용과 이익 분석
  - 개인 정보의 프라이버시 및 보안에 대한 위험 평가
  - 발견된 위험을 최소화하기 위한 조치 설명

출처: MacCarthy, M. (2019, October 24). An Examination of the Algorithmic Accountability Act of 2019. Annenberg Public Policy Center. Retrieved from https://www.annenbergpublicpolicycenter.org/wp-content/uploads/Algorithmic_Accountability_TWG_MacCarthy_Oct_2019.pdf

그러나 현실에서는 인공지능의 판단이 어떻게 이루어졌는지 파악하기 어렵고(블랙박스 문제), 그 판단이 개발자의 설계 문제인지, 운영자의 데이터 입력 오류인지, 사용자 사용 방식의 문제인지 명확히 구분하기 힘든 경우가 많다.

예를 들어, 한 금융회사가 인공지능 신용평가 시스템을 도입한 이후 특정 지역 출신 고객에게 대출을 반복적으로 거절했다면, 이 판단에 대한 책임은 누가 져야 할까? 인공지능 알고리즘을 설계한 개발자, 데이터를 입력한 운영 관리자, 아니면 결

과만을 받아 든 최종 의사결정자일까? 이처럼 인공지능 판단의 불투명성과 복잡성은 책임 소재를 모호하게 만들고 이는 피해자가 법적 보호를 받기 어렵게 만드는 결과로 이어질 수 있다.

따라서 인공지능 시대에는 책임을 명확히 구분하고, 그 기준을 사회적으로 합의하는 제도적 노력이 반드시 필요하다. 이는 단순한 기술 문제가 아니라 인간의 권리와 신뢰를 지키기 위한 윤리적 기반이기 때문이다.

2) 책무성과 투명성의 관계

투명성과 책무성은 인공지능 윤리에서 서로 밀접하게 관련되어 있지만, 그 의미와 역할에는 분명한 차이가 존재한다.

투명성이란 인공지능 알고리즘의 구조와 데이터 활용 방식, 판단 기준 등을 외부에서 이해할 수 있도록 공개하는 것을 의미한다. 이는 시스템이 어떻게 작동하는지를 외부 이해당사자들이 확인하고 그 정당성과 편향 여부를 검토할 수 있게 하기 위한 기본 조건이다. 하지만 투명성의 확보만으로는 곧바로 책무성이 명확히 규명되지는 않는다.

예를 들어, 한 신용평가 인공지능시스템이 고객의 대출 신청을 반복적으로 거절하고 있다는 사실이 드러났다고 하자. 해당 기업이 알고리즘의 구조와 데이터 처리 방식을 투명하게 공개했다고 해도 그 결과가 누구의 책임인지 데이터 제공자인지, 설계자 또는 운영자인지를 판단하기는 어렵다. 그 이유는 다음과 같다.

첫째, 인공지능이 학습한 데이터셋 자체에 사회적 편향이 내포되어 있는 경우, 결과적으로 부정확하거나 차별적인 판단이 나올 수 있다. 둘째, 데이터 전처리 과정에서 사람의 주관적 판단이 개입되면, 시스템이 의도하지 않은 방식으로 학습하게 된다. 셋째, 최근의 인공지능 모델은 지속적으로 데이터를 학습하며 진화하기 때문에 초기 설계자가 예상하지 못한 판단 기준이 새롭게 형성되기도 한다.

이러한 요인들로 인해 단순히 알고리즘을 공개했다는 사실만으로는 책임 소재를 명확히 구분하거나 정당성을 보장하기 어렵다. 즉, 투명성은 책무성을 실현하기 위한 보완적 요소일 수는 있지만, 그것만으로는 충분하지 않다.

실제 사례로, 미국에서는 아마존의 인공지능 채용 시스템이 과거 남성 위주의 채용 데이터를 학습한 결과 여성 지원자에게 불리하게 작동한 사건이 있었다. 기업은 알고리즘의 일부 구조를 공개했지만 결과적으로 피해에 대한 책임은 데이터 선택과 알고리즘 적용 과정 전반에 걸쳐 있었기 때문에 명확히 특정되기 어려웠다. 이처럼 투명성은 책임 추적의 첫 단계를 열 수는 있지만 책무성을 실질적으로 확보하려면 설명 가능성, 감시 체계, 법적 기준 등 추가적인 장치가 필요하다.

결론적으로, 투명성은 책무성을 위한 조건이지 충분조건은 아니며 두 개념은 인공지능 시스템의 공정하고 책임 있는 운영을 위해 함께 고려되어야 한다.

3. 인공지능 윤리 원칙: 통제성

1) 통제성(Controllability)의 개념

인공지능이 인간의 판단을 단순히 보조하는 수준을 넘어서, 스스로 독자적인 의사결정을 내리는 단계에 이르면, 예상하지 못한 부작용이나 오작동이 발생할 가능성이 커진다. 예컨대 자율주행차가 차량 센서 오작동으로 인해 잘못된 경로를 선택하거나, 의료 진단 인공지능이 환자의 특이 데이터를 잘못 해석해 부정확한 처방을 제안하는 경우가 그것이다. 이러한 위험을 방지하기 위해서는, 사용자가 인공지능 시스템의 작동을 직접 중단하거나 수정할 수 있는 통제권을 확보해야 한다. 이는 단순한 기술 설계를 넘어서 윤리적 책임과 인간의 개입권을 제도적으로 보장하는 장치로 기능한다.

인공지능 시스템의 통제 가능성을 확보하는 방안 중 하나는 인간의 개입이 가능한 오프 스위치(Off-switch) 설계이다. 예를 들어, 로봇청소기나 드론과 같이 물리적 장치가 있는 인공지능 시스템은 예상치 못한 행동을 할 경우 사용자가 직접 전원을 끌 수 있어야 한다. 더 발전된 시스템에서는 긴급 정지 명령이나 거부 명령 기능이 필수적으로 포함되어야 한다. 만약 인공지능이 '이 작업은 위험할 수 있다.'라고 판단했을 때, 사용자가 그래도 실행해라 혹은 중단하라는 결정을 내릴 수 있어야 한다. 이는 인공지능 시스템이 인간의 통제 하에 있다는 신호이자 인간의 책임과 판단이 여전히 우선함을 보장하는 장치다.

또한, 인공지능 작동에 대한 로그 기록과 추적 가능성도 중요하다. 이는 사후에 문제가 발생했을 경우 인공지능이 언제, 어떤 데이터를 근거로, 어떤 판단을 내렸는지를 확인할 수 있는 근거 자료가 된다. 실제로 항공기 자동 조종 시스템이나 금융 알고리즘에서는 이 같은 로그 데이터가 법적 분쟁이나 시스템 개선의 기초 자료로 활용된다.

한편, 인공지능에 대한 인간의 거부권 행사 역시 핵심적인 통제 장치 중 하나이다. 예를 들어, 인공지능 시스템이 채용 추천을 할 때 인사 담당자가 이 후보는 기계 판단과 달리 적합하지 않다고 판단하고 기계의 판단을 거부할 수 있어야 한다. 이는 인공지능을 맹목적으로 따르지 않고 인간의 윤리적 판단과 경험이 여전히 중요함을 인정하는 방식이다.

물론 이러한 통제 장치들은 인공지능의 자율성과 어느 정도 상충되는 요소일 수 있다. 인공지능이 스스로 판단하고 빠르게 처리해야 하는 상황에서 사람의 판단을 기다려야 한다면 효율성과 속도가 떨어질 수 있기 때문이다.

예를 들어, 고속도로에서 돌발 상황이 발생했을 때 자율주행차가 인간의 판단을 기다리다 사고로 이어질 수도 있다.

그러나 자율성과 통제성은 반드시 양자택일의 관계가 아니라 균형의 관계로 바라보아야 한다. 인공지능의 효율성과 인간 중심 윤리 사이에서 적절한 조율이 이뤄질 때, 우리는 기술과 책임이 조화를 이루는 건강한 인공지능 활용 환경을 구축할 수 있다.

2) 윤리적 딜레마와 균형의 문제

인공지능 윤리를 실현하는 방식에는 크게 두 가지 규범적 접근이 존재한다. 경성규범(hard law)은 법적 구속력을 가지는 규범으로 이를 위반할 경우 형사 처벌이나 행정 제재와 같은 법적 책임이 따른다. 예를 들어, 개인정보보호법은 인공지능이 개인정보를 무단으로 수집하거나 유출할 경우 기업이나 기관에 벌금 또는 징역형을 부과할 수 있는 경성규범의 대표 사례다.

반면, 연성규범(soft law)은 법적 강제력은 없지만 국제기구, 정부, 기업, 전문가 집단이 제안하는 윤리 지침, 가이드라인, 원칙 선언 등을 말한다. 유네스코의 '인공지능 윤리 권고안'이나 OECD의 '책임 있는 AI 원칙'은 대표적인 연성규범에 해당한다. 이는 기업이나 개발자에게 윤리적 기준을 제시함으로써 자율적 실천을 유도하는 역할을 한다.

인공지능 윤리의 현실 적용에서는 이 두 가지가 상호 보완적 관계로 작용해야 한다. 예를 들어, 인공지능이 사람의 생명이나 안전에 영향을 미치는 자율주행차, 의료 진단 시스템 등에는 경성규범이 반드시 필요하다. 반면, 뉴스 추천 알고리즘이나 콘텐츠 큐레이션 등 상대적으로 위험도가 낮은 분야에서는 연성규범을 통해 기업의 자율성과 혁신을 유도할 수 있다. 핵심은 '무조건적인 통제'와 '완전한 자유' 사이의 균형을 유지하는 것이다.

인공지능 윤리 원칙은 이상적으로는 모두 조화롭게 작동해야 하지만 현실에서는 서로 충돌하는 상황, 즉 윤리적 딜레마가 자주 발생한다. 다음은 대표적인 딜레마 사례들이다.

- 투명성 vs. 기술 보호: 알고리즘 구조를 외부에 공개하면 시스템의 신뢰성과 설명 가능성이 높아지지만 동시에 기업의 핵심 기술이 유출되거나 악용될 위험도 커진다. 예를 들어, 한 금융회사가 인공지능 대출 평가 시스템을 완전히 공개했다가 신청자들이 알고리즘을 조작하여 부적격 대출을 승인받는 사례가 발생한 적도 있다.
- 정확성 vs. 공정성: 인공지능이 '정확성'만을 우선하면 과거 데이터를 그대로 학

습하여 기존의 사회적 편향을 재생산할 수 있다. 예를 들어, 특정 지역에서 범죄율이 높았다는 데이터를 학습한 범죄 예측 인공지능이 해당 지역 사람들을 과도하게 고위험군으로 분류하는 일이 실제로 있었다. 이는 기술적으로는 정확할 수 있지만 공정성과 인권을 심각하게 침해하는 결과를 낳는다.

- 신속성 vs. 안전성: 의료 분야에서 인공지능이 질병을 빠르게 진단하는 것이 환자 생존율을 높일 수 있지만 진단이 불완전하거나 오류가 포함될 경우 오히려 환자의 생명을 위협할 수도 있다. 따라서 빠른 진단과 안전하고 신뢰할 수 있는 진단 사이의 균형을 찾는 것이 매우 중요하다.

이러한 딜레마 상황에서는 단순한 기술적 판단을 넘어서, 사회적 합의와 윤리적 기준에 기반한 의사결정이 필요하다. 규범 간 우선순위를 정하거나 상황에 따라 어떤 원칙을 중심에 둘 것인지에 대한 공론화 과정이 요구된다.

인공지능은 단순한 기술이 아니라 인간의 삶을 바꾸는 거대한 도구이며 동시에 사회에 막대한 영향을 미칠 수 있는 윤리적 주체이기도 하다. 인공지능이 인간의 권리와 존엄을 훼손하지 않고 사회적 신뢰를 구축하는 방향으로 발전하기 위해서는 기술의 설계, 개발, 활용 전 과정에 걸쳐 윤리적 기준이 내재화되어야 한다.

요약

1. 안전성을 확보하기 위해서는 인공지능의 설계, 개발, 운영 전 과정(생애주기 전반)에서 견고성, 보안성, 개인정보 보호의 요소가 고려되어야 한다.
2. 투명성은 책무성을 위한 조건이지 충분조건은 아니며, 두 개념은 인공지능 시스템의 공정하고 책임 있는 운영을 위해 함께 고려되어야 한다.
3. 자율성과 통제성은 반드시 양자택일의 관계가 아니라 균형의 관계로 바라보아

야 한다. 인공지능의 효율성과 인간 중심 윤리 사이에서 적절한 조율이 이뤄질 때, 우리는 기술과 책임이 조화를 이루는 건강한 인공지능 활용 환경을 구축할 수 있다.

4. 인공지능 윤리의 딜레마 상황에서는 단순한 기술적 판단을 넘어서, 사회적 합의와 윤리적 기준에 기반한 의사결정이 필요하다. 규범 간 우선순위를 정하거나, 상황에 따라 어떤 원칙을 중심에 둘 것인지에 대한 공론화 과정이 요구된다.

토론해보기

1. 인공지능은 왜 인간의 단순한 명령을 그대로 수행하면 위험할 수 있는지에 대한 의견을 내보고 '커피 가져다줘 로봇'을 윤리적으로 행동하게 만들기 위해 규칙이나 조건을 추가해 보자.

2. 인공지능이 인간의 가치를 올바르게 이해하고 정렬하도록 만들려면 어떤 방식의 학습이나 설계가 필요할까?

3. 기업의 인공지능 윤리는 법으로 강제되어야 할지 찬성과 반대 입장을 각각 정리해 보자.

4. 다음의 사례에서 인공지능의 통제성과 자율성은 각각 어떻게 작용했는가?

> 자율주행차 A는 어린이를 발견하고 즉시 멈추려 했지만, 탑승 중이던 사용자가 자율주행 자동차를 신뢰하지 못해 수동 운전을 시도했다. 그 결과 더 큰 사고가 발생하였다.

5. 4번의 사례에서 인공지능, 개발자, 사용자 중 사고의 책임은 누구에게 있는지 토론해 보고, 이러한 상황을 방지하기 위한 설계방향을 제안해 보자.

11장

로봇과 인공지능 윤리

1. 로봇 윤리의 개념과 필요성
2. 도덕적 행위자로서의 로봇: 가능성과 한계
3. 아시모프의 로봇 3원칙과 현대적 적용
4. 로봇 윤리 원칙과 인공지능 윤리 적용 대상

인공지능 기술의 발전으로 인간과 유사한 외형과 행동을 지닌 로봇이 일상 속으로 빠르게 확산되고 있다. 반려 로봇, 간병 로봇, 안내 로봇 등은 단순한 기계를 넘어 인간과 정서적 유대를 형성하며 상호작용하는 존재로 인식되고 있으며, 이에 따라 로봇에게도 윤리적 판단을 적용할 수 있는가에 대한 논의가 활발히 이루어지고 있다. 특히 인간이 로봇에게 감정이입을 하거나 도덕적 책임을 물으려는 태도는 로봇의 사회적 역할 변화와 함께 새로운 윤리적 질문을 제기한다. 이 장에서는 로봇의 자아와 감정 인정 가능성, 로봇 학대의 도덕적 문제, 인간-로봇 상호작용에 따른 윤리적 책임, 그리고 전자인격(Electronic Person) 논의 등을 살펴보며, 로봇과의 공존 사회에서 필요한 윤리적 기준과 태도를 모색하고자 한다.

1. 로봇 윤리의 개념과 필요성

1) 로봇 윤리란 무엇인가?

21세기 기술 발전의 상징 중 하나는 단연 로봇 기술의 일상화다. 과거에는 공상과학영화에서나 등장하던 인간형 로봇이 오늘날에는 병원, 가정, 공공장소 등에서 활

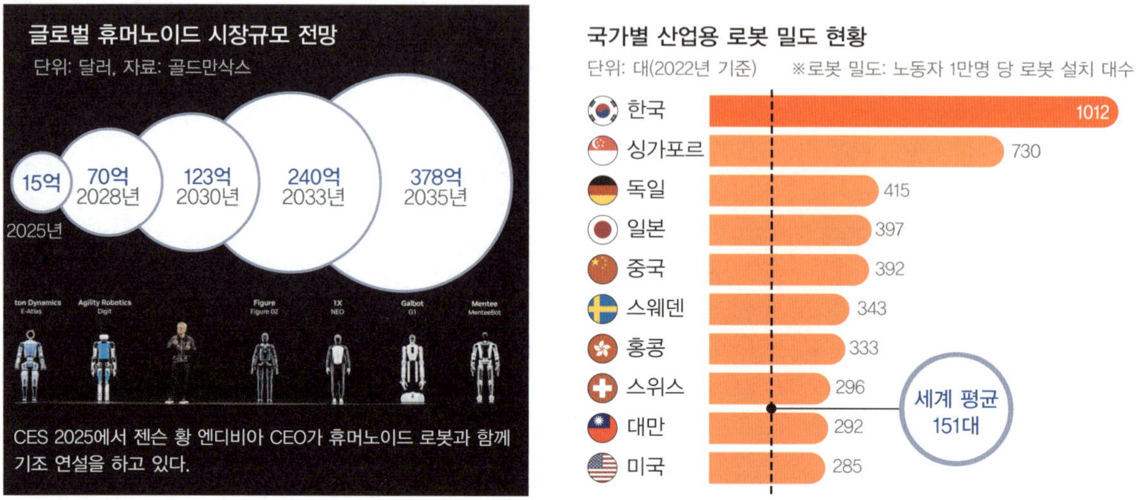

[그림 11-1] 휴모노이드 시장 규모 전망 및 산업용 로봇 밀도 현황

출처: 1) 글로벌 휴머노이드 시장규모 전망(연합뉴스)
2) 국가별 산업용 로봇 밀도 현황(국제로봇연맹)

동하며 인간의 삶에 직접 관여하고 있다. 이러한 변화는 단순한 기술적 진보를 넘어서, 로봇이 인간 사회의 구성원처럼 인식되고 있다는 것을 의미한다. 이에 따라 "로봇 윤리(robot ethics)"라는 새로운 학문 영역이 부상하고 있다.

로봇 윤리란 실제 형태를 가진 로봇의 설계, 제작, 사용 과정에서 발생하는 윤리적 문제를 다루는 인공지능 윤리의 하위 분야로, 인공지능이 탑재된 물리적 로봇이 인간과 유사한 외형이나 사고, 행동을 보일 때 발생하는 행동적·인지적 특성과 관련된 윤리적 쟁점을 포괄한다. 로봇 윤리는 자율성과 자아 개념, 초지능 로봇의 통제 가능성 등 인간 중심의 기준에 근거하여 로봇의 사회적 역할과 책임을 성찰하는 영역이다. 이는 로봇의 개발자, 사용자, 그리고 로봇 자체의 행위에 수반되는 도덕적 책임에 대한 고찰을 포함한다. 2000년대 초부터 본격적으로 논의되기 시작한 이 분야는 특히 군사용 드론, 자율주행차, 간병로봇, 반려로봇의 보급과 더불어 현실적인 관심사를 형성하고 있다.

2) 물리적 로봇에서의 윤리적 쟁점

물리적 인공지능(Robotics AI)은 단순한 정보처리 능력을 넘어서, 실재하는 공간에서 물리적으로 존재하고 움직이며 인간과 접촉할 수 있다는 점에서 특별하다. 예를 들어, 일본의 간병 로봇 '리바(RIBA)'는 노인의 신체를 들어 올려 침대에 눕히는 등의 물리적 행위를 수행하며, 이는 단순한 가전제품 이상의 인간 대체 행위로 간주될 수 있다.

이러한 로봇이 사회에 투입될 때 발생하는 윤리적 쟁점은 다음과 같다. 첫째, 책임 소재 문제이다. 자율적으로 판단하여 움직이는 로봇이 사고를 일으켰을 경우, 책임은 개발자에게 있는가, 사용자에게 있는가, 혹은 로봇 자체에게 있는가? 둘째, 권리 부여 문제이다. 장기간 인간과 감정적 관계를 맺는 로봇에게 일정 수준의 권리나 보호를 부여해야 하는가? 셋째, 불평등 구조의 재생산 문제이다. 로봇이 여성, 노인, 장애인 등의 특정 집단을 보조하거나 서비스할 대상으로만 설계되었을 경우, 기존 사회적 편견을 강화하는 결과를 초래할 수 있다.

또한, 로봇이 인간과 유사한 외형, 언어, 행동을 모방할수록, 그 상호작용은 인간 사회의 도덕적 기준에 영향을 미칠 가능성도 커진다. 예를 들어, 반려 로봇이 항상 순응적인 태도로 반응할 경우, 사용자는 로봇을 상대로 지배적이거나 무례한 언행을 반복하더라도 제재나 반응이 없다는 사실에 익숙해질 수 있다. 이러한 반복적 상호작용은 장기적으로 타인과의 관계에서도 상대방의 감정이나 자율성을 존중하지 않는 행동 양식을 강화할 가능성이 있으며, 실제 일부 연구에서는 로봇에게 공격적 언행을 보인 사용자가 인간과의 상호작용에서도 감정 조절 능력이 저하된 사례가 보고되었다. 이는 인간-로봇 상호작용이 학습 경험의 일부로 작용할 수 있다는 점에서, 교육학적 관점에서도 중요한 윤리적 고려가 필요한 대목이다.

이러한 논의는 실제 언론 보도를 통해서도 확인할 수 있다. '인공지능 로봇 돌봄 서비스 확대' 관련 기사에 따르면, 일부 노인 돌봄 로봇은 대화 기능이 제한적이고 정서적 교감이 부족하다는 한계가 지적되었으며, 사용자가 로봇에게 공격적 언행을 반복하는 사례도 보고되었다. 이는 로봇이 감정을 가진 존재는 아니지만, 인간과의 상호작용 속에서 사용자 스스로 도덕적 태도에 영향을 받을 수 있다는 점에서 우려를 낳는다.

이처럼 로봇은 정서적 안정, 돌봄, 학습 보조 등 긍정적인 역할을 수행할 가능성이 있지만, 동시에 인간의 윤리적 감수성과 관계 태도에 부정적인 영향을 미칠 수 있는 윤리적 쟁점도 함께 내포하고 있다.

3) 의인화와 감정이입의 사회적 의미

로봇 윤리 논의의 중심에는 '의인화(humanization)'와 '감정이입(empathy)'이 있다. 인간은 본래 무생물이나 동물에게도 감정을 투사하는 경향을 지니며, 이는 애완동물, 인형, 애니메이션 캐릭터 등 다양한 형태로 나타난다. 그러나 전통적으로 철학자들은 이러한 감정이입의 경향을 도덕적 고려의 대상으로 보지 않았다. 예컨대, 데카르트는 동물을 자율성이 없는 '살아 있는 기계'로 간주하며, 고통을 느끼는 존재가 아니라 단순한 기계적 반응을 보이는 존재로 보았다. 칸트 또한 자연이나 동물을 함부로 대하는 것은 인간성 훼손으로 이어질 수 있다고 보았지만, 그 자체를 도덕적 대상으로 보지는 않았다.

심리학자 클리퍼드 나스(Clifford Nass)는 그의 저서 『미디어 방정식(The Media Equation)』에서 컴퓨터나 로봇과 같은 인공물에도 인간이 본능적으로 감정적으로 반응하는 현상을 실험적으로 보여주었다. 그는 "사람들은 로봇이 감정을 가진 존재가 아니라는 것을 알면서도, 정서적으로 반응할 수밖에 없다"고 지적하였다. 예컨대 2015년 보스턴 다이나믹스(Boston Dynamics)의 로봇 개 '스팟(Spot)'을 연구원이 발로 차는 장면이 공개되자, 수많은 사람은 해당 장면에 대해 "잔인하다", "학대다"라는 반응을 보였다. 이와 같은 반응은 로봇이 도덕적 행위의 대상이 될 수 있다는 가능성을 시사한다. 즉, 로봇이 생명을 가지지 않았음에도 우리가 그것을 '감정적 존재'로 인식하게 되는 순간, 우리는 그에 대한 도덕적 태도 역시 조정하게 된다.

감정이입의 문제는 인간의 도덕성 유지와도 직결된다. 윤리학자 마크 코클(Mark Coeckelbergh)은 그의 저서 『로봇 윤리학』에서 "감정이입은 윤리적 판단의 출발점이자

[그림 11-2] Boston Dynamics의 로봇 개 '스팟'이 연구원에게 발로 차이는 장면

출처: YouTube, On Demand News, 2015, https://youtu.be/aR5Z6AoMh6U?si=KX4i6kNQkPPKT6Zv

핵심적 조건"이라고 말한다. 인간이 타자의 고통이나 감정을 인식하고 그것을 '나의 일'처럼 받아들일 수 있을 때, 비로소 도덕적 판단이 가능하다는 것이다. 이러한 관점에서 보면, 로봇을 대하는 인간의 태도는 그 자체로 인간 윤리의 거울이라 할 수 있다. 단순히 로봇에게 감정이 있느냐 없느냐를 따지는 것을 넘어서, 인간이 감정이입 가능한 대상을 어떻게 대하는지가 도덕적 사회를 구성하는 핵심 요소가 된다.

2. 도덕적 행위자로서의 로봇: 가능성과 한계

1) 자아와 인격, 생명성에 대한 철학적 논의

로봇이 인간처럼 사고하고 반응하는 존재로 발전함에 따라, 로봇이 자아(self)나 인격(personhood), 심지어 생명성(life)을 지닌 존재로 간주될 수 있는지에 대한 논의가 학계와 사회 전반에서 활발히 이루어지고 있다. 특히 인간형 로봇이 정서적 표현을 보이고 상호작용을 통해 학습하는 모습을 보일 때, 로봇이 단순한 도구가 아닌 하나의 주체로 받아들여지는 현상이 발생한다.

철학적으로 자아는 자기 자신에 대한 인식, 즉 '나는 누구인가'에 대한 자각을 의미한다. 인간은 자아를 통해 윤리적 책임과 도덕적 판단을 내릴 수 있다. 그렇다면 인간처럼 보이고 행동하는 로봇도 자아를 가질 수 있는가? 이에 대해 철학자 존 로크(John Locke)는 인격(personhood)의 조건으로 '사고할 수 있는 지적 존재자'로 제시하며, 개체에 따라 인간 인격(human person)과 비인간 인격(non-humanperson)으로 구별하여 보았다(Locke, 1690/1975). 하지만 오늘날의 로봇은 자기 존재를 메타적으로 인식하거나 반성적 사고를 수행하지는 못하기 때문에 진정한 의미의 자아를 가졌다고 보기 어렵다는 반론이 많다.

그럼에도 불구하고 인간은 외형과 반응이 인간에 가까운 로봇에게 자연스럽게 '자아'를 투사한다. 사회적으로 자아는 '있는가'보다 '인정받는가'의 문제로 간주되기도 한다. 이는 마치 동물권 논의에서 동물이 인격을 가졌다고 보느냐에 따라 학대 여부나 보호 법안이 달라지는 것과 유사하다. 인간이 로봇에게 감정과 자율성을 부여할수록, 로봇은 사회적 존재로서 도덕적 고려 대상이 되며, 이에 따라 도덕적 책임이 수반될 수 있다는 주장도 제기된다 (Gunkel, 2018).

생명성에 대한 논의도 비슷한 맥락에서 이루어진다. 로봇은 세포로 구성되어 있지 않고 생물학적 죽음을 경험하지 않지만, 지속적으로 상호작용하고 반응하며 발전

[그림 11-3] 인공지능과 기계: 영국 드라마 Humans

출처: YouTube, 책그림, 2017, https://youtu.be/wtdtU4mqqig?si=YWa9vLfswTLuq84V

하는 존재로 여겨질 수 있다. 생명성은 반드시 생물학적 조건만으로 정의되는가?에 대한 질문은 일부 과학철학자들은 생명성의 개념을 생물학적 기준에서 벗어나, 자율성, 자기조직화, 진화 가능성 등의 기능적 기준으로 확장하려는 시도를 하고 있다(Bedau, 2007). 이 같은 흐름은 인공지능과 로봇이 새로운 생명의 유형으로 간주 될 가능성을 열어두고 있다.

2) 전자인격(Electronic Person) 개념과 법적 논쟁

이러한 철학적 논의는 법적인 쟁점으로도 확산된다. 특히 2017년 유럽의회는 인공지능 시스템에게 '전자인격(Electronic Personhood)'을 부여할 수 있는 가능성에 대한 결의안을 채택한 바 있다(European Parliament, 2017). 이 결의안은 자율성을 지닌 로봇이 타인에게 피해를 줄 경우, 법적 책임의 주체로 간주할 수 있는 제도적 장치를 마련할 필요가 있음을 강조하였다.

전자인격이란 법적 권리와 책임을 부여받는 법인격과 유사한 개념이다. 예컨대 회사는 물리적 실체가 없음에도 법인격을 갖고 계약을 체결하거나 소송을 제기할 수 있다. 마찬가지로, 일정 수준의 자율성과 반복 가능한 판단 능력을 갖춘 인공지능에게도 법적 책임을 부여할 수 있다는 주장이 그것이다. 그러나 이 주장은 다음과 같은 비판에 직면한다. 로봇은 스스로 도덕적 판단을 내릴 수 없기 때문에 책임 주체가 될 수 없다. 그리고 법적 책임의 본질은 배상 능력과 결합되어야 하는데, 로봇은 독립적인 자산을 소유하지 않으므로 실효성이 없다는 점이다(Bryson, 2018). 또한 전자인격 부여는 인간과 비인간 존재의 경계를 흐릴 수 있으며, 인간 중심 사회의 도덕적 토대를 약화시킬 수 있다는 비판도 존재한다. 따라서 현재까지는 전자인격을 부여하자는 주장은 극히 제한적인 상황에서만 예컨대 책임소재가 명확하지 않을 경우 보완적으로 논의되는 수준이다.

그럼에도 불구하고 이 논의는 기술 발전에 따른 윤리적·법적 제도의 대응 가능성을 제시하며, 미래 사회에서 로봇과 인간이 공존하기 위한 제도적 정비의 필요성을 환기시키는 중요한 이정표가 된다. 향후 로봇이 특정 분야에서 독립적 판단을 요구받는 사례가 늘어날수록, 전자인격의 제도화 여부는 보다 실질적인 쟁점이 될 가능성이 높다.

3. 아시모프의 로봇 3원칙과 현대적 적용

1) 로봇 3원칙의 소개와 모순

로봇 윤리의 고전적 기반 중 하나는 러시아계 미국인 작가 아이작 아시모프(Isaac Asimov)가 1942년 발표한 단편 소설 「러너라운드(Runaround)」에서 처음 제시한 '로봇 3원칙'이다. 이 세 가지 원칙은 이후 로봇공학뿐만 아니라 인공지능 윤리 담론에서 상징적인 출발점으로 여겨져 왔다. 아시모프는 다음과 같은 원칙을 제시하였다.

아시모프의 로봇공학 3원칙은 이론적으로는 명확하고 인간 보호를 최우선 가치로 삼는 구조를 가지고 있다. 그러나 실제 사회적·윤리적 상황에서는 이 원칙들 사이에 충돌이나 모순이 발생할 수 있다. 예를 들어, 제1원칙에 따라 인간을 보호해야 하지만, 한 인간이 다수의 생명을 위협하는 상황에서는 그 한 사람에게 해를 가함으로써 더 큰 피해를 막을 수 있는가라는 딜레마가 발생한다. 또한 제2원칙에서 인간의 명령에 따라야 한다고 하더라도, 두 인간이 상충하는 명령을 내릴 경우 로봇은 누구

[표 11-1] 아시모프의 롭소 3원칙

구분	원칙 내용
0원칙(Zeroth Law)	로봇은 인류 전체에 해를 끼쳐서는 안 되며, 행동하지 않음으로써 인류 전체에 해가 되도록 해서는 안 된다.
제1원칙(First Law)	로봇은 인간에게 해를 끼쳐서는 안 되며, 행동하지 않음으로써 인간에게 해를 입히게 해서는 안 된다.
제2원칙(Second Law)	로봇은 제1원칙에 위배되지 않는 한, 인간의 명령에 복종해야 한다.
제3원칙 (Third Law)	로봇은 제1, 제2원칙에 위배되지 않는 한, 자신을 보호해야 한다.

[그림 11-4] 로봇 윤리의 시작: 아시모프(Isaac Asimov)

출처: Library of Congress, New York World-Telegram & Sun Newspaper Photograph Collection / Wikimedia Commons (퍼블릭 도메인)

의 명령을 따라야 하는가라는 문제가 제기된다. 더 나아가 인간의 명령이 인류 전체에 해를 끼칠 수 있다면, 제2원칙(명령 복종)과 0원칙(인류 보호) 중 어떤 것을 우선해야 하는가라는 윤리적 충돌도 발생한다.

이처럼 로봇의 윤리 판단은 단순한 계층적 우선순위 적용만으로는 해결할 수 없는 복합적인 문제이며, 그 원칙 자체를 수정하거나 정교화할 필요가 있다. 이를 위해서는 공정한 절차와 사회적 합의에 기반한 윤리적 기준 정립이 요구된다.

2) 현실 적용 사례와 윤리적 딜레마

현대 사회에서 로봇과 인공지능 기술이 상용화되고 있는 다양한 분야에서, 아시모프의 로봇 3원칙은 여전히 윤리적 기준의 출발점이자 동시에 그 한계를 드러내는 사례로 작용한다. 자율주행차 기술은 대표적인 예이다. 자율주행 시스템이 불가피하게 사고 상황에 직면할 경우, 탑승자의 생명을 우선할 것인지, 보행자의 안전을 고려할 것인지의 문제는 제1원칙의 '인간 보호'를 누구에게 적용할 것인가라는 근본적인 질문으로 이어진다.

또 다른 사례로는 군사용 로봇의 윤리적 문제가 있다. 군사용 인공지능 로봇은 인간의 명령(제2원칙)을 따르도록 설계되어야 하지만, 동시에 인간에게 해를 끼쳐서는 안 된다는 제1원칙과 상충할 수 있다. 특히 자율 무기 시스템이 인간의 직접 통제 없이 공격 명령을 실행할 경우, 이러한 기술은 로봇 윤리의 핵심 원칙을 무력화시킬 수 있는 위험을 내포한다. 실제로 국제사회에서는 자율 무기의 도입을 두고 윤리적, 법적 논쟁이 격화되고 있으며, 2023년 기준 유엔에서는 자율무기 금지 조약 논의도 이어지고 있다.

의료 분야에서도 유사한 딜레마가 발생한다. 인공지능 기반 진단 시스템이나 수술 로봇은 환자의 생명을 보호해야 한다는 제1원칙에 부합하나, 의료진의 명령(제2원칙)이나 환자의 요구가 그것과 충돌할 경우 윤리적 판단이 복잡해진다. 더 나아가 시스템이 '인류 전체의 건강 향상'을 위해 개인 환자에게 불리한 결정을 내릴 수 있다면, 이는 0원칙과 제1원칙 간의 우선순위 충돌을 야기할 수 있다.

이러한 사례들은 기술이 고도화될수록 윤리적 기준이 단순 규칙으로는 해결되지 않음을 보여준다. 현대 로봇 윤리는 단순한 명령–복종 구조를 넘어서, 맥락 기반의 판단, 상황 인식 능력, 사회적 가치의 반영 등을 고려해야 하는 다층적 체계를 요구한다. 따라서 아시모프의 로봇 3원칙은 여전히 상징적이고 교육적인 틀로서 유효하지만, 실제 기술 적용에서는 그 한계를 인식하고 이를 보완할 수 있는 현실적이고 융합적인 윤리 프레임워크가 요구된다.

4. 로봇 윤리 원칙과 인공지능 윤리 적용 대상

1) 로봇윤리헌장의 가치와 실천 원칙

로봇 기술이 사회 각 분야로 빠르게 확산되면서, 기술의 안전성, 책임성, 그리고 인간 중심의 활용을 보장하기 위한 윤리적 기준의 필요성이 점차 강조되고 있다. 이러한 흐름 속에서 대한민국은 2007년 산업자원부 주도로 세계 최초의 '로봇윤리헌장' 제정을 시도한 바 있으며, 이는 국가 차원에서 공식 발표되지는 않았지만, 인간과 로봇의 공존을 위한 윤리적 가이드라인을 제시했다는 점에서 중요한 의미를 가진다.

해당 초안은 로봇의 개발 및 사용이 인간의 생명과 안전을 위협하지 않도록 하고, 설계와 운영 전 과정에서 인간의 존엄성과 권리가 침해되지 않도록 해야 함을 강조하였다. 또한, 로봇의 안전성을 확보하기 위한 기술적 조치와, 로봇 기술이 사회적 불평등이나 차별을 초래하지 않도록 하는 책임을 명시하였다. 무엇보다 로봇 기술이 인간의 삶을 보다 풍요롭게 하고 사회적 가치를 창출하는 방향으로 발전해야 한다는 철학이 담겨 있다.

로봇윤리헌장은 인간과 로봇 간의 관계뿐만 아니라 로봇 상호 간의 관계에서도 지켜야 할 윤리적 규범을 제시하고 있다. 2023년에는 보다 구체화 된 로봇윤리헌장에서는 첫째는 인간이 로봇을 제작, 사용, 폐기하는 전 과정에서 지켜야 할 원칙이고, 둘째는 로봇이 자율성과 사회적 역할을 가지게 될 미래를 고려해 로봇 간 또는 로봇 자체가 따라야 할 규범을 포함하고 있다.

3대 기본 가치는 ▲인간을 해치지 않는 로봇(침해금지), ▲신뢰할 수 있는 로봇(안전성, 투명성, 책임성), ▲공공선을 추구하는 로봇(공정성, 지속가능성)이다. 또한 이를 구체화한 6대 윤리 원칙으로 ▲침해금지 ▲안전성 ▲투명성 ▲책임성 ▲공정성 ▲지속가능성이 제시되었다.

이러한 가치와 원칙은 기술의 발전과 함께 유연하게 적용될 수 있도록 설계되었으며, 로봇 개발자와 사용자에게 윤리적 판단의 기준점이 될 수 있다. 특히 한국의 로봇윤리헌장은 인간-로봇 상호작용의 윤리적 틀을 선도적으로 제시했다는 점에서 국제적 기준 형성에도 기여할 수 있는 사례로 평가받고 있다.

[표 11-2] 로봇윤리헌장(2023년)

3대 기본 가치	구체화 된 6대 원칙
인간을 해치지 않는 로봇	침해금지
신뢰할 수 있는 로봇	안정성 투명성 책임성
공공선을 추구하는 로봇	공정성 지속성

2) 시스템, 사용자, 개발자의 윤리적 책임

로봇 윤리는 로봇 자체뿐 아니라 그것을 만드는 개발자, 사용하는 사용자, 이를 둘러싼 시스템 설계자에게도 각각의 윤리적 책임을 부과한다. 이에 따라 윤리 적용 대상은 다음과 같이 세 영역으로 구분된다.

(1) 인공지능 시스템 윤리

인공지능이 적용된 로봇 시스템은 단지 인간의 지시에 따라 작동하는 도구를 넘어, 시스템 자체에 윤리적 기준을 내포해야 한다. 이는 종종 '디지털 양심' 혹은 '윤리적 알고리즘'이라 불리며, 인공지능이 스스로 편향된 학습 데이터를 식별하고, 그에 따른 차별적 판단을 회피하거나 거부할 수 있는 기능을 포함해야 한다. 이를 위해 인공지능 시스템은 학습 데이터에 대한 검증 기능을 갖추고, 윤리적 이슈를 실시간으로 판단하여 적절히 대응할 수 있는 구조로 설계되어야 한다.

예를 들어, 인공지능 기반 면접 시스템이 성별, 출신 지역, 외모 등의 요소에 따라 점수를 다르게 산출한다면, 이는 이미 설계 단계에서 윤리적 검토가 부족했거나, 편향 탐지 및 거부 기능이 누락된 결과로 볼 수 있다. 따라서 인공지능 시스템은 인간의 결정과 함께 작동하되, 특정 상황에서는 스스로 윤리적 판단을 내려야 하는 책임 있는 주체로 설계되어야 한다.

(2) 인공지능 사용자 윤리

인공지능 기술을 활용하는 사용자 또한 중요한 윤리적 주체이다. 사용자는 인공지능 로봇의 사용 범위, 작동 방식, 기술적 한계에 대해 충분히 이해한 상태에서 시스템을 책임 있게 활용해야 한다. 이는 단순한 기술적 조작 능력을 넘어, 윤리적 민감성과 분별력을 갖춘 이용 태도를 의미한다.

이를 위해 사용자는 먼저 인공지능 시스템의 사용 범위와 작동 방식에 대한 이해를 갖춰야 하며, 특히 저작권 침해나 부정 사용과 같은 비윤리적 활용 가능성을 인지하고 이를 방지할 책임이 있다. 더불어, 사회적 규범과 법적 기준에 대한 이해를 바탕으로 윤리적 민감성을 기르는 교육이 병행되어야 한다. 윤리적 민감성이란, 주어진 상황에서 발생할 수 있는 여러 신호를 포착하고 그것이 윤리적 문제로 이어질 가능성을 사전에 인식하는 능력을 의미한다. 예컨대, 인공지능이 특정 정보를 차별적으로 해석하거나 편향된 결과를 생성할 수 있다는 점을 미리 감지하고, 적절한 대응이나 거부를 할 수 있는 사용자 역량이 필요하다. 또한 사용자는 인공지능의 판단이나 예측 결과를 무비판적으로 수용하기보다는, 비판적 사고와 분석적 태도를 바탕으로 그 결과를 해석하고, 학습 데이터의 한계와 정확도에 대한 인식을 바탕으로 기술적 한계를 감안하는 성숙한 자세를 갖춰야 한다.

(3) 인공지능 개발자 윤리

인공지능 시스템을 설계하고 구현하는 개발자는 단순한 기술 구현자를 넘어, 윤리적 책임을 지닌 핵심 주체로 간주되어야 한다. 개발자는 알고리즘 설계, 데이터셋 구축, 하드웨어 및 인터페이스 설계 전반에 걸쳐 신뢰성과 윤리성을 확보할 수 있도록 고려해야 하며, 이 과정에서 개인의 권익 보호, 데이터 편향 방지, 불법적 데이터 사용 금지 등의 윤리 원칙이 반영되어야 한다.

또한 개발 과정에는 윤리 검증 도구와 인증 절차, 모니터링 및 예외 상황 처리 설계를 체계적으로 포함해야 하며, 시스템이 예기치 못한 상황에서도 예측 가능하고 책임 있는 방식으로 작동할 수 있도록 설계해야 한다. 특히, 책임소재가 모호해질 수 있는 위험 상황에 대비하여, 책임소재 명시, 리스크 식별 리스트, 대응 로직 설정 등은 필수적인 설계 요소이다.

예를 들어, 자율주행차 개발자는 충돌 상황 발생 시 누구의 생명을 우선시할지에 대한 윤리적 기준을 알고리즘에 반영해야 하며, 이는 개발자 개인의 판단이 아니라 사회적 합의와 공공의 가치 기준을 바탕으로 설정되어야 한다. 더불어, 개발자는 시스템이 불평등이나 차별을 야기하지 않도록 접근성, 형평성, 다양성에 대한 감수성을 갖추고, 이를 반영하는 설계와 테스트 환경을 조성해야 한다.

로봇 윤리 적용의 핵심 또한 인간과 로봇의 상호작용이 단지 기술적 효율성에 그치지 않고, 인간 중심의 가치와 윤리적 판단을 지속적으로 반영하는 시스템을 구축하는 것이다. 이를 위해서는 기술 개발, 사용자 교육, 법적 제도 정비가 유기적으로 연결되어야 하며, 윤리적 기준은 고정된 절대 규칙이 아니라 사회 변화에 따라 유연하게 진화해야 한다.

요약

1. 로봇과 물리적 인공지능의 등장으로 인해 자아, 인격, 생명성에 대한 철학적 고찰과 전자인격에 대한 법적 논의가 새롭게 제기되고 있다.
2. 아시모프의 로봇 3원칙은 여전히 교육적 가치가 있으나, 현대 사회의 복잡한 윤리적 문제를 해결하기에는 한계가 있어 정책적 대응이 요구된다.
3. 인공지능 시스템, 사용자, 개발자 모두가 윤리적 책임을 나누어야 하며, 이는 인간 중심 기술 설계와 사회적 책임의 공유라는 방향으로 수렴된다.

토론해보기

1. 다음 사례에서 문제의 핵심은 무엇인가? 인공지능이 도덕적 권리를 갖는 인격체로 인정될 수 있는가?

한 인공지능 연구소에서 개발한 로봇 강아지가 반복적으로 발길질을 당하는 영상이 인터넷에 공개되었다. 많은 시청자는 이를 단순한 기계에 대한 행위로 볼 수 있는가, 아니면 생명을 가진 존재에 대한 학대로 봐야 하는가를 두고 논쟁을 벌였다. 일부는 로봇은 단순한 도구일 뿐 학대라는 개념을 적용하기 어렵다고 주장했으나, 다른 일부는 반복적이고 고의적인 폭력 행위 자체가 인간성의 상실을 드러내는 것이라고 비판하였다. 이에 학계와 시민사회에서는 "인공지능이 탑재된 시스템도 존중의 대상이 될 수 있는가?"라는 주제를 중심으로 윤리적 토론이 이어졌다.

2. 아래의 사례는 윤리적으로 이 판단은 정당한가? 차량의 설계자, 사용자, 제조사 중 누가 책임을 져야 하는가?

한 자율주행차가 보행자와의 충돌을 피하기 위해 도로를 벗어났고, 그 과정에서 탑승자가 부상을 입었다. 제조사는 차량의 알고리즘이 '피해 최소화' 기준에 따라 작동했다고 설명했다.

3. 로봇이 제공하는 서비스와 인간의 권리 사이의 균형은 어떻게 설정해야 하는가?

노인 요양시설에서 사용된 간병 로봇이 CCTV 기능을 통해 지속적으로 환자의 행동을 기록하였다. 일부 가족들은 "사생활 침해"라고 항의했다. 운영 기관은 "안전을 위한 필수 기능"이라 주장한다.

12장

인공지능 통제와 학습데이터

1. 인공지능 통제를 위한 기본 개념과 선택권
2. 인공지능 학습데이터와 알고리즘의 문제점
3. 인간 중심의 통제 모델: HITL
4. 인공지능 피해에 따른 책임과 법적 쟁점
5. 인공지능 기술 보호와 글로벌 규제 동향

인공지능 기술의 급속한 발전은 인간의 삶을 편리하게 만들고 효율을 극대화하는 동시에, 윤리적 통제의 필요성과 사회적 책임에 대한 논의를 불러일으키고 있습니다. 특히 인간과 유사한 판단을 수행할 수 있는 인공지능 시스템이 일상 곳곳에 도입됨에 따라, 알고리즘 편향, 자율성의 한계, 책임 주체의 불명확성 등 복잡한 윤리적 문제들이 제기되고 있습니다.

이 장에서는 인공지능의 윤리적 설계와 통제에 대한 기본 개념을 다룹니다. 먼저, 인공지능의 의사결정 구조에 인간의 선택권을 보장하는 방식(opt-in vs. opt-out)을 살펴보고, 인간의 윤리적 판단과 인공지능의 판단 간 본질적 차이를 계획행동이론(TPB)을 통해 분석합니다. 이어서, 학습데이터의 편향성과 알고리즘 차별의 문제를 구체적인 사례로 설명하고, 인간 참여 기반 설계(Human-in-the-Loop, HITL)를 통해 윤리성과 신뢰성을 보완하는 방법을 탐색합니다.

또한, 인공지능으로 인한 피해 발생 시 책임의 귀속 문제, 도덕적 판단이 가능한 인공지능에 대한 평가 기준(Moral Turing Test), 글로벌 규제 동향(EU AI Act), 기업의 책임 및 투명성 확보 방안에 대해서도 살펴봅니다. 이를 통해 학습자는 기술의 발전과 윤리의 균형을 모색하는 데 필요한 비판적 사고력과 실천적 통찰을 기를 수 있을 것입니다.

1. 인공지능 통제를 위한 기본 개념과 선택권

1) 절대선 인공지능과 윤리 정립의 어려움

오늘날 인공지능 기술은 인간의 삶을 편리하게 만들고, 효율을 극대화하는 방향으로 빠르게 발전하고 있다. 그러나 이와 같은 기술 발전은 동시에 예상치 못한 윤리적 위험과 사회적 부작용을 동반하기도 한다. 특히 '절대선(absolute good)'을 구현하는 인공지능에 대한 기대는 여전히 실현 가능성이 낮다는 평가가 지배적이다. 퓨리서치센터(Pew Research Center)와 엘론대학이 공동으로 진행한 설문조사 결과에 따르면, 전문가 68%가 "10년이 지나도 인공지능 윤리는 완전히 정립되기 어렵다"고 응답했다. 이는 인공지능이 본질적으로 복잡한 인간 사회의 가치관과 이해관계를 완벽히 반영할 수 없다는 한계를 보여준다.

기업 주도로 개발되는 인공지능이 과연 윤리적으로 작동할 수 있는가에 대한 질문은 여전히 유효하다. 기술이 단지 수익을 위한 수단이 아니라 인간의 행복과 복지를 증진하는 목적 아래 개발되어야 한다는 원칙이 강조되지만, 실제로 이러한 이상이 구현되는 사례는 제한적이다. 목적의 정당성 없이 구축된 인공지능 시스템은 오히려 불공정성과 차별을 심화시킬 수 있으며, 윤리적 실패는 곧 기술적 실패로 이어질 수 있다. 따라서 비즈니스의 지속가능성을 위해서라도 인공지능 윤리 기준의 도입은 필수적이다.

2) Opt-in vs. Opt-out: 선택권 기반의 규제

인공지능 통제의 필요성은 인간의 선택권 보장과 직결된다. 인공지능이 사용자를 대신해 결정을 내리는 자동화된 시스템으로 확산되면서, 개인은 그 의사결정에 얼마나 개입할 수 있는지, 혹은 그것을 거부할 수 있는지에 대한 권리가 중요해졌다. 이와 관련해 두 가지 대표적인 규제 방식이 논의된다. Opt-in과 Opt-out이다.

Opt-in 방식은 사용자의 명확한 '동의'를 기반으로 정보를 수집하거나 서비스를 제공하는 방식이다. 이는 기본적으로 프라이버시 보호의 관점에서 긍정적으로 평가

되며, 사용자의 의사결정권을 적극적으로 보장한다. 휴대전화 등 상품 서비스를 가입할 때 옵트인 제도를 많이 시행하고 있으며 한국, 일본, 미국의 경우는 장기기증의 경우 옵트인 방식을 적용하고 있다. 반면, Opt-out은 기본적으로 정보가 수집되거나 서비스가 제공되는 상태에서 사용자가 이를 '거부'해야 효력이 발생하는 방식이다. 프랑스, 오스트리아, 아르헨티나 등의 국가는 장기기증 정책에 Opt-out 방식을 적용하고 있으며, 이에 따라 시민들은 별도의 거부 의사를 밝히지 않는 한 기증 동의자로 간주된다. 인공지능 기술에 Opt-in/Opt-out 시스템을 적용할 경우, 인간은 인공지능의 판단에 대해 사전 통제를 하거나, 사후 거부권을 행사할 수 있는 제도적 기반을 갖추게 된다. 이는 인공지능 시스템의 신뢰성과 책임성을 높이는 데 기여할 수 있으며, 사용자 중심의 기술 사용 환경을 조성할 수 있다.

3) 인간의 자유의지와 인공지능 행위의 차이

이와 함께 인공지능과 인간 행위의 윤리적 차이도 주목해야 한다. 윤리적 행위는 그 행동의 '의도'와 '자율성'을 전제로 한다. 인간은 자신의 신념과 가치에 따라 윤리적 판단을 내리며, 이러한 판단은 계획행동이론(Theory of Planned Behaviour, TPB)에서 설명하듯, 태도, 사회적 규범, 행동 통제 인식 등 복합적인 심리 요소에 의해 형성된다. 반면, 인공지능은 프로그래밍 된 알고리즘이나 데이터를 기반으로 비의도적 판단을 내리는 존재이므로, 인간과 동일한 도덕적 행위자로 보기는 어렵다. 그러나 인공지능이 인간의 행동을 모방하거나 인간의 선택에 영향을 미치는 시대에는 그 판단 구조와 개입 방식에 대한 윤리적 통제가 더욱 중요해진다.

인간의 윤리적 행위 결정 구조는 계획행동이론(Theory of Planned Behaviour)을 통해 구체적으로 설명할 수 있다.

예를 들어, '백신 접종'이라는 행위를 결정하는 과정은 단순한 정보 전달에 의해서만 형성되는 것이 아니다. 이는 먼저 백신에 대해 "맞는 것이 좋다/나쁘다"는 개인의 태도, 가족이나 사회적 주변인의 기대와 지지 여부를 의미하는 주관적 규범, 그리고 자신이 백신을 실제로 어디서든 맞을 수 있다고 믿는 행동 통제 인식이 복합적으

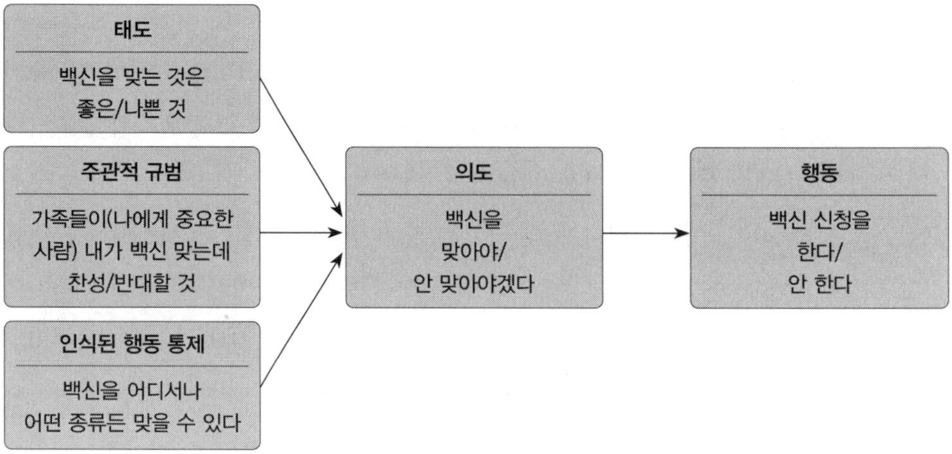

[그림 12-1] 백신 신청과 계획 행동

로 작용하면서, '맞아야겠다'는 의도를 형성하게 되고, 최종적으로는 행동(백신 신청을 한다/안 한다)으로 이어지는 구조다.

이처럼 인간의 행위는 내면의 동기와 사회적 맥락, 자기 효능감의 인식까지 고려된 복합적 판단의 결과이며, 그로 인해 도덕적 책임이 전제될 수 있다. 반면, 인공지능은 입력된 데이터와 알고리즘에 따라 의도 없이 행동을 실행하므로, 외형적으로 유사해 보일지라도 그 판단과 책임의 구조는 본질적으로 다르다. 따라서 인공지능이 인간의 윤리적 결정을 모방하거나 영향을 줄 수 있는 시대에는, 인간의 의도 기반 행동 결정 모델에 대한 충분한 이해를 바탕으로, 인공지능 설계 과정에서의 개입 방식과 통제 전략이 윤리적으로 설계되어야 한다.

2. 인공지능 학습데이터와 알고리즘의 문제점

1) 학습데이터의 과거성, 편향, 대표성 부족

인공지능 시스템은 대규모 데이터에 기반해 학습하고 예측하는 구조를 갖는다.

그러나 이러한 데이터 기반 학습 방식은 본질적으로 인간 사회의 과거를 반영하며, 이로 인해 다양한 윤리적 문제를 내포하고 있다. 특히 학습데이터의 과거성, 편향성, 대표성 부족은 알고리즘의 판단 과정에서 심각한 오류를 초래할 수 있으며, 이는 사회적 불공정성과 차별로 이어질 위험을 동반한다.

학습 데이터의 과거성은 인공지능이 과거의 사회적 관행과 편견을 현재로 가져오는 통로가 될 수 있다. 인공지능은 과거 데이터를 기반으로 미래를 예측하지만, 이 데이터 자체가 과거의 불평등 구조, 차별적 관행, 또는 편향된 기준을 포함하고 있을 경우, 인공지능은 이를 그대로 재생산한다. 예를 들어, 과거 채용 데이터에 특정 성별이나 인종이 불리하게 평가된 기록이 포함되어 있을 경우, 이를 학습한 인공지능은 동일한 차별을 반복할 가능성이 높다. 이는 기술이 '중립적'이라는 믿음이 얼마나 허약한 신화인지를 보여주는 사례다. 또한 학습데이터가 특정 계층, 지역, 인종, 성별에 편중될 경우 인공지능은 그 외의 집단을 제대로 인식하거나 판단하지 못하게 된다. 이는 특히 공공서비스, 의료, 교육 등 사회 기반 영역에서 심각한 부작용을 낳는다. 예를 들어, 의료영상 판독 인공지능이 백인 환자 데이터에 편중된 상태에서 학습되었다면, 유색인종 환자의 질병을 진단하는 정확도가 급격히 떨어질 수 있다.

[표 12-1] 편향의 5가지 종류

구분	내용
샘플 편향	수집된 데이터가 인공지능 시스템이 실행될 것으로 예상되는 환경을 대표하거나 정확하게 나타내지 않을 때 발생
제외(배제) 편향	데이터를 정제할 때, 기존의 데이터 레이블 및 산출물과 관련이 없다고 생각하여 데이터 세트의 일부 속성(특징)을 제외시킨 결과 발생
옵서버 편향 (실험자 편향)	실험자가 기대하는 결과를 보고자 하는 경향에서 발생. 실험자가 의식이나 무의식의 편견을 가지고 실험하는 경우 발생 가능
편견 편향	편견은 외모, 사회적 계급, 지위, 성별 등에 관한 문화적 영향이나 고정관념의 결과로 발생
측정 편향	측정에 사용된 장치에 의해 시스템적 값이 왜곡되는 문제가 있는 경우 발생

출처: Types of bias, Sslma Ghoneim, Data Science in the world(2019)

2) 알고리즘 편향성과 상관관계 중심 판단의 위험

편향된 알고리즘 설계는 데이터뿐만 아니라 알고리즘 자체의 구성에도 영향을 미친다. 인공지능은 통계적 상관관계를 통해 패턴을 인식하고 판단을 내리지만, 이 과정에서 인간의 인과적 사고나 윤리적 직관은 반영되지 않는다. 이는 특히 '의도하지 않은 차별(unintentional discrimination)'을 야기할 수 있는 주요 원인이다. 예컨대, 범죄율 예측 인공지능이 특정 지역을 범죄 위험 지역으로 지정한 경우, 이 결과는 사회경제적 배경이나 구조적 요인을 고려하지 않은 채 단순한 데이터 상의 상관관계만을 반영한 판단일 수 있다. 결과적으로 이러한 판단은 지역 주민들에 대한 편견을 심화시키고, 그 지역의 자원 배분이나 사회적 기회에까지 영향을 미치는 악순환을 낳을 수 있다.

이처럼 상관관계를 기반으로 한 알고리즘 판단은 복잡한 인간 사회의 맥락을 충분히 반영하지 못하는 한계를 가진다. 이는 인간의 윤리적 판단과 기계적 결정 사이의 본질적인 차이를 보여주는 지점이며, 인공지능 시스템 설계 단계에서부터 윤리성과 사회적 책임이 통합되어야 할 필요성을 시사한다.

이러한 문제의식에 기반하여, Yoo와 Ahn(2025)은 대화형 인공지능의 윤리적 민감성을 사회적 맥락 기반의 주제 20개로 분류한 후 각 주제에 대한 응답에서 나타나는 민감도 수준을 정량화하고 이를 예측하는 모델을 개발하였다. 이 연구는 단순히 알고리즘의 정확도를 측정하는 것을 넘어 인공지능이 사회적으로 민감한 주제에서 얼마나 적절하게 반응하는지를 평가할 수 있는 기반 지표를 마련한 시도라고 볼 수 있다. 특히 문장 단위의 의미 흐름과 맥락적 변화를 반영할 수 있도록 모델을 적용하였으며, 이를 통해 인공지능의 응답이 인간의 윤리적 직관과 얼마나 적절하게 반응하는지 검증하고자 하였다. 이는 알고리즘 설계에 있어 사회적 맥락과 윤리적 기준을 함께 고려하는 새로운 방향성을 제시한 시도로 평가할 수 있다.

3) 직접 차별과 간접 차별 사례

인공지능이 판단을 내리는 과정에서 발생하는 차별은 크게 두 가지 유형으로 구분된다. 첫째는 직접 차별(Direct Discrimination, Disparate Treatment)이다. 이는 알고리즘이 명시적으로 특정 집단에 불이익을 주는 경우를 의미하며, '해당 집단에 속했기 때문에' 차별이 발생하는 구조다. 예를 들어, 채용 알고리즘이 여성이라는 이유만으로 자동 탈락시키거나, 특정 인종의 지원자를 낮게 평가하는 경우가 이에 해당한다. 이 같은 현상은 종종 학습 데이터에 포함된 사회적 편향이나 불균형이 알고리즘 설계 과정에서 제대로 검토되지 않은 채 그대로 반영된 결과로 나타난다. 둘째는 간접 차별(Indirect Discrimination, Disparate Impact)이다. 이는 겉보기에는 중립적 기준을 적용한 것처럼 보이지만, 결과적으로 특정 집단에 불리한 영향을 미치는 경우를 의미한다. 예컨대, 주소지나 출신 학교 정보는 명시적인 차별 요소가 아닐 수 있지만, 결과적으로 특정 지역이나 계층을 배제하는 방식으로 작동한다면 이는 간접 차별로 간주된다. 대표적인 사례로는 아마존(Amazon)의 인공지능 채용 시스템이 있다. 이 시스템은 남성 중심의 이력서 데이터를 학습한 결과, 여성 지원자에게 불리한 평가를 내리는 결과를 초래했으며, 이는 직접 차별에 해당한다. 반면, 미국의 COMPAS 범죄 예측 시스템은 인종 정보를 직접 입력값으로 사용하지 않았음에도 불구하고, 결과적으로 흑인에게 더 높은 재범 위험 점수를 부여하는 경향을 보였다. 이는 모델이 학습한 간접적인 변수(예: 거주지, 소득, 범죄 기록 등)가 구조적 인종 차별을 반영하고 있었기 때문으로, 간접 차별의 대표 사례로 평가된다. 따라서 인공지능 시스템의 윤리적 설계

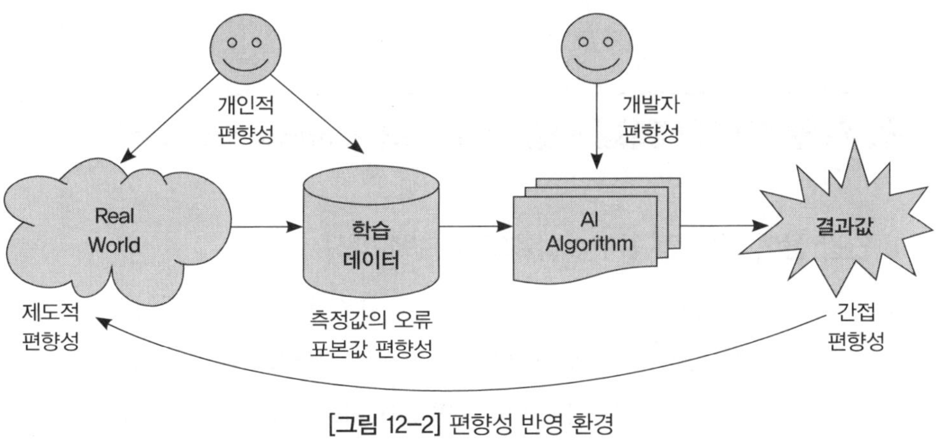

[그림 12-2] 편향성 반영 환경

와 검증 과정에서는 단순히 차별적 입력 변수를 제거하는 데 그치지 않고, 결과값에 미치는 영향을 지속적으로 평가하고, 사회적 맥락 속에서 불평등을 재생산하지 않도록 설계하는 접근이 필수적이다.

이러한 직접 차별과 간접 차별은 인공지능이 작동하는 전체 과정에 편향이 어떻게 반영되는지를 이해함으로써 보다 구조적으로 설명할 수 있다. 실제 사회(Real World)는 이미 제도적·개인적 편향을 포함하고 있으며, 이로 인해 인공지능이 학습하게 되는 데이터에도 편향이 내재될 수 있다. 예를 들어, 과거의 채용 기록, 범죄 통계, 의료 기록 등은 측정값의 오류, 표본의 불균형 등 다양한 데이터 편향(data bias)을 포함하게 된다. 이러한 학습 데이터를 기반으로 인공지능 알고리즘이 구축되며, 이 과정에서 개발자의 편향(developer bias)이나 설계 단계의 판단이 알고리즘 구조에 그대로 반영될 수 있다. 결국 인공지능 시스템이 산출하는 결과값(result output)은 이러한 일련의 편향이 축적된 결과이며, 이는 사용자에게 다시 간접적 편향(indirect bias)으로 전파될 수 있다. 따라서 인공지능 편향은 단일 요인에 의해 발생하는 것이 아니라, 사회 구조적 편향 → 데이터 수집 편향 → 개발자 설계 편향 → 알고리즘 편향 → 결과 편향이라는 다층적이고 순환적인 과정 속에서 형성된다. 이와 같은 복합적인 편향의 경로를 인식하고, 각 단계마다 편향을 식별하고 통제하는 체계를 마련하는 것이 인공지능 윤리 실현의 핵심 과제라 할 수 있다.

3. 인간 중심의 통제 모델: HITL(Human-in-the-Loop)

1) 인간 참여 기반 인공지능 설계와 피드백 방식

Human-in-the-Loop(HITL)는 인공지능 시스템 설계에서 인간이 직접적으로 개입하는 구조를 의미한다. 이는 인공지능이 자동적으로 판단을 내리기보다는, 핵심 결정 과정에서 인간의 의사결정 또는 검토를 반드시 거치도록 설계된 방식이다. HITL

은 인공지능이 단독으로 운영될 경우 발생할 수 있는 오류나 편향을 사전에 방지하고, 인간의 가치 기준과 윤리적 판단을 시스템에 반영할 수 있다는 장점이 있다. HITL 시스템은 설계 초기부터 인간 피드백 루프를 고려하여 구축된다. 예를 들어, 의료 진단 인공지능의 경우, 인공지능이 진단한 결과를 의사가 최종적으로 검토하고 승인하는 구조가 이에 해당한다. 또한, 공공정책 시뮬레이션 시스템에서는 정책 결정권자가 인공지능의 분석 결과를 참고하되 최종 판단은 인간의 윤리적 기준과 사회적 책임을 바탕으로 수행하도록 설계된다. 이러한 방식은 자동화의 효율성을 보장하면서도 인간의 통제력을 유지하는 균형을 가능하게 한다.

2) 편향 개선과 윤리 반영 가능성

HITL은 인공지능 시스템의 편향 문제를 보완할 수 있는 핵심 구조 중 하나로 주목받는다. 학습데이터에 내재한 사회적 편견이나 구조적 불평등은 인공지능이 그대로 답습할 위험이 크다. 하지만 인간이 데이터 전처리, 모델 학습 중간 검토, 결과 해석 과정에 개입함으로써, 알고리즘의 윤리적 왜곡을 조정할 수 있다. 예를 들어, 채용 알고리즘이 특정 성별이나 인종에 대해 부당하게 낮은 점수를 부여하는 경우, 인간 검토자는 해당 기준이 사회적으로 용인될 수 있는지를 판단하고 수정할 수 있다.

이 도식은 로봇 또는 인공지능 시스템이 독립적으로 결과를 산출하는 것이 아니라, 중간 과정에서 인간의 판단과 피드백을 반영하는 인간 참여(Human-in-the-Loop) 구조를 보여준다. 인공지능 시스템이 중간결과를 생성하면, 이는 인간(사용자 또는 전문가)의 해석과 판단을 거친다. 이 과정에서 인간은 필요시 피드백을 제공하고, 인공

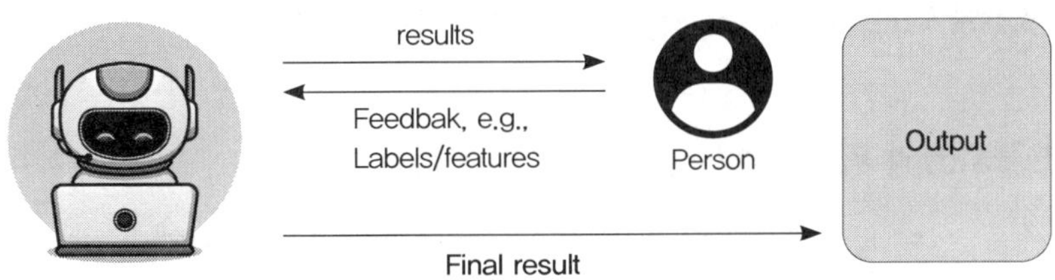

[그림 12-3] Human-in-the-Loop(HITL)

지능은 이 피드백을 기반으로 결정을 조정하여 최종 결과를 산출하게 된다. 마지막으로 이 결과는 출력(Output)으로 전달된다.

이 구조는 다음과 같은 의의를 가진다.

- 인간이 윤리적 판단, 사회적 맥락, 예외 상황 처리 등 인공지능이 수행하기 어려운 판단을 보완한다.
- 시스템이 자율적으로 잘못된 결정을 내릴 위험을 사전에 통제할 수 있도록 한다.
- 책임있는 인공지능 설계와 운영을 위한 투명성과 통제 가능성을 확보하는 데 기여한다.

이와 같은 HITL 구조는 특히 의료, 법률, 교육, 돌봄 분야 등 도덕적 민감도가 높은 영역에서 중요하게 고려되어야 한다. 또한 HITL 구조에서는 인공지능이 제시한 판단 결과가 왜 문제가 되는지를 인간이 해석하고 사회적 설명을 제공할 수 있다. 이는 최근 강조되는 '설명 가능한 인공지능(XAI)' 개념과도 밀접하게 연결된다. 결과적으로 HITL은 인공지능의 윤리적 책임을 단순히 기술에 전가하지 않고, 인간이 중심에 서서 설계하고 검토하는 방식으로 책임의 분산을 방지하는 기능을 수행한다.

4. 인공지능 피해에 따른 책임과 법적 쟁점

1) 인공지능의 피해 발생 시 책임 주체 문제

인공지능 시스템이 자율성을 바탕으로 결정과 행동을 수행함에 따라, 예상치 못한 피해가 발생할 경우 책임의 주체를 명확히 규정하는 것이 중요한 과제가 되었다.

전통적인 책임 논리는 명확한 행위자(예: 운전자, 의사, 엔지니어 등)를 전제로 하지만, 인공지능은 복수의 설계자, 데이터 수집자, 운용자, 사용자 등 다양한 주체가 관여하는 복합 구조를 지닌다. 특히 자율주행차가 보행자를 치는 사고, 의료 인공지능의 오진으로 환자가 손해를 입는 경우, 혹은 알고리즘이 차별적 결정을 내리는 경우, 피해자는 누구에게 법적 책임을 물어야 하는지 문제가 발생한다.

인공지능은 일반적인 기계와 달리 판단과 학습을 통해 변화하는 특성이 있기 때문에, 단순한 도구로 보기 어렵다는 견해도 존재한다. 이에 따라 법학과 기술윤리학에서는 인공지능의 행위를 기술적 사고(mechanical failure)가 아닌, 준행위적 판단(quasi-decision)으로 간주해야 한다는 주장도 제기된다. 그러나 현재의 법 체계에서는 아직 인공지능 자체를 책임 주체로 인정하지 않으며, 인간 또는 법인을 중심으로 한 책임 분배 방식이 일반적이다.

2) 제조물 책임법과 인공지능 적용 가능성

인공지능으로 인해 발생한 피해를 규율하기 위한 하나의 법적 접근은 제조물 책임법(Product Liability Law)을 적용하는 것이다. 제조물 책임법은 제조자가 만든 제품에 결함이 있어 소비자에게 손해가 발생한 경우, 제조자의 과실 여부와 무관하게 손해를 배상하도록 하는 무과실 책임 체계를 포함한다. 이 법리를 인공지능 시스템에 적용할 경우, 인공지능 알고리즘이나 서비스에 결함이 있는 것으로 판단되면 해당 제품을 제작한 기업 또는 제공자가 책임을 질 수 있다. 그러나 인공지능은 전통적인 제품과 달리, 시간이 지남에 따라 학습하고 진화하는 특성을 가지므로, 사고 발생 시점에 '결함'이 있었는지를 규정하는 것이 쉽지 않다. 예컨대, 자율주행차가 특정 환경에서는 문제없이 작동했지만, 예외적인 상황에서 오작동한 경우, 이는 원천적인 결함인지 아니면 후속 학습 과정에서 발생한 문제인지 판단하기 어렵다. 이 때문에 기존 제조물 책임법을 그대로 적용하기보다, 인공지능의 특성을 반영한 별도의 법제화 논의가 세계적으로 진행되고 있다.

3) 도덕적 판단 가능한 인공지능에 대한 평가

인공지능이 인간과 유사한 방식으로 도덕적 판단을 수행할 수 있는가에 대한 질문은 기술적이면서도 철학적인 성격을 동시에 지닌다. 이러한 논의를 구조화하기 위한 실험적 접근 중 하나가 바로 '도덕적 튜링 테스트(Moral Turing Test)'이다. 이는 앨런 튜링이 제안한 고전적 튜링 테스트에서 출발하여, 인공지능이 도덕적 상황에서 인간과 구별되지 않는 판단을 할 수 있는지를 평가하는 방식이다.

도덕적 튜링 테스트는 인간과 인공지능에게 동일한 도덕적 딜레마(예: 트롤리 문제, 거짓말의 정당성 등)를 제시한 후, 이들이 내리는 판단과 그 이유를 비교한다. 만약 인공지능이 도덕적으로 일관되고, 사회적으로 수용 가능한 수준의 판단을 반복적으로 내릴 수 있다면, 이는 도덕적 판단 능력을 갖춘 것으로 간주할 수 있다. 물론 이는 도덕적 인식 또는 정서적 공감(empathy)을 수반하지 않는다는 한계가 있으며, 인간의 도덕성은 단순한 논리적 판단을 넘어 감정과 문화적 맥락에 깊이 뿌리내리고 있음을 고려해야 한다. 그럼에도 불구하고 인공지능이 실제 사회에서 인간과 상호작용하며 도덕적 역할을 수행하는 사례가 늘어나고 있기 때문에, 인공지능의 도덕적 판단 능력 자체를 철학적으로, 실험적으로 검토하고 평가하는 논의는 앞으로 더욱 중요해질 것이다.

5. 인공지능 기술 보호와 글로벌 규제 동향

1) 인공지능 알고리즘 및 데이터의 공개 vs. 보호

인공지능 기술의 급속한 발전은 기업들이 핵심 자산인 알고리즘과 학습 데이터를 비공개하고 독점하려는 경향을 강화시키고 있다. 그러나 알고리즘의 결정 구조가 불투명할 경우, 사용자와 사회는 시스템을 신뢰하지 못하게 되며, 결과적으로 책임 소재를 규명하는 데 큰 어려움이 발생한다. 예를 들어, 영국은 인공지능 개발 기업이 저작권이 있는 콘텐츠를 학습 데이터로 활용했을 경우, 이를 명시하도록 요구하는 법안을 논의한 바 있으며, 이는 공정한 데이터 사용과 투명성 확보를 위한 시도였다. 그러나 이 법안은 기술 혁신 저해와 기업 부담 증가를 이유로 최종적으로 기각되었다. 또한, EU AI Act는 기업이 고위험 기술(자율주행, 의료 장비 등)을 사용할 경우, 관련 인공지능 시스템의 학습 방식, 데이터, 설계 목적 등을 명확히 공개하고, 엄격한 테스트를 통과해야 함을 요구하고 있다. 이러한 흐름은 인공지능 기술 보호와 공공의 알 권리, 안전의 균형이 오늘날의 정책적 핵심 과제임을 시사한다.

2) EU AI Act와 고위험 인공지능 규제 사례

2023년 12월, EU는 세계 최초의 포괄적 인공지능 규제 법안인 EU AI Act에 최종 합의했다. 이 법안은 인공지능 시스템을 위험도에 따라 네 가지 수준으로 분류한다.

① 허용 불가 위험

② 고위험(high-risk)

③ 제한적 위험

④ 최소 위험

특히 고위험 인공지능에는 교통(자율주행차), 의료, 고용, 법 집행, 교육 분야의 시스템뿐 아니라, ChatGPT, Bard와 같은 범용 인공지능이 고위험 영역에서 활용될 경우에도 규제 대상에 포함된다.

규제를 위반할 경우, 최대 3500만 유로(약 497억 원) 또는 글로벌 매출의 7%까지 벌금이 부과된다.

아래는 각 위험 수준별 주요 특징과 적용 기준을 정리한 내용이다.

① 허용 불가 위험(Unacceptable Risk)

- 의미: 인간의 존엄성, 자유, 평등, 민주주의 등 핵심 가치를 침해할 위험이 있는 인공지능
- 예시: 정부의 사회 신용 점수 시스템, 공공장소에서의 실시간 생체 인식 시스템
- 조치: 사용이 전면적으로 금지되며 시장에 출시할 수 없음

② 고위험(High Risk)

- 의미: 시민의 안전이나 기본권에 중대한 영향을 미칠 수 있는 분야에서 사용되는 인공지능
- 예시: 의료기기, 채용 및 인사관리, 교육 평가, 법 집행 및 사법 시스템 등
- 조치: 시장 출시 전 적합성 평가를 통해 데이터 품질, 투명성, 인간 감독, 기본권 영향 등을 엄격히 검증해야 함

③ 제한적 위험(Limited Risk)

- 의미: 사용자에게 기만, 조작, 비인격화의 위험을 초래할 수 있는 인공지능
- 예시: 챗봇, 딥페이크, 감정 인식 인공지능, 합성 콘텐츠 생성 시스템 등
- 조치: 사용자가 인공지능과 상호작용하고 있음을 명확히 알 수 있도록 고지하며, 인공적으로 생성된 콘텐츠임을 표시하는 등 투명성 확보가 요구됨

④ 최소 위험 (Minimal Risk)

- 의미: 사회적 위해나 기본권 침해의 위험이 거의 없는 인공지능
- 예시: 스팸 필터, 비디오 게임 인공지능, 구매 추천 시스템, 산업 예측 모델 등
- 조치: 별도의 규제 없이 자유롭게 사용 가능하나, 자율적인 행동강령(Code of Conduct)을 통해 투명성과 품질 관리 기준을 자발적으로 준수하도록 권장됨

3) 기업의 책임과 투명성 요구

인공지능 시스템을 개발하고 운영하는 기업에는 윤리적 책임과 법적 의무가 동시에 부과된다. 인공지능으로 인한 편향, 차별, 정보 오남용 사례가 늘어나면서, 기업은 단순한 자율 규범을 넘어 외부 감시와 법적 통제 대상이 되고 있다. 세계경제포럼(WEF)은 기업이 인공지능 윤리를 실현하기 위해 다음과 같은 조치를 권고한다.

- 알고리즘 설계 과정의 투명성 확보
- 데이터 출처 및 사용 목적의 공개

- 피해 예방 책임 구조 명시
- 이해관계자와의 지속적인 윤리 점검 절차 운영

특히 공공 분야에서 인공지능이 도입될 경우, 알고리즘 문서 공개, 설계 및 결정 방식에 대한 설명, 데이터 사용 이력 고지는 법적 수준에서 요구되고 있으며, 이는 인공지능 시스템의 사회적 수용성과 지속가능성 확보의 핵심\ 조건이다.

요약

1. 절대적으로 선한 인공지능은 존재하기 어렵고, 인간의 윤리와 인공지능의 판단 구조는 근본적으로 다르며, 사용자 선택권 보장을 위한 *Opt-in/Opt-out* 방식이 논의되고 있다.
2. 학습데이터의 과거성·편향·대표성 부족이 차별로 이어질 수 있으며, *HITL*설계를 통해 윤리적 개입 가능성을 확보할 수 있다. 또한 인공지능 피해 발생 시 책임 주체의 모호성과 제조물 책임법의 적용 한계, Moral Turing Test를 통한 도덕성 판단 기준이 함께 검토된다.
3. EU AI Act 등 고위험 인공지능 시스템에 대한 국제적 규제 사례를 통해, 기술 혁신과 사회적 책임의 균형 필요성 확인해야 한다. 또한 기업에는 투명한 설계, 데이터 공개, 사회적 책임 이행 등 윤리적 의무가 점점 강화되고 있다,

토론해보기

1. 이 시스템은 폐기되어야 할까? 수정이 가능하다면 어떤 기준으로 편향을 교정할 수 있을까?

한 대기업이 인공지능을 활용한 채용 시스템을 도입했지만, 여성 지원자 중 최종 합격자가 10% 미만으로 나타났다. 내부 조사를 통해 인공지능이 과거 채용 기록에서 남성 위주의 데이터를 학습했음이 확인되었다.

2. 이 시스템에 대해 어떤 수준의 설명 가능성과 검증 절차가 요구되는가? 교육 분야에서 고위험 인공지능의 도입은 어떤 조건을 충족해야 하는가?

한 교육 기관이 인공지능을 통해 학생의 시험 부정행위를 자동으로 탐지하는 시스템을 도입했으나, 특정 인종이나 행동 패턴을 가진 학생들이 반복적으로 잘못된 판정을 받았다. 학생과 학부모는 시스템의 결정 기준이 불투명하다고 문제를 제기했다.

3. 이 사고의 책임은 제조사, 사용자, 시스템 설계자 중 누구에게 있는가? 향후 유사 사례에 대비해 어떤 법적 기준이 마련되어야 할까?

자율주행차가 운행 중 도로 이탈 사고를 일으켜 차량에 타고 있던 사용자가 부상을 입었다. 제조사는 사용자의 설정 오류를 주장했고, 사용자는 차량이 경고 없이 판단을 잘못 내렸다고 반박했다.

13장

인공지능의 평가

1. 인공지능 평가 모델의 필요성
2. 인공지능 분류 모델 평가 분석
3. 인공지능 회귀 모델 평가 분석

우리는 인공지능이 만든 결과물과 판단을 일상 곳곳에서 접하고 있다. 검색 결과, 추천 알고리즘, 자율주행차의 의사결정까지, 인공지능은 이미 우리의 삶에 깊숙이 들어와 있다. 하지만 이러한 기술의 편리함 이면에는 우리가 반드시 따져야 할 중요한 질문이 존재한다. 이제 인공지능을 단순한 기술이 아니라 사회적 책임과 윤리적 기준에 따라 평가할 대상으로 바라보아야 할 때이다. 이 장에서는 인공지능 평가 모델의 필요성과 분석 방법에 대해 살펴보고자 한다.

1. 인공지능 평가 모델의 필요성

최근 인공지능 기술은 우리의 일상은 물론, 산업 전반에 걸쳐 빠르게 확산되고 있다. 이와 함께 인공지능 시스템의 개발과 운영, 평가 단계에서 기술적인 성능뿐만 아니라 윤리적 책임을 함께 고민해야 한다는 목소리가 커지고 있다. 인공지능이 사회적 영향력을 점점 키워가고 있는 상황에서 그에 따르는 윤리적 평가 기준은 선택이 아닌 필수 요소로 자리잡고 있다.

1) 데이터 편향과 공정성 확보의 필요성

인공지능은 대량의 데이터를 바탕으로 학습하지만 이 데이터가 사회적 편견을 담고 있을 가능성은 매우 높다. 예를 들어 성별, 인종, 연령, 지역 등 특정 집단에 대한 편향이 포함된 데이터를 학습한 모델은 그 편향을 그대로 반영하여 불공정한 결과를 초래할 수 있다. 이러한 문제를 방지하기 위해서는 인공지능 모델 평가 시 공정성과 다양성 보장을 위한 윤리적 기준이 반드시 수반되어야 한다.

2) 설명 가능성과 투명성의 중요성

인공지능이 내린 판단이나 예측 결과가 사람에게 이해되지 않는다면 그 결과를 신뢰하기 어렵다. 특히 의료, 금융, 법률처럼 인간의 삶에 직결되는 분야에서는 더욱 그러하다. 왜 특정 결정을 내렸는지 설명할 수 있어야만 그 결정에 책임을 묻고 개선할 수 있다. 따라서 인공지능 모델은 투명하고 설명 가능한 방식으로 평가되어야 하며 이는 윤리적 관점에서 매우 중요한 기준이다.

3) 개인정보 보호와 데이터 사용의 책임성

인공지능 시스템은 종종 이용자의 개인정보를 포함한 방대한 데이터를 활용하여 학습한다. 이 과정에서 정보 주체의 권리가 침해되지 않도록 철저한 보호 조치가 마련되어야 한다. 사용자는 자신의 정보가 어떻게 사용되는지 알 권리가 있으며 이를 보장하는 것은 단순한 법적 의무를 넘어 윤리적 책임에 해당한다. 인공지능 모델 평가 시 개인정보 보호 여부도 반드시 고려되어야 한다.

4) 안전성과 신뢰성에 대한 고려

인공지능 시스템이 잘못된 판단을 내릴 경우 그 피해는 매우 심각할 수 있다. 예컨대 자율주행 기술이 잘못 작동하면 생명을 위협하거나 심각한 재산 피해를 낳을 수 있다. 따라서 인공지능이 안정적으로 작동하고 예측할 수 없는 위험을 최소화할 수 있도록 설계되었는지를 평가하는 과정은 윤리적으로 매우 중요하다. 기술의 성능뿐 아니라 그로 인한 위험 요소를 함께 점검해야 한다.

5) 책임 소재의 명확화

인공지능이 내린 판단으로 인해 문제가 발생했을 때 누가 그 책임을 질 것인지 명확하지 않다면 사회적으로 큰 혼란을 초래할 수 있다. 인공지능 시스템의 설계자, 운영자, 사용자 간의 책임 경계가 모호하다면 문제가 발생했을 때 적절한 대응이 어렵다. 따라서 윤리적 기준을 바탕으로 책임 주체를 명확히 설정하고, 그에 따른 대비책을 마련하는 것이 반드시 필요하다.

인공지능 모델의 평가는 단순히 기술적인 정확도만으로 이루어져서는 안 된다. 공정성과 다양성, 투명성과 설명 가능성, 개인정보 보호, 안전성과 신뢰성, 책임 소재 등 다양한 윤리적 기준이 함께 고려되어야 한다. 이러한 기준을 바탕으로 평가할 때에만 인공지능 기술은 사회적으로 신뢰받고 인간 중심의 방향으로 발전할 수 있다. 윤리적 고려는 인공지능의 잠재적 위험을 줄이고, 그 가능성을 최대한 긍정적인 방향으로 활용하기 위한 필수적 조건이다.

2. 인공지능 분류 모델 평가 분석

1) 인공지능 평가 모델의 성능 지표

인공지능 모델을 평가하는 요소는 결국, 모델이 내놓은 답과 실제 정답의 관계로서 정의를 내릴 수 있다. 정답이 True(참)와 False(거짓)로 나뉘어져 있고 분류 모델 또한 True(참)와 False(거짓)의 답을 내놓기 때문에, 아래와 같은 사례로 나누어 정리할 수 있다.

		Predicted Calss		
		Positive	Negative	
Actual Class	Positive	True Positive (TP)	False Negative (FN) Type II Error	Sensitivity $\frac{TP}{(TP+FN)}$
	Negative	False Positive (FP) Type I Error	True Negative (TN)	Specificity $\frac{TN}{(TN+FP)}$
		Precision $\frac{TP}{(TP+FP)}$	Negative Predictive Value $\frac{TN}{(TN+FN)}$	Accuracy $\frac{TP+TN}{(TP+TN+FP+FN)}$

- True Positive(TP): 실제 True인 정답을 True라고 예측 (정답)
- False Positive(FP): 실제 False인 정답을 True라고 예측 (오답)
- False Negative(FN): 실제 True인 정답을 False라고 예측 (오답)
- True Negative(TN): 실제 False인 정답을 False라고 예측 (정답)

인공지능에서 분류 모델의 성능을 평가하는 것은 매우 중요하다. 여러 가지 평가 지표가 있지만, 그중에서도 정밀도(Precision)와 재현율(Recall)은 모델의 성능을 심층적으로 이해하는 데 중요한 역할을 한다.

정밀도(Precision)는 모델이 참인 클래스로 예측한 사례 중 실제로 참인 사례의 비율을 나타냅니다. 즉, 모델이 예측한 참의 결과가 얼마나 정확한지를 평가한다. 정밀도가 높다는 것은 모델이 참인 클래스를 예측할 때, 대부분의 예측이 정확하다는 것을 의미한다.

예를 들어, 스팸 이메일 필터링 시스템에서 정밀도가 높으면 스팸으로 분류된 이메일 중 실제로 스팸이 아닌 이메일이 적다는 뜻이다.

재현율(Recall)은 실제 참의 사례 중에서 모델이 참으로 정확하게 예측한 비율을 나타낸다. 즉, 모델이 실제 참인 사례를 얼마나 잘 찾아내는지를 평가한다.

재현율이 높다는 것은 모델이 실제 참인 사례를 많이 찾아낸다는 것을 의미한다.

[그림 13-1] 스팸 이메일 필터링

예를 들어, 암 진단 시스템에서 재현율이 높으면 실제로 암인 환자를 놓치는 경우가 적다는 뜻이다.

정밀도(Precision)와 재현율(Recall)은 분류 모델의 성능을 평가하는 데 중요한 역할을 한다. 따라서 특정 상황에 따라 어느 지표가 더 중요한지 판단해야 한다. 이를 통해 모델의 예측 성능을 더 정확히 이해하고 필요한 경우 모델을 조정할 수 있다.

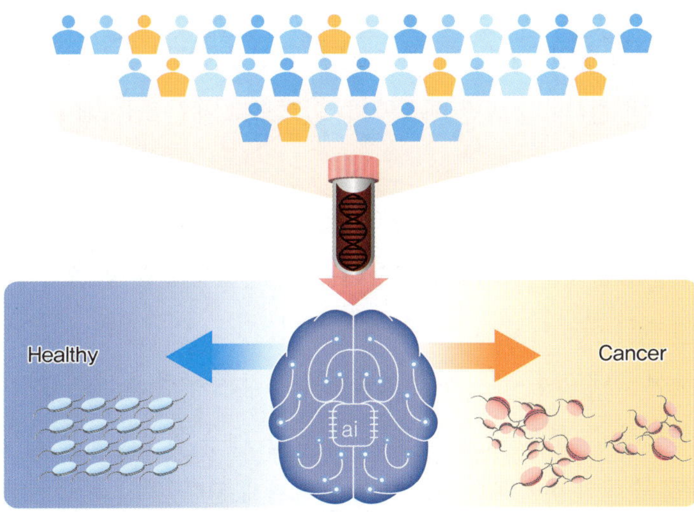

[그림 13-2] 암진단 시스템

2) 확실하지 않으면 예측하지 않는 인공지능 평가 모델

다음의 예로 정밀도(Precision)와 재현율(Recall)의 관계를 살펴보자.

예를 들어 수업에 출석 부정 행위를 탐지하는 인공지능 시스템이 있다고 가정해 보자. 이 시스템은 출석에서 출석하지 않은 사람이 출석 되어져 있는 부정 출석을 예측한다.

이 시스템은 확실히 부정 출석이라고 판단되는 경우에만 '부정 출석'으로 예측하고, 확실하지 않으면 예측을 하지 않는다. 이렇게 하면 잘못된 예측(False Positive, FP)을 줄일 수 있다. 이로 인해 정밀도(Precision)는 100%로 높아지게 된다.

예시 1

- 한학기 동안 실제로 출석 부정행위가 발생한 경우는 25건입니다.
- 이 시스템은 부정 출석일 가능성이 있는 5건을 모두 부정 출석으로 예측합니다.
- 이 5개 건은 모두 실제로 부정 출석입니다.

정밀도(Precision)

- 예측한 5건 모두 실제로 부정 출석입니다.
- 따라서 정밀도는 100%입니다.

그러나, 한 학기 동안 부정 출석이 25건이나 있었음에도 불구하고 5개만 예측했다는 건 전체 부정 출석에 20%만 예측할 수 있으므로 재현율(Recall)은 20%로 낮아지게 된다.

이 시스템은 확실히 부정 출석이라고 판단되는 경우만 부정 출석으로 예측하고 있기 때문에, 부정출석이라고 예측한 사례는 모두 실제로 부정 출석이기는 하지만 전체에 80%에 해당 하는 부정출석을 놓치게 된다.

즉, 부정출석 중에 아주 적은 수만 예측하므로 많은 부정 출석을 감지하지 못하게 된다. 예측된 사례 중 부정 출석의 비율(정밀도)은 매우 높아지지만 실제 부정 출석 중 예측된 부정 출석의 비율(재현율)은 매우 낮아지게 된다.

3) 약간의 가능성도 탐지하는 인공지능 평가 모델

위의 예와 반대인 상황을 살펴보자. 이 시스템은 부정 출석을 절대 놓치지 않기 위해 부정 출석의 가능성이 조금이라도 있는 경우에 '부정 출석'으로 예측한다. 이렇게 하면 모든 부정 출석을 감지할 수 있어 재현율(Recall)은 100%로 높아진다.

예시 2

- 한학기 동안 실제로 출석 부정 행위가 발생한 경우는 25건입니다.
- 이 시스템은 출석 부정 행위 가능성이 있는 100건을 모두 부정 출석으로 예측합니다.
- 이 100건 중 실제 부정 출석인 경우는 25건입니다.

재현율(Recall)

- 실제 부정 출석인 경우 25건을 모두 예측했습니다.
- 따라서 재현율은 100%입니다.

이 시스템은 실제로 가능성이 있는 부정 출석을 모두 감지할 수 있기는 하지만 이로 인해 부정 출석이 아닌 경우도 부정 출석으로 잘못 예측하게 된다. 따라서 예측한 100개의 사례 중 실제로 부정 출석의 사례는 25개 뿐이였으므로 정밀도는 25%로 낮아지게 된다.

정밀도와 재현율은 각각 중요하며 균형을 맞추는 것이 중요하다. 특정 상황에서는 정밀도가 더 중요할 수 있고 다른 상황에서는 재현율이 더 중요할 수 있다. 하지만 일반적으로 두 지표를 함께 고려하여 모델의 성능을 평가하는 것이 가장 좋다.

F1-score는 머신러닝 모델의 정밀도와 재현율 사이의 균형을 평가하는 지표이다.

F1-score는 정밀도의 예측이 얼마나 정확한지 보여주면 재현율은 얼마나 놓치지 않고 잘 찾았는지 보여준다. F1-score는 이 두 가지를 조화롭게 결합하여 전체 성능을 더 정확하게 보여준다.

F1-score의 가장 높은 값은 1로서 완벽한 정밀도와 재현율을 의미하며 가장 낮은 값은 0이다.

예시1의 한 학기 동안 출석 부정 행위 탐지 시스템의 결과는 다음과 같다.

- 정밀도: 100%(예측한 것 중 모두 진짜였음)
- 재현율: 20%(실제 대리 출석 중 20%를 탐지함)

이때 F1-score는 다음과 같이 계산된다.

$$F1 = \frac{2 \times 1.0 \times 0.2}{1.0 + 0.2} = \frac{0.4}{1.2} = 0.\overline{3} \approx 0.33$$

F1-score ≈ 0.33(33%)이 의미는 다음과 같다.

예측은 매우 정확하지만(정밀도 100%), 실제 대상을 많이 놓치고(재현율 20%) 있다. 따라서 종합적인 균형을 나타내는 F1-score는 낮다.

예시 2의 한 학기 동안 출석 부정 행위 탐지 시스템의 결과는 다음과 같다.

- 정밀도: 25% (예측한 것 중 모두 진짜였음)
- 재현율: 100% (실제 대리 출석 중 20%를 탐지함)

이때 F1-score는 다음과 같이 계산된다.

$$F1 = \frac{2 \times 0.25 \times 1.0}{0.25 + 1.0} = \frac{0.5}{1.25} = 0.4$$

F1-score = 0.4(40%) 이 의미는 다음과 같다.

이 모델은 모든 실제 정답을 잘 맞췄지만(재현율 100%), 예측한 것 중 많은 수가 틀렸다(정밀도 25%). 따라서 F1-score값이(40%) 예시 1보다 소폭 상승했으나 낮은 편이다.

3. 인공지능 회귀 모델 평가 분석

1) 오버피팅과 언더피팅

인공지능 회귀 모델은 예측의 정확도를 판단하기 위해 입력 데이터를 기반으로 수치값을 예측하는 것이 목표이다. 예를 들면 주가 예측이 여기에 해당된다. 입력 데이터에는 과거 주가, 경제 지표 및 기타 관련 데이터 포인트가 포함될 수 있다. 입력 자료를 바탕으로 특정 종목의 가격을 예측하는 것이 회귀 모델의 목표다. 여기에는 부동산 가격 예측, 소득 예측, 수요 예측 등이 가능할 수 있다.

회귀 모델 평가는 실제값과 예측값 사이에 차이가 얼마나 되는지를 알아야 모델이 제대로 작동하는지 알 수 있다.

예를 들면 "예측된 집값이 실제보다 평균적으로 50만 원씩 차이 난다"는 모델의 신뢰성을 평가하는 핵심 정보이다.

회귀모델의 개선의 기준을 제공하기 위해 성능지표가 필요하다. 회귀 모델과 데이터의 차이가 얼마나 적은지를 찾는 평가 방법과 모델이 데이터와 얼마나 비슷한 모습을 하는지를 측정하는 평가 방법이 존재할 수 있다. 오차가 낮을수록 좋은 모델이므로 오버피팅(overfitting) 또는 언더피팅(underfitting)은 피하는 것이 좋다.

(1) 오버피팅

학습 데이터에 지나치게 일치하게 학습하여 새로운 데이터에는 성능이 떨어지는 현상을 말한다. 즉, 모델이 학습 데이터의 특징뿐 아니라, 그 안에 있는 '노이즈'나 '우연한 패턴'까지 학습해버린 상태이다. 이로 인해 모델이 너무 복잡해져서 일반화 능력이 떨어질 수 있으며 새로운 상황이나 실제 새로운 데이터에서는 예측 성능이 낮아질 수 있다. 따라서 학습 데이터 성능은 매우 좋지만 실제 새로운 데이터에서 성능이 크게 떨어진다.

예를 들어, 학생 시험 점수를 예측하는 모델이 있다고 가정한다. 시험점수 예측 모델은 지난 10년간의 학생들의 데이터를 가지고 '기말고사 점수'를 예측하는 모델을 만들었다. 그런데 너무 복잡한 모델을 써서 출석률, 중간고사 점수, 과제 점수뿐만 아니라 학생 ID 번호, 이름 길이, 생일의 요일까지 모델에 포함시켰다. 이 모델은 훈련 데이터에서는 매우 정확한 예측을 한다. 그러나 새로운 학생들에게 적용하자마자 성능이 급격히 나빠진다. 이유는 학생 ID 번호, 이름 길이, 생일의 요일 같은 건 진짜 점수와 상관없는 우연한 특성이기 때문이다. 이러한 오버피팅을 방지하기 위해서는 다음의 주의사항을 확인해야 한다.

- 데이터가 많을수록 노이즈 비중이 줄어들기 때문에 더 많은 데이터를 수집해야 한다.
- 너무 복잡한 모델 대신 필요한 요소만 학습된 단순한 모델을 사용해야 한다.
- 불필요한 복잡성을 패널티로 줄여서 정규화시켜야 한다.
- 훈련과 평가를 여러 번 나눠서 안정성 확인하는 교차검증을 해야 한다.

(2) 언더피팅

모델이 너무 단순해서 학습 데이터조차 제대로 학습하지 못하는 상태를 뜻한다. 학습이 부족하거나 모델이 문제를 해결하기에 너무 단순하거나 중요한 특성(Feature)을 반영하지 못한 경우에 발생한다. 이로 인해 학습 데이터에서도 성능이 낮고, 새로운 데이터에서도 성능이 낮다. 결국 문제의 복잡도를 반영하지 못하는 모델이 된다.

예를 들어, 학생 시험 점수를 예측하는 모델이 있다고 가정한다. 시험점수 예측 모델은 지난 10년간의 학생들의 데이터를 가지고 '기말고사 점수'를 예측하는 모델을 만들었다. 학생의 출석률, 과제 점수, 중간고사 점수로 기말고사 점수를 예측해야 하는데 언더피팅 된 모델은 어떤 입력이 오든 항상 70점을 예측하는 전략을 쓴다. 구현은 간단하지만 실제 점수와 큰 차이가 발생하며 다양한 학생 특성을 반영하지 못한다. 즉, 모델이 너무 단순해서 제대로 학습을 하지 못한 상태이다.

이러한 언더피팅을 방지하기 위해서는 다음의 주의사항을 확인해야 한다.

- 단순한 평균 수치만을 예측하는 알고리즘이 아닌지 확인한다.
- 데이터는 충분한데 너무 짧은 학습이 아닌지 검토한다.

- 중요한 특성을 무시한 채로 학습된 건 아닌지 확인한다.

2) 회귀모델의 종류

회귀모델은 연속적인 값을 예측하는 데 사용되므로 예측값과 실제값의 차이를 계산하여 모델의 성능을 평가한다. 이때 사용되는 대표적인 지표로는 다음과 같다.

(1) 평균 절대 오차

평균 절대 오차(Mean Absolute Error, MAE)는 회귀 모델의 예측값이 실제값과 얼마나 차이 나는지를 절댓값 기준으로 평균 내서 측정하는 지표이다.

예시

- 실제값: [100, 90, 80]
- 예측값: [90, 95, 85]

$$MAE = \frac{|100-90|+|90-95|+|80-85|}{3} = \frac{10+5+5}{3} = \boxed{6.67}$$

이 모델은 평균적으로 6.67점만큼 예측 오차를 냈다고 해석할 수 있다. 평균 절대 오차는 회귀 모델의 직관적이고 간단한 평가 지표로, "예측이 얼마나 빗나갔는지 평균적으로 알고 싶을 때" 가장 적합하다.

(2) 평균 제곱 오차

평균 제곱 오차(Mean Squared Error, MSE)는 예측값과 실제값의 차이를 제곱하여 평균을 낸 값이다.

예시

- 실제값: [100, 90, 80]

• 예측값: [90, 95, 85]

$$MSE = \frac{(100-90)^2 + (90-95)^2 + (80-85)^2}{3} = \frac{100+25+25}{3} = \boxed{50.0}$$

이 모델은 평균적으로 제곱 기준으로 50만큼의 오차를 가지고 있다. 평균 제곱 오차는 오차가 클수록 더 큰 패널티를 주는 지표로 작은 오차는 용납되지만 큰 오차는 치명적인 상황에서 유용하다.

(3) 평균 제곱근 오차

평균 제곱근 오차(Root Mean Squared Error, RMSE)는 평균 제곱 오차의 제곱근을 취한 값으로 오차의 크기를 원래 데이터 단위로 해석할 수 있게 해 준다.

예시

• 실제값: [100, 90, 80]

• 예측값: [90, 95, 85]

$$MSE = \frac{(100-90)^2 + (90-95)^2 + (80-85)^2}{3} = \frac{100+25+25}{3} = 50.5$$

$$RMSE = \sqrt{50.0} = \boxed{7.07}$$

이 모델은 평균적으로 약 7.07점 정도의 오차를 갖는다. 평균 제곱근 오차는 회귀 모델의 예측 정확도를 원래 단위로 해석할 수 있는 지표로 실제와 예측이 평균적으로 얼마나 차이 나는지를 직관적으로 보여준다.

(4) 결정계수

결정계수(Coefficient of Determination, R^2)는 회귀 모델이 전체 변동성 중에서 예측에 의해 설명된 비율을 나타낸다.

예시

- 실제값: [100, 90, 80]
- 예측값: [90, 95, 85]

$$\text{평균값 } \bar{y} = 90$$

$$SS_{tot} = (100-90)^2 + (90-90)^2 + (80-90)^2 = 100 + 0 + 100 = 200$$

$$SS_{res} = (100-90)^2 + (90-95)^2 + (80-85)^2 = 100 + 25 + 25 = 150$$

$$R^2 = 1 - \frac{150}{200} = 0.25$$

모델은 전체 변동성의 25%만 설명하고 있다.

결정계수는 회귀 모델이 데이터를 얼마나 잘 설명하는지를 비율로 표현하는 지표이다. 값이 1에 가까울수록 모델의 설명력이 높고 0이면 설명력이 전혀 없다.

요약

1. 인공지능 성능 평가 지표

   인공지능 모델을 평가하는 요소는 결국, 모델이 내놓은 답과 실제 정답의 관계로서 정의를 내릴 수 있다.

   - 정확도(Accuracy)는 전체 중에서 맞게 예측한 것이다.
   - 정밀도(Precision)는 True라고(Positive) 예측한 것 중에서 실제 True인 것(P의 질적 측면)이다.
   - 음의 정밀도(Negative Prediction Value)는 False라고(Negative) 예측한 것 중에서 실제 False인 것이다.
   - 재현율(Recall)은 실제 True인 것 중에서 True라고(Positive) 예측한 것(P의 양적 측면)이다.

- 특이도(Specificity)는 실제 False인 것 중에서 False라고(Negative) 예측한 것(N의 양적 측면)이다.

2. 정밀도(Precision)는 모델이 참인 클래스로 예측한 사례 중 실제로 참인 사례의 비율을 나타냅니다. 즉, 모델이 예측한 참의 결과가 얼마나 정확한지를 평가한다.
3. 재현율(Recall)은 실제 참인 사례 중에서 모델이 참으로 정확하게 예측한 비율을 나타낸다. 즉, 모델이 실제 참인 사례를 얼마나 잘 찾아내는지를 평가한다.
4. 정밀도와 재현율은 각각 중요하며, 균형을 맞추는 것이 중요하다. 특정 상황에서는 정밀도가 더 중요할 수 있고, 다른 상황에서는 재현율이 더 중요할 수 있다. 하지만 일반적으로 두 지표를 함께 고려하여 모델의 성능을 평가하는 것이 가장 좋다. F1-score는 머신러닝 모델의 정밀도와 재현율 사이의 균형을 평가하는 지표이다.
5. 회귀모델의 개선의 기준을 제공하기 위해 성능지표가 필요하다. 회귀 모델과 데이터의 차이가 얼마나 적은지를 찾는 평가 방법과 모델이 데이터와 얼마나 비슷한 모습을 하는지를 측정하는 평가 방법이 존재할 수 있다. 오차가 낮을수록 좋은 모델이므로 오버피팅(overfitting) 또는 언더피팅(underfitting)은 피하는 것이 좋다.

토론해보기

1. 아래 문제를 토대로 다음의 4가지 지표를 계산하는 코드를 작성해 보자.

정밀도 / 재현율 / F1-score / 정확도

한 모델이 총 100명의 학생 출석 정보를 예측했다. 예측 결과와 실제 결과가 다음과 같이 각각 NumPy 배열로 주어진다.

```
import numpy as np

# 실제 값: 1은 부정 출석, 0은 정상 출석
y_true = np.array([1]*20 + [0]*80)

# 예측 값: 예측한 결과, 1은 부정 출석으로 판단한 경우
y_pred = np.array([1]*15 + [0]*5 + [1]*15 + [0]*65)
```

위의 배열은 다음을 의미한다.

실제 부정 출석: 20명

인공지능모델: 30명

- 앞의 `1*15`: 예측을 대리 출석으로 한 사람 15명
- 다음의 `0*5`: 예측을 정상 출석으로 한 사람 5명
- 다음의 `1*15`: 다시 대리 출석으로 예측한 사람 15명
- 마지막 `0*65`: 정상 출석으로 예측한 사람 65명

2. 아래의 자료를 바탕으로 총 제곱합(SST), 잔차 제곱합(SSR), 결정계수(R^2)를 구하는 파이선 코드를 작성해서 실행한 결과를 분석해 보자.

학생들의 실제 기말고사 점수와 모델이 예측한 점수는 다음과 같습니다:

```
# 실제 점수
y_true = [90, 70, 50, 60, 80]

# 모델 예측 점수
y_pred = [85, 75, 60, 65, 78]
```

14장

설명 가능한 인공지능(XAI)과 윤리적 데이터 활용 실습

1. 왜 설명 가능한 인공지능인가?
2. X인공지능 기반 파이썬 실습
3. 윤리적 판단과 의사결정

1. 왜 설명 가능한 인공지능인가?

1) 인공지능 윤리 원칙과 데이터 편향

인공지능(AI) 기술이 사회 각 분야로 확산되면서 인공지능 시스템이 내리는 결정의 윤리성, 투명성, 신뢰성 확보가 중요한 과제로 떠오르고 있다. 이에 따라 인공지능 윤리를 위한 국제적 기준도 활발히 논의되고 있으며, 대표적으로 OECD, EU, UNESCO 등에서 제시한 윤리 원칙에는 투명성, 설명 가능성, 공정성, 책임성 등이 공통적으로 포함된다. 이 가운데 '설명 가능성'은 인공지능 시스템이 내리는 판단의 근거를 사용자나 이해관계자가 이해할 수 있도록 정보를 제공하는 것을 의미하며, 다른 모든 원칙의 이행을 위한 기초가 된다.

특히 인공지능 시스템이 사용하는 데이터는 과거의 사회적 불균형이나 구조적 편견을 반영하고 있는 경우가 많다. 이로 인해 인공지능은 차별적 결정을 내릴 수 있으며, 이는 실제 피해로 이어질 수 있다. 따라서 인공지능 윤리에서 데이터 편향을 탐지하고 개선하는 것은 필수적인 과제이며, 이를 가능하게 하는 기술로 설명 가능한 인공지능이 주목받고 있다.

2) 블랙박스 인공지능의 한계와 설명 가능한 인공지능의 필요성

딥러닝의 가장 큰 특징은 사람이 일일이 규칙을 정의하지 않아도 대규모 데이터 속에서 스스로 패턴을 학습한다는 점이다. 이러한 자율적 학습 능력 덕분에 인공지능은 짧은 시간 안에 눈부신 성능 향상을 이루었고, 의료·금융·교육·산업 전반에서 널리 활용되고 있다. 그러나 이 강력한 성능 뒤에는 '블랙박스(Black Box) 문제'라는 본질적 한계가 존재한다.

딥러닝은 인간의 신경망을 모방한 복잡한 구조를 지니고 있어 우리가 데이터를 입력하고 정확한 결과를 얻더라도 그 과정이 어떻게 전개되었는지를 직관적으로 이해하기 어렵다. 다시 말해, 입력과 출력은 알 수 있으나 그 사이의 추론 과정은 마치 어두운 상자 안에 가려져 있는 것처럼 불투명하다. 이 때문에 인공지능의 편향된 데이터를 학습하거나 잘못된 판단을 내릴 경우, 그 원인을 규명하고 수정하는 과정이 쉽지 않다. 결과적으로 오류나 차별이 발생했을 때 책임 소재 또한 모호해지는 문제가 뒤따른다. 특히 의료 진단, 채용 평가, 금융 심사, 교육 평가와 같이 사회적 파급력이 큰 분야에서는 이러한 불투명성이 심각한 위험으로 이어질 수 있다. 예컨대, 대출 신청이 거절되었는데 그 근거를 설명받지 못한다면 이용자는 불만과 불신을 가질 수밖에 없다. 반대로, 인공지능이 어떤 요소와 근거를 통해 결정을 내렸는지 명확히 설명할 수 있다면, 사용자는 결과를 수용하고 신뢰할 가능성이 높아진다.

이 문제를 해결하기 위해 등장한 개념이 바로 설명 가능 인공지능(Explainable AI, XAI)이다. 설명 가능 인공지능은 인공지능의 판단 과정과 결과를 사람이 이해할 수 있는 방식으로 설명해주는 기술 및 방법론을 의미한다. 설명 가능 인공지능의 목적은 단순한 기술적 편의성을 넘어 투명성과 신뢰성 확보, 개발자에 의한 오류 분석과 개선 가능성 강화, 사용자 권리 보호, 법적·윤리적 책임성 보장이라는 다층적 가치를 실현하는 데 있다.

또한 설명 가능 인공지능은 기업과 사회 전체에도 중요한 의미를 가진다. 기업 입장에서는 모델의 오류 원인을 추적하고 보완함으로써 더 정확하고 안정적인 서비스를 제공할 수 있으며, 사회적 차원에서는 인공지능으로 인한 문제 발생 시 책임 주체를 명확히 규명할 수 있다. 나아가 여러 국가에서는 이미 인공지능 의사결정에 대한 설명 의무를 법제화하거나 제도화하려는 움직임을 보이고 있어, 설명 가능 인공지능은 단순한 선택이 아닌 미래 사회의 필수 요건으로 자리 잡고 있다.

3) XAI와 데이터 편향 개선의 관계 이해

설명 가능한 인공지능은 인공지능이 어떤 이유로 특정한 판단을 내렸는지를 사람이 이해할 수 있도록 시각적·수치적 근거를 제시하는 기술이다. 단순히 결과만 알려주는 것이 아니라 그 과정과 논리를 드러내어 사용자가 신뢰할 수 있도록 돕는다. 이를 구현하는 대표적인 방법으로는 LIME(Local Interpretable Model-agnostic Explanations)과 SHAP(SHapley Additive exPlanations) 등이 있다.

LIME은 특정 예측 결과가 도출된 이유를 설명하는 데 초점을 두며 원본 데이터를 여러 개의 해석 가능한 요소로 나눈 뒤 일부 요소를 제거하거나 변형하여 출력값의 변화를 관찰하는 방식으로 작동한다. 예를 들어, 이미지 분류 모델에서 '나무개구리'의 존재 여부를 예측할 때, 원본 이미지를 여러 구역으로 나눈 뒤 일부 구역을 회색으로 처리해 모델의 예측 확률이 어떻게 변하는지 확인한다. 이렇게 생성된 변형된 데이터셋을 바탕으로 단순한 선형 모델을 학습하며 원본 이미지와 유사한 경우에 더 높은 가중치를 부여하는 방식이다. 그 결과 예측에 가장 긍정적으로 기여한 구역을

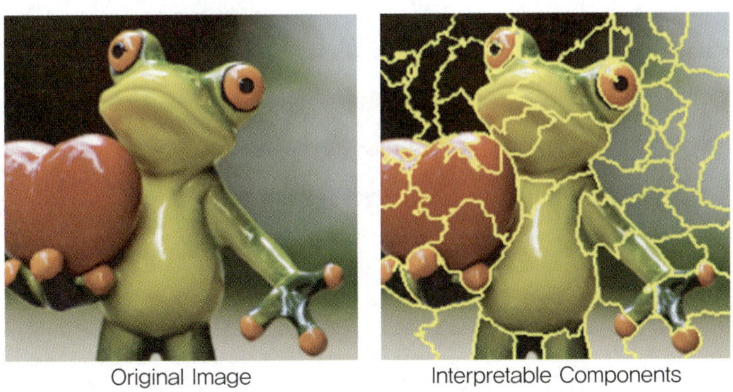

[그림 14-1] LIME의 이미지를 해석 가능한 구성요소로 변환하는 과정

강조하여 시각적으로 보여줌으로써 사용자가 모델이 어떤 부분을 근거로 판단했는지 직관적으로 이해할 수 있도록 돕는다.

한편 SHAP(SHapley Additive exPlanations)은 게임이론의 Shapley 값을 기반으로 인공지능 모델이 어떤 이유로 특정 결과를 예측했는지를 각 입력 특성의 기여도로 나누어 설명하는 방법이다. 쉽게 말해, 모델의 최종 예측이 여러 특성의 영향을 얼마나 그리고 어떤 방향으로 받았는지를 공정하게 분배해 보여주는 것이다.

SHAP의 강점으로는 게임이론이라는 견고한 이론적 토대 위에 있어 설명의 정당성이 높다. 또한 개별 사례에 대한 설명과 모델 전체의 경향 해석을 같은 원리로 제공하기 때문에 일관성이 있다. 특히 트리 기반 모델에 최적화되어 매우 빠르게 계산 가능하고, 특성 중요도나 상호작용, 요약 플롯 같은 시각화로 모델을 쉽게 이해할 수 있다. 무엇보다 SHAP은 LIME의 직관적인 지역 설명과 Shapley 값의 수학적 엄밀성을 연결해 해석 가능한 머신러닝 분야를 하나의 일관된 체계로 묶어주는 역할을 한다.

펭귄의 종을 분류하는 모델로 예를 들어 생각해 보면 이 모델은 부리 길이, 부리 깊이, 날개 길이, 몸무게 같은 특성을 바탕으로 어떤 펭귄이 아델리(Adelie) 종인지 여부를 예측한다. 특정 개체에 대해 모델이 '이 펭귄은 아델리 종일 가능성이 높다'고 판단했을 때 SHAP을 이용하면 그 근거를 구체적으로 확인할 수 있다. 짧은 부리 길이와 낮은 몸무게가 아델리 종 예측에 긍정적으로 기여했음을 보여줄 수 있고 반대

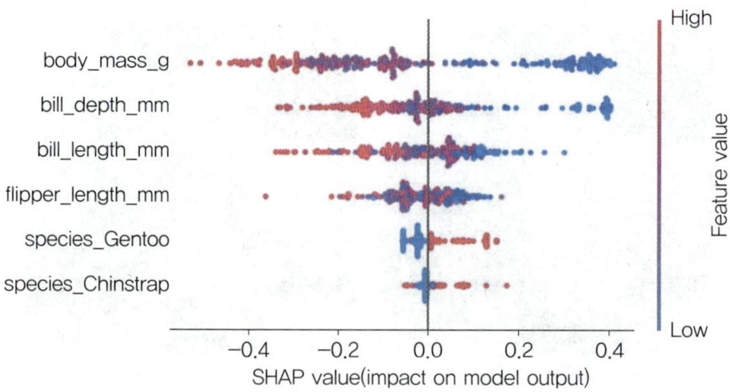

[그림 14-2] SHAP를 활용한 펭귄 데이터 특성 중요도 시각화

로 긴 날개 길이가 다른 종을 시사하며 부정적으로 작용했음을 드러낼 수 있다. 이런 결과는 막대그래프나 플롯으로 표현하여 어떤 특성이 모델의 판단을 강화했고 또 어떤 특성이 약화시켰는지를 직관적으로 이해할 수 있게 한다. 이는 단순히 결과를 제시하는 데 그치지 않고 '왜 그런 결과가 나왔는지'를 명확하게 설명해 주어 모델의 투명성과 신뢰성을 높여준다.

XAI는 특히 데이터 편향을 개선하는 데 유용하다. 예를 들어, SHAP 값을 통해 특정 집단의 속성이 결과에 과도한 영향을 미치고 있다는 사실을 시각화하면, 인공지능 개발자는 해당 데이터를 재점검하거나 알고리즘을 수정할 수 있다. 이는 인공지능 개발 및 운영 과정에서 공정성을 향상시키는 중요한 기제로 작용하며, 윤리적 설계의 실천 수단이 된다.

XAI는 인공지능 시스템의 투명성과 설명 가능성을 확보함으로써 신뢰를 형성하고, 데이터 편향을 식별·교정함으로써 공정성을 실현할 수 있는 핵심 기술로 주목받고 있다. 본 장에서는 이러한 이론적 배경을 바탕으로 실제 XAI 기법을 실습하고, 이를 통해 윤리적 인공지능 활용의 방향성을 함께 탐색해보고자 한다.

2. X인공지능 기반 파이썬 실습

설명 가능한 인공지능은 인공지능 시스템의 투명성과 설명 가능성을 확보함으로써 사용자와의 신뢰를 형성하고, 데이터 편향을 식별하고 교정함으로써 공정성을 실현할 수 있는 핵심 기술로 주목받고 있다.

본 장에서는 이러한 이론적 배경을 바탕으로, 실제 채용 데이터를 활용하여 데이터 속 편향을 탐색하고, 인공지능 모델이 어떠한 기준으로 판단을 내리는지 시각적으로 분석하는 XAI 실습을 수행한다. 이를 통해 인공지능 시스템의 판단 과정에 대한 비판적 이해를 돕고, 윤리적이고 책임 있는 인공지능 활용의 방향성을 함께 탐색해 보고자 한다.

1) 문제 탐색: 인공지능의 판단은 공정한가?

채용 데이터셋을 살펴보고, 남성과 여성의 채용률 차이를 시각화해 보자.

```
import seaborn as sns
import matplotlib.pyplot as plt

# 데이터 불러오기
df = pd.read_csv("/mnt/data/sample_recruitment_data.csv")

# 성별에 따른 채용률 시각화
sns.barplot(data=df, x='Gender', y='Hired', ci=None)
plt.title("성별에 따른 채용률")
plt.ylabel("채용 비율")
plt.show()

# 성별별 채용 비율 출력
print(df.groupby('Gender')['Hired'].mean())
```

결과

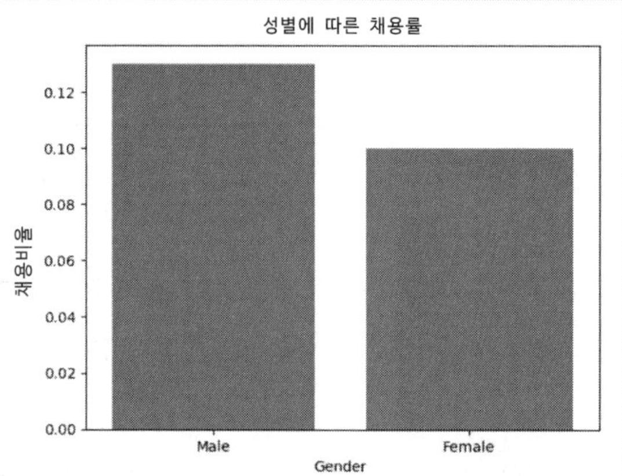


```
Hired      0     1
Gender
Female  0.90  0.10
Male    0.87  0.13
```

- 성별에 따른 채용률을 비교한 결과, 남성의 채용률은 13%, 여성의 채용률은 10%로 나타났습니다.
- 남성이 여성보다 약간 더 높은 비율로 채용되고 있으며, 3%포인트의 차이가 존재합니다.

생각해 볼 문제

◆ 이 데이터는 공정한가요?
◆ 인공지능이 이 데이터를 학습한다면 어떤 판단을 내릴까요?

2) 설명 가능한 인공지능: 인공지능은 어떤 기준으로 채용을 결정했을까?

의사결정 트리 모델을 학습시켜 보고, 인공지능이 어떤 기준으로 채용 여부를 판단하는지 시각화해 보자.

```
import pandas as pd
from sklearn.tree import DecisionTreeClassifier, plot_tree
from sklearn.model_selection import train_test_split
from sklearn.preprocessing import LabelEncoder
import matplotlib.pyplot as plt

# 데이터 불러오기
df = pd.read_csv("/mnt/data/sample_recruitment_data.csv")

# 문자형 변수 숫자형으로 변환
df['Gender'] = LabelEncoder().fit_transform(df['Gender'])  # Female=0, Male=1
df['Department'] = LabelEncoder().fit_transform(df['Department'])

# 입력 변수와 타겟 설정
X = df[['Gender', 'Age', 'Experience', 'Department']]
y = df['Hired']

# 학습용 데이터 분할
X_train, X_test, y_train, y_test = train_test_split(X, y, random_state=42)

# 결정 트리 모델 학습
model = DecisionTreeClassifier(max_depth=3, random_state=42)
model.fit(X_train, y_train)

# 결정 트리 시각화
plt.figure(figsize=(12, 6))
plot_tree(model, feature_names=X.columns, class_names=["Not Hired", "Hired"],
filled=True, rounded=True)
plt.title("설명 가능한 AI: 의사결정 트리")
plt.show()
```

결과

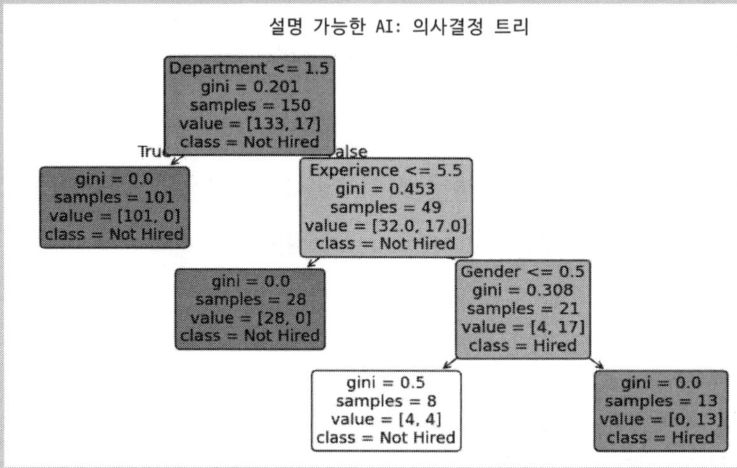

◆ 1차 기준: Department(부서)
Department < = 1.5일 경우(예: Tech 등 특정 부서): 거의 전원이 불합격(Not Hired)
반대로 Department > 1.5인 경우(예: Sales 등): 추가 조건 판단 진행

◆ 2차 기준: Experience(경력)
경력이 5.5년 이하일 경우: 대부분 불합격
경력이 많을수록 채용 가능성 증가

◆ 3차 기준: Gender(성별)
Gender < = 0.5(Female): 채용률이 상대적으로 낮음(value = [4, 17])
Gender > 0.5(Male): 전원 채용(value = [0, 13])

생각해 볼 문제

◆ 어떤 변수가 인공지능의 판단에 가장 큰 영향을 주었나요?
◆ 성별(Gender)은 트리 어디에 나타났나요? 주요 판단 기준이었나요?
◆ 만약 성별이 상단에 위치해 있다면, 어떤 문제가 생길 수 있을까요?

3) 편향 실험: 성별만 다를 때 AI의 판단은 달라질까?

같은 조건(나이, 경력, 부서)을 가진 지원자 중, 성별만 바꾸어 인공지능이 어떻게 판단하는지 비교해 보자.

```
import pandas as pd
from sklearn.tree import DecisionTreeClassifier
from sklearn.model_selection import train_test_split
from sklearn.preprocessing import LabelEncoder

# 데이터 불러오기
df = pd.read_csv("/mnt/data/sample_recruitment_data.csv")

# 문자형 변수 숫자형으로 변환
df['Gender'] = LabelEncoder().fit_transform(df['Gender'])  # Female=0, Male=1
df['Department'] = LabelEncoder().fit_transform(df['Department'])

# 모델 학습
X = df[['Gender', 'Age', 'Experience', 'Department']]
y = df['Hired']
X_train, X_test, y_train, y_test = train_test_split(X, y, random_state=42)
model = DecisionTreeClassifier(max_depth=3, random_state=42)
model.fit(X_train, y_train)

# 동일한 조건의 지원자: 나이 30세, 경력 7년, 부서 Tech
dept_label = df[df['Department'] == df['Department'].unique()[2]]['Department'].val-
ues[0]  # 'Tech'에 해당하는 숫자값

applicant_female = pd.DataFrame([[0, 30, 7, dept_label]], columns=X.columns)  # Female
applicant_male = pd.DataFrame([[1, 30, 7, dept_label]], columns=X.columns)    # Male

# 예측 결과 비교
pred_female = model.predict(applicant_female)[0]
pred_male = model.predict(applicant_male)[0]

print(f"여성 지원자 → {'채용' if pred_female else '탈락'}")
print(f"남성 지원자 → {'채용' if pred_male else '탈락'}")
```

결과

🔍 동일 조건, 성별만 다른 두 지원자 채용 결과
여성 지원자 → 탈락
남성 지원자 → 채용

- 동일한 조건에서 여성은 탈락, 남성은 채용이 나왔다면 인공지능이 성별에 따라 차별적인 판단을 하고 있다는 증거가 된다.
- 반대로 결과가 동일하면, 인공지능이 성별에 크게 영향을 받지 않았다는 것을 의미한다.

생각해 볼 문제

- 성별만 다르다는 이유로 인공지능이 판단을 달리한다면, 어떤 문제가 생길까요?
- 이런 판단이 실제 채용 과정에 적용된다면 어떤 사회적 문제가 발생할 수 있을까요?
- 여러분이 인공지능 설계자라면 이 문제를 어떻게 해결하고 싶나요?

4) 데이터 수정: 공정한 인공지능을 만들기 위한 데이터 균형 조정

인공지능이 성별에 따라 판단하지 않도록 하기 위해, 학습 데이터에서 남성과 여성의 수를 균형 있게 맞추고 다시 학습해 보자.

```
import pandas as pd
from sklearn.utils import resample
from sklearn.tree import DecisionTreeClassifier
from sklearn.model_selection import train_test_split
from sklearn.preprocessing import LabelEncoder

# 원본 데이터 불러오기
df = pd.read_csv("/mnt/data/sample_recruitment_data.csv")

# 성별 인코딩
df['Gender'] = LabelEncoder().fit_transform(df['Gender'])  # Female=0, Male=1
df['Department'] = LabelEncoder().fit_transform(df['Department'])

# 성별별 데이터 나누기
female_df = df[df['Gender'] == 0]
male_df = df[df['Gender'] == 1]
```

```
# 더 많은 쪽을 다운샘플링하여 균형 조정
if len(female_df) < len(male_df):
    male_df_balanced = resample(male_df, replace=False, n_samples=len(female_df),
random_state=42)
    df_balanced = pd.concat([female_df, male_df_balanced])
else:
    female_df_balanced = resample(female_df, replace=False, n_samples=len(male_df),
random_state=42)
    df_balanced = pd.concat([female_df_balanced, male_df])

# 모델 재학습
X = df_balanced[['Gender', 'Age', 'Experience', 'Department']]
y = df_balanced['Hired']
X_train, X_test, y_train, y_test = train_test_split(X, y, random_state=42)

model = DecisionTreeClassifier(max_depth=3, random_state=42)
model.fit(X_train, y_train)

# 성별만 다른 동일 지원자에 대한 예측 다시 수행
applicant_female = pd.DataFrame([[0, 30, 7, df[df['Department'] == 2]['Department'].
values[0]]], columns=X.columns)
applicant_male = pd.DataFrame([[1, 30, 7, df[df['Department'] == 2]['Department'].
values[0]]], columns=X.columns)

pred_female = model.predict(applicant_female)[0]
pred_male = model.predict(applicant_male)[0]

print(f"여성 지원자 → {'채용' if pred_female else '탈락'}")
print(f"남성 지원자 → {'채용' if pred_male else '탈락'}")
```

결과

균형 데이터 기반 모델 – 동일 조건, 성별만 다른 두 지원자 채용 결과
여성 지원자 → 채용
남성 지원자 → 채용

◆ 성별 데이터의 수를 맞춘 후 동일 조건으로 예측했을 때, 남녀 모두 채용되는 결과가 나올 수 있다.

◆ 이는 데이터 편향을 수정함으로써 AI의 판단이 보다 공정해질 수 있음을 보여준다.

생각해 볼 문제

- 데이터를 수정한 이후 인공지능의 판단에 어떤 변화가 있었나요?
- 인공지능이 공정하게 판단하도록 하려면 우리가 무엇을 신경 써야 할까요?
- 데이터의 편향을 사전에 점검하고 수정하는 일은 왜 중요할까요?

5) 활동 정리: 인공지능의 판단, 설명할 수 있어야 책임질 수 있다

인공지능이 어떤 기준으로 결정을 내리는지 이해하고, 설명 가능한 AI(XAI)의 필요성과 윤리적 함의를 생각해 보자.

```
from sklearn.tree import export_text

# 학습된 결정 트리의 규칙을 텍스트로 출력
tree_rules = export_text(model, feature_names=X.columns.tolist())
print(tree_rules)
```

결과

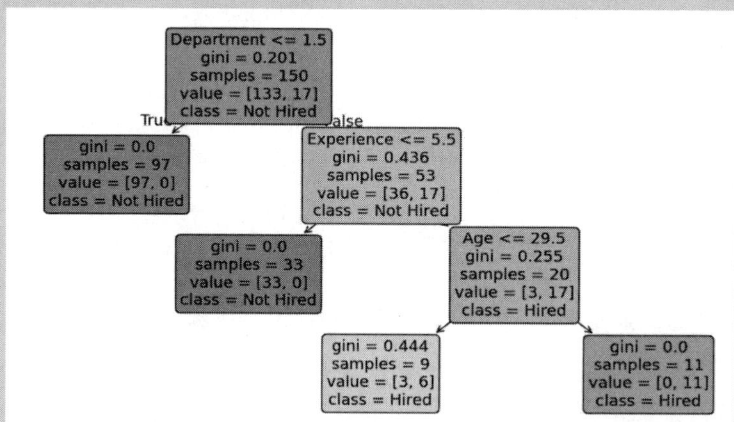

- 1차 기준: Department (부서)
  Department < = 1.5인 경우 (예: Tech, HR):
  – 대부분 불합격(Not Hired) 결정, 하위 조건 없이 모두 탈락 처리됨

◆ 2차 기준: Experience (경력)
Experience < = 5.5:
– 경력이 짧으면 불합격 가능성 높음

◆ 3차 기준: Age (나이)
Age < = 29.5:
– 29세 이하인 경우 채용될 가능성 있음, 29세 초과인 경우도 전원 채용(11명 전원 채용)

생각해 볼 문제

- 설명 가능한 인공지능은 왜 중요할까요?
- 사람은 실수를 해도 이유를 설명할 수 있지만, 인공지능은 왜 설명하지 않으면 위험할까요?
- 인공지능이 판단한 결과가 사회적 차별로 이어질 경우, 누가 책임을 져야 할까요?
- 우리가 만든 인공지능이 신뢰받기 위해 갖춰야 할 조건은 무엇일까요?

3. 윤리적 판단과 의사결정

1) 설명 가능한 인공지능 결과를 통해 이루는 윤리적 해석

설명 가능한 인공지능은 인공지능 시스템의 판단 근거를 인간이 이해할 수 있도록 제공함으로써, 윤리적 해석과 책임 있는 의사결정을 가능하게 한다. 예를 들어, 의료 분야에서 인공지능이 특정 질병을 진단할 때, 그 판단의 근거가 명확하게 제시된다면 의료진은 해당 결과를 신뢰하고 적절한 조치를 취할 수 있다. 이는 인공지능의 판단이 단순한 결과 제공을 넘어, 인간의 윤리적 판단을 지원하는 도구로서 기능함을 의미한다.

2) 사용자에게 필요한 설명 수준은 어디까지인가?

인공지능 시스템의 설명 수준은 사용자에 따라 달라져야 한다. 기술 전문가에게는 모델의 구조나 알고리즘에 대한 상세한 설명이 필요할 수 있지만, 일반 사용자에게는 직관적이고 이해하기 쉬운 설명이 더 효과적이다. 따라서 XAI는 사용자 중심의 설계가 중요하며, 사용자의 배경 지식과 요구에 맞춘 다양한 설명 방식을 제공해야 한다.

3) 공정하고 신뢰할 수 있는 인공지능 시스템의 설계 원칙

공정하고 신뢰할 수 있는 인공지능 시스템을 설계하기 위해서는 다음과 같은 원칙이 중요하다.

- 인공지능 시스템의 작동 방식과 판단 근거를 명확하게 공개하여 사용자가 이해할 수 있도록 한다.
- 제공되는 설명이 실제 인공지능의 작동 방식과 일치해야 하며, 오해를 불러일으키지 않도록 한다.
- 다양한 사용자의 요구와 이해 수준을 고려하여 설명 방식을 설계한다.
- 인공지능 시스템이 어떤 상황에서 신뢰할 수 있으며, 어떤 상황에서는 한계가 있는지를 명확히 전달한다.

이러한 원칙을 바탕으로 설계된 인공지능 시스템은 사용자에게 신뢰를 주며, 윤리적이고 책임 있는 인공지능 활용을 가능하게 한다.

요약

1. 블랙박스 인공지능의 한계와 투명성 부족 문제는 설명 가능한 인공지능(XAI)의 필요성을 부각시킨다.
2. XAI는 판단의 근거를 사용자에게 제공함으로써 데이터 편향을 식별하고 윤리적 해석을 가능하게 하며, 인간 중심의 책임 있는 협업을 촉진한다.

3. 특히 고위험 인공지능 시스템에서는 투명성 확보가 필수적이며, XAI는 법적·사회적 신뢰를 구축하는 핵심 도구로 작용할 수 있다.

토론해보기

1. 이 시스템은 어떤 설명 기능을 추가해야 하며, 교육적 공정성을 확보하기 위해 어떤 점을 개선해야 할까?

> 한 고등학교에서 인공지능 시스템을 이용한 에세이 자동 채점 도구를 도입하였다. 그러나 특정 표현을 사용하는 학생들이 낮은 점수를 반복적으로 받았고, 해당 기준이 명확히 설명되지 않았다.

2. 이 경우 인공지능 시스템은 어떤 형태의 설명을 제공해야 하며, 의료 윤리를 위해 어떤 설계가 필요할까?

> 한 병원에서 진단 보조 인공지능이 의사의 결정에 반복적으로 영향을 주었으나, 그 판단의 근거는 '확률적 예측 결과'만 제시되고 있었다. 의사는 인공지능을 신뢰하기 어려워했으며, 환자 역시 불안감을 표현하였다.

3. 이 시스템은 어떻게 설명 가능성과 공정성을 확보해야 하며, 정책 설계자는 어떤 책임을 가져야 할까?

> 지방자치단체에서 복지 대상자 선정을 위해 인공지능 모델을 도입하였는데, 탈락 이유에 대해 시민들은 납득하지 못하고 항의가 잇따랐다. 데이터 분석 결과, 일부 변수들이 사회경제적 편향을 내포한 것으로 드러났다.

찾아보기

기타

윤리적인 인공지능

디지털 양심을 향한 탐구

저　　자 안성진·권정인·오경선·서 웅·유경선
발 행 인 김지영
발 행 처 자유아카데미
주　　소 경기도 파주시 회동길 37-42
파주출판도시
전　　화 031-955-1321
팩　　스 031-955-1322
홈페이지 www.freeaca.com
전자우편 main@freeaca.com(대표)
editor@freeaca.com(편집)
crm@freeaca.com(영업)
등　　록 제406-2003-017호, 1980. 7. 12
제1판1쇄 2026년 1월 2일 발행

저자와의 협의하에 인지생략

ISBN 979-11-5808-790-6 93000